领导力提升实战丛书

懂得带人
你才能赢得彻底

DONGDEDAIREN
NICAINENGYINGDECHEDI

酒与污水定律

李帆◎编著

广东旅游出版社
GUANGDONG TRAVEL & TOURISM PRESS
悦读书·悦旅行·悦享人生
中国·广州

图书在版编目（CIP）数据

懂得带人，你才能赢得彻底 / 李帆编著. —广州：广东旅游出版社，
2017.8（2024.8重印）

ISBN 978-7-5570-1006-5

Ⅰ.①懂… Ⅱ.②李 … Ⅲ.企业领导–领导方法 Ⅳ.①F272.91

中国版本图书馆CIP数据核字（2017）第121560号

···

懂得带人，你才能赢得彻底
DONG DE DAI REN , NI CAI NENG YING DE CHE DI

出 版 人　刘志松
责任编辑　官　顺
责任技编　冼志良
责任校对　李瑞苑

广东旅游出版社出版发行

地　　址　广东省广州市荔湾区沙面北街71号首、二层
邮　　编　510130
电　　话　020-87347732（总编室）　020-87348887（销售热线）
投稿邮箱　2026542779@qq.com
印　　刷　三河市腾飞印务有限公司
　　　　　　（地址：三河市黄土庄镇小石庄村）
开　　本　710毫米×1000毫米 1/16
印　　张　18
字　　数　280千
版　　次　2017年8月第1版
印　　次　2024年8月第2次印刷
定　　价　78.00元

序言

酒与污水定律解读

（代序）

从经济学的角度看，企业就是个人的集合体，企业的整体效率取决于其内部每个人的行为。一般而言，员工行为可分为两类：一类是企业所期望的行为，例如：遵守规章、大胆创新及脚踏实地等；另一类是企业所排斥的行为，例如，不听指挥、消极怠工等。由于"团队生产"的性质，让每个成员的边际产生难以精确度量，这就滋生了机会主义，从而，员工"偷懒"搭便车"的可能性就增大，甚至这些员工的行为会像传染病一样迅速蔓延到整个企业。

这就是酒与污水定律的一个表现。

有关酒与污水定律的经典描述是这样的：它是指把一匙污水倒进一桶酒里，得到还是一桶污水。在任何组织里，几乎都存在几个难缠的人物，他们存在的目的似乎就是为了把事情搞糟。最糟糕的是，他们像果箱里的烂苹果，如果不及时处理，它会迅速传染，把果箱里的其他苹果也腐蚀掉。

"烂苹果"的可怕之处，在于它那惊人的破坏力。一个正直能干的人进入一个混乱的部门可会被吞没；而一个无能无才者，能很快将一个高效的部门变成一盘散沙，组织系统往往是脆弱的，是建立在相互理解、妥协和容忍的基础上的，很容易被侵害、被毒化。

破坏者能力非凡的另一个重要原因在于，破坏总比建设容易。一个能工巧匠花费时日精心制作的瓷器，一头驴子一分钟就能毁坏掉。如果一个组织内有这样一头驴子，即使拥有再多的能工巧匠，也不会有多少像样的工作成果。如果组织团队中有这样一头驴子，应该把它清除掉；如果无力这样做，就应该把它拴起来。

但如果对此定律的解读仅停留在这一层面上是远远不够的。依据辩证法的基本原理，世上没有绝对好，更没有绝对的坏，虽然对待组织中污水，最直接的办法就是将其清除掉，但如果我们能将污水变清水，甚至再酿造成酒，岂不是避免了重新组织的重复劳动？而且更有利于团队的成长与发展。但你或许会问：一盆污水怎么可能再利用？是的，表面看来，一盆污水无论如何也不会再被利用，但要知道，污水是可被净化的。即使无法净化，在某些情况下，污水比清水的效果还好。比如，虽然污水不适宜饮用，但很受某些水生藻类植物的欢迎，因为对人类有害无益的污水却能为它们提供丰富的养分，这样看来，对于某些水生藻类植物来说，污水便成了一宝。

现代企业管理必须以对人的观点为基础，《圣经》上清楚说到对人的观点："我们都如羊走过，各人偏行己路……"因此人才运作就必须把羊群带到一条路上，团体的人才也必须加以指引和筛选，剔除具有破坏力的污水，使合格者的力量指向同一目标，这就是人才运作。

而人是穿裤子的猴子，裤子的明显特征是约束，那么该如何约束这些猴子呢？每个人都是自利的，他们充满欲望，寻找机会，不停计算着自己的成本和收益，使自己的效用最大化，污水质的员工都是"机会主义者"，机会主义，被著名经济学家威廉汤姆森解释为"施诡计求自利的行为"，即当人们有机会去满足私利时，只要他人识别其行为需要花费较高的成本，人们就会采取自利行为。

所以最适合的"裤子"要从"机会主义"原理的角度去寻找。

本书所要做得就是如何缝制最合适的"裤子"！

酒和污水在一个组织中也存在相互博弈的过程，往往一滴污水就能击败辛苦建立起来的良好的组织气氛，所以，著名管理学家彼得·兽克在其《管理实践》中毫不犹豫地称："酒与污水定律是企业人才运作中最经典，最具主导地位的规律！"

人才对企业成功的重要性不言而喻，"酒与污水定律"能指导你在企业人才大战中占得先机，成功的人才运作必然引领成功的企业管理。

最后，让我用银行家沃尔特·里期滕的话来结束本行言："懂得如何将组织中的厉害人物凝聚起来的人自然会驱散内耗行为。"

这才是酒与污水定律的精义所在。

目录

第1章　无处不在的污水

　　个体成员是社会构成的最小单位，而多个个人的组合并非一定就是一个团队。团队的基本意义和建立的原因归根结底，是能生成某种单凭个人力量不能容易、高效地生成甚至根本不可能生成的东西。团队广泛存在于社会生活的各个方面，尤其是经济生活领域，由于人的个体的差异性，决定了团队成员的多样化，故造成害群之马的出现。这就是污水，它无时不有，无处不在，了解其形式方能探究其本质，进而防患于未然。

目录

第2章　如何处理污水　　021

创建并维持一个成功的团队并非很容易的事，有些常见的障碍和问题会出现，破坏分子就是团队中普遍存在的"大石头"，其解决之道并不总是让他们"下课"，要记住，当你在解决问题的时候，你是在试验和学习你已知或未知的有关"程序"，那么本章希望能深化你已知的"程序"，告知你未知的"程序"。

第3章　酒纯之道　　057

好酒有很多种，但再好的酒也有一个酝酿的过程。但在酿造之前，首先应确立好酒的标准：哪些技能、行为方式及个性特征是你最珍视并希望团队成员具备的呢？这个问题，问100名管理者，可能得到100个答案，但总有一些共性的特征是理想的团队成员必须具备的。

本章正是想告诉你人才应具备的哪些素质？如何发现和利用适合自己的好酒？如何利用各种机会，表达对这些素质的欣赏和钦佩？最重要的是如何去培养自己的员工的优良素质。

第4章　留住你的好酒

对于企业，酿造自己的好酒并不是一件容易的事情，而且企业如果留不住自己的好酒自然就会被污水慢慢地占领自己的阵地，因此如何留住自己的好酒就成了一个非常现实的问题。

目录

第5章　酒与污水的冲突与协调　　137

在企业中污水总会给企业带来各种各样的矛盾和冲突，如何处理甚至学会利用这些矛盾和冲突是一个聪明的管理者应该学会的重要管理技能之一。

第6章　巧用酒和污水　　　　　　171

如果有一车沙从深圳地王大厦（目前中国最高的楼）顶上倒下，其结果是没多大变化，如果能把这车沙变成一整块石头，则地面将砸出一个巨坑。

管理学家彼得·德鲁克（Pettr·Druker）在思考现代企业管理的重要性时，说："现代企业不仅仅是老板和下属的企业，而应该是一个团队"。松下幸之助也说："管理企业就是管理人"。

优秀的管理者都是用人大师，不论是团队中的酒还是污水，都尽量利用，而这个"用"关键是讲个"巧"字。

希望通过本章，能让你从"我要成功"转化为"我们要成功"，打造真正高绩效团队，点石成金，达到天下没有不可用之人的境界。

目录

目录

第7章　变污水为酒的方法　　　219

　　污水员工是客观存在的，对于其，如果只是被动应对是显然不够，但该如何主动出击呢？人是穿衣服的猴子，所谓衣服其实就是约束，如果无法从心底培育正确的观念，则只能求助于约束制度。人是可以改变的，约束制度可由外到里地改变一个人。

　　与之相对，情感的作用则是由里既外，这是古老的东方智慧的结晶。所以，本章的中心就在于融中西方智慧于一炉，取其荦荦大者以飨读者。

第 **8** 章 酒和污水的再认识 　　251

上一章主要谈了如何变污水为酒，这是基于污水有害无益的认识而言的。

但污水真的有害无益吗？

没有什么是不能改变的，在你的组织中会有那么一些人具有污水特质，但你要明白，这是他的全部吗？难道找不出什么闪光点吗？事实上，答案是否定的，经过对酒和污水的一个世界上没有不可用的人才，只有无能的管理者。

那么，就让我们重新审视这个充斥着酒和污水的世界！

目录

第1章　无处不在的污水

　　个体成员是社会构成的最小单位，而多个个人的组合并非一定就是一个团队。团队的基本意义和建立的原因归根结底，是能生成某种单凭个人力量不能容易、高效地生成甚至根本不可能生成的东西。团队广泛存在于社会生活的各个方面，尤其是经济生活领域，由于人的个体的差异性，决定了团队成员的多样化，故造成害群之马的出现。这就是污水，它无时不有，无处不在，了解其形式方能探究其本质，进而防患于未然。

危机四伏的职场

"在我工作的办公室里，我怕五个人，这五个人中每个人分别又怕四个人（重复的不算）……"美国黑色幽默大师约瑟夫·海勒用调侃的笔调揭示了一个普遍存在的现象：身处职场人不可避免地会遭遇批评，矛盾，一不小心就会发现不知何时已身陷困境、污水环绕。

污水出现的首要原因是职场环境已成为个体最主要的活动场所，而人群聚集处，往往会藏垢纳污。

家庭、亲属、邻里对于现今社会的许多人来说当然重要，而同事之间的往来已经越来越成为了最重要的社会关系。人们期望在这个圈子中取得成就，期望在这个圈子里结识朋友，互通信息。人们期望能从同事那儿学一些职业方面的经验，也期望同事能够帮助解决工作中的麻烦，甚至生活中的苦恼。

即使是一位有家室的人，他每天同家里人相处的时间也远远没有与同事共处的时间长，这样长时间的相处，使职场成为一个人最重要的活动场所，人们汇流而聚，不免互相感染彼此脾性，也便为污水提供了蔓延的大环境。

污水产生的第二个原因是：人们都为逐利而加入某个群体，由于竞争的压力，不可避免造成彼此间或明显或潜在的冲突，比如你和某位同事一直相处融洽，但是有一天，你们要竞争一个更高的位置时，就可能化友为敌。

工作中，人们常会碰到以下恼人的事儿：

难以摆脱的侵犯和骚扰；

难以申辩的造谣中伤；

有些人会利用你的某个错误大肆宣扬、鼓噪；

有些人会不失时机地诋毁你，使你丧失晋升的宝贵时机；

有些人免不了会对你冷嘲热讽、旁敲侧击……

这些行为几乎使人坐立不安，而这种行为产生的反作用就是被害者往往以其人之道还治其人之身，从而造成周而复始的恶性循环，污水的危害由此蔓延开来，毒蛇猛兽最终要以团队的活力为牺牲品，导致整个组织团队的没落与消亡。

挑起冲突的人

那些无端挑起冲突的人，可能就是身边朝夕相处的某个同事，这种人唯恐天下不乱，以团队混乱为乐。他们的行径可能出于各种各样的原因。比如说，他们为得到晋升某个位置的机会，向所有可能威胁他达到目标的对手展开了攻势；也有可能是由于他们心理上产生了某种精神变态反应或有暴虐倾向。总之，不管是由于幸灾乐祸的有意迫害，还是唯恐自己的位置被别人取代的主动进攻，都会污染原本清澈的团队。

他们可能在聚会的场合或利用会议的机会公开攻击选中的目标；他们追打拦截，气势逼人，发出阴郁的暗示，营造吓人的姿态，想方设法摧垮你的心理防线，生事者有时实施隐藏的折磨与迫害方式。他们在兴风作浪时，有时候只是开一个头，然后就会顺水推舟地让那些喜欢起哄的乌合之众把牺牲品挤到"绝地"的边缘，而他们躲在后面，暗地挑唆，散布谣言，用阴谋诡计达到其不可告人的目的。

从以上分析中我们可以看出生事者是真正的罪魁祸首。人人都希望得到一个团结一致，没有争端的工作环境，再也不存在凶险生事者。然而生事者却无孔不入，无机不投。

此外，我们还必须考虑以下的种种问题：

为什么某些人总会成为纠纷的起因呢？

这些生事者在我们周围怎么会释放出如此之大的影响呢？

这些问题需要我们对制度构建，人的心理深入探究，这是我们在后面几章要解决的问题。这些牺牲品是否也负有部分的"责任"呢？要回答这些问题，我们就必须进入事物的深层次，更详细地分析。

暴君引发的污水

脾气暴躁的领导者引发的污水来自其权力的高位，他要求周围的人必须表现出绝对的俯首帖耳、百依百顺，同时他们更喜欢看到牺牲品在他面前惶恐不安的窘态。他们貌似严父，一碗水端平，实际暴虐、恶毒地监督与惩罚其他人。如果他们在自己的周围找不到可以随意踩躏的对象，那么他们就到那些年纪轻、阅历浅，或是受教育程度不高，以及自卫能力偏弱的同事中去寻找自己需要的施虐对象。

由于其高位势能，其破坏力往往是冲击性的，极易造成组织的分崩离析，人心涣散。

暴君引发的污水由于身处高位所产生的巨大势能而来势汹涌，不可抵挡，所以硬抗不是良策，最好的方法也许是回避，即变更一下自己的工作环境。任何同暴君进行过一番较量的人，免不了都要同他拉个你死我活，你也许偶尔也会在某次较量之中获得了暂时的胜利，但这种短暂的胜利往往会激发暴君更大的污水洪流，让你疲于应付，最后毫无招架之力，这种没完没了的纠缠最终让你选择放弃。

施虐者就是要享受自己枪口下的猎物惊慌失措的样子，就是要品味对方痛苦的感受。什么呼吁同情心，什么建立同盟团体意识，暴君们根本就不屑一顾，这种友善的态度反而会更加助长他们凶残的气焰。在这种情况下，只有通过与暴君的搏斗获得内在乐趣，并且用你的气势消除两者间的势能差距，才能有效地保护自己。

如果你内心深处对施虐者产生畏惧之情，经历了一番反抗之后已经感到力不从心、疲惫不堪，干脆躲开暴君（换一下工作部门或者辞掉这个工作），即惹不起的时候，你要躲得起。当然，人不可能永远在逃避中度日，何况还可能"才出虎穴，又入狼窝"。在任何公司里，都有可能碰到暴君式的上司。如果战之不胜，躲之不及，如何是好呢？

你要冷静地分析一下，这些暴君最爱踩躏的都是哪些人？为什么？然后再根据你的答案想一想，在同一个组织中，你和你的同事谁最"符合"这一特征？只要你比他人距离这个"答案"远一点，你也就安全一点，这或许不公平，但现实就是如此残酷无奈，在这个弱肉强食的世界，你无法战胜比你强大者，就必须能战胜比你弱小者，虽然他很无辜。

　　两个人去森林旅行时，碰到了一只熊，其中一个人马上换上跑鞋，扎紧鞋带。他的朋友说："这没有，你不可能跑过熊。"这个人回答道："但是我能跑过你。"

　　如果暴虐污水源不是你的老板或顶头上司，就比较好对付一点，但也需要智慧。当他跑到你面前指手画脚时，可以明确地告诉他，你在听老板的吩咐做事，而不是听他的。或者婉转一点，告诉他这件事老板说了算，他有什么不满让他去找老板好了，犯不着跟你耗劲。

"严厉"的老师

这是可以将别人的神经冲得四分五裂的污水，他们的目光像刀子一样逼视着每个人，稍有不慎他就会马上跑过来指责你的错误，对你进行一番严厉的教训。可怜的受训者往往处于尴尬的窘境。

这种污水的源头往往是资历较老的同事，他们凭借着多年来积累的工作经验，以技术权威自居，大多是选择刚参加工作不久的人当牺牲品，把他们作为肆意蹂躏的对象。在同龄人中相对精明、优秀的年轻同事也会充当这种严师的角色。他们虽然刚毕业，却利用自身较高的学历和知识压人。

这些所谓的"严师"会站在管理人的立场上义正词严地对你说："你应该庆幸碰到了这么好的严师，这是在帮助你，是一番好意啊！"而那些早已经尝过"严师"苦头的人，看到别人替代了自己的位置，自然乐得自在，导致这类污水的蔓延横流，更可怕的是，如果这种作风一代一代传到新晋者那里，则对组织团队的破坏力是持续性的。

严师型的人在表面上看起来并非无事生非者，他们本身的行为既不是无端地要同你吵架，也不是蓄意欺侮你；他们只是持续地、大量地指出你的错误，揭示你的种种弱点，折磨你的神经，把你和几乎所有的缺陷联系在一起。即便是那些最有涵养的人，时间久了，也会无法忍受，从而影响整个团队的效率。

如何才能同这样的"严师"和平共处、减少冲突呢？关键是不要给他第一次发威的机会，因为这样只会让他变本加厉，总有一天会让你无所适从，成为团队中可有可无，甚至拖后腿的破坏分子。如果你心态极好，对他的所作所为无动于衷，泰然处之，就像牛对蚊蝇的嗡嗡之声一样不屑一顾，是对付这种人的上策。而忍耐力比较差一些的人，就应该躲开"严师"的监督范围，或者更换一下工作位置，或者去从事一种"严师"不擅长的业务，不给他吹毛求疵的机会。

也有人以强有力的反击把这种严师型的污水远远地赶出自己的活动范围，但要想做到这一点，只好同他撕破脸皮，直截了当地挑明："这里是我的工作领域，你不能随便干涉。"你甚至可以严肃地警告他："如果你再要干涉我的工作，可不要怪我不客气了！"当然你不要在自己神经已经紊乱的情况下对他发出警告，那时候你会沉不住气，不经意间成为无事生非者，变成和那些所谓"严师"一样的"污水"。

当你到一个新的团队或单位时，一定要注意身边是否有严师型的人，对这种人千万别去向他请教任何问题，不要采纳他的任何建议，当看到他正虎视眈眈地注视你的工作细节时，那你就应该处于随时自卫的状态。

想采取妥协退让的态度，诚图避免争执，和平共处是没有任何用处的。这种人不卖弄、不宣讲、不教训别人似乎是活不下去的。你对他平心静气、谦虚谨慎的态度，在他看来只能是又一个表现自己权威的机会。如果你只是婉转地表示不满，那么他就会认为你对自己的状况十分不满，希望他来帮助你战胜面临的困难。为此，他马上会对你提出一系列的建议，甚至分析你的心理问题。严师型的人在方方面面都认为自己是顾问，是救世主，是心理医生。

"去管好你自己的事吧……"这样的话语加上不可置疑的口气，才是堵住这类污水污染你的最好的闸门。

野心家的破坏力

野心家这类污水的破坏力来源于他们飞黄腾达，加官晋爵的心态。他们大多是公司里较年轻的少壮派，满脑子里都是步步高升的宏图大志。在领导面前他们一定要显示自己鹤立鸡群、出类拔萃的地位，而认为其他人——不管是有意竞争者，还是憨厚的老实人——都应该为他们扫清前进的道路。

这些自认为是的激进者或者说官迷们，对那些不太在意自己、不认真看待自己的同事，采取的是轻蔑与无视的狂妄姿态；对于妇女与年长些的同事，他们更是显示出自己骄傲、清高的面目。

当这类污水遭遇与自己同质同源，并对自己的位置空间产生威胁的另一股污水时，就会引发两者间的惊涛骇浪。这种破坏组织间团结的浪潮由双方官迷同时激发，他们相互间虽然相互撞击，但是掌握一定分寸的。因为他们会考虑到：说不定什么时候，他们都可能成为领导阶层，或者是晋升至高层的决策圈，或者是在不同的管理层相遇。可以想象，如果斗争的双方鉴于这种"深谋远虑"，那么他们之间的战斗就不可能达到你死我活的程度，而更像是动物滚打在一起时的撕咬，其中的每一方都在向对方证实：你我只是棋逢对手，你斗不过我的。

如果我们的同事之间有这种使人难以忍受的仕途狂热分子或潜在战争的挑起者，那么我们应该如何对待呢？

首先必须考虑一下你自己是否想在这个职位中获得晋升的机会。如果根本不存在这种愿望或者说在某个具体部门毫无所求，那么也就根本没有必要同这类人发生任何冲突。如果你感到有必要明哲保身，那就应该对那些轻狂倨傲者视而不见。或者不妨对这类人略施小计，使他们失态露丑，贻笑大方，这时候你可以把事情的原委公之于众。由此，一方面算是给自己和其他同事出了口恶气，同时也算给这些目中无人的家伙一点教训，让他收敛自己的锋芒，老老实实做人，踏踏实实做事，从而有利于整个团队的安定团结。

这些角逐仕途的人似乎以折磨人为乐，别人对他是否有畏惧心态，对于他们也是无所谓的事。他们注重的只是无时无刻不展示自己的光辉形象。一旦他们领悟到你具备了能抵制他们卑劣行径的实力，而且具有可以使之当众出丑的智慧，那么他们立刻对你谦恭有加，再也不会挑衅你了。

阴暗角落的毒蛇

搞阴谋的人大多是嫉妒心极强的人，这种人一看到别人比自己干得出色，心里就失去平衡，可他们自己又没有干出一番成绩的能力；看到别人在一起和谐友好地合作共事，心中就会顿生嫉妒之情，可自己又缺乏团结周围同事，创造出一个友好坦诚的工作氛围的能力。

这种人对团队的危害是最具破坏性和杀伤力的，因为一个团队的力量之源就在于成员间彼此的信任与合作，而阴谋家恰恰就破坏了团队的生命力。背后捅黑刀、口蜜腹剑、造成成员间的相互猜疑，向心力缺失。历史上无数的事实证明，小到一个组织大到一个朝代，其兴衰灭亡，往往始自内部的分崩离析，而这一切，莫不以阴谋家为始作俑者。

这类破坏者的可怕之处还在于，其实施的阴谋，局外人往往无人察觉，这使受害者陷入求助无门的境地。因此，不管上司还是同事也就无从帮助你来打击阴谋家恶毒的行径了。即使你试图获得别人的理解与支持，听到的回答可能是："这不过是你的一种幻觉，反正对你也毫发无损。"所以，那些成为阴谋家牺牲品的受害者往往还会遭到旁观者的歧视。有时候，连受害人都没有察觉到阴谋家像毒蛇一般悄悄地向自己包抄过来，没有意识到他向自己抛出话语与谣言，拉开缠住你手脚的密网——比如他会说你某时某地在工作中曾经造成多么大的失误，让你在即将晋级的最后一分钟糊里糊涂地跌于马下，成为了他们谣言大宴中的一碟小菜。

一个低劣的阴谋家会把谣言杜撰得过分夸大。对此大可不必乱了方寸。如果这种情况真的出现，你可以将它继续夸大，让它荒谬、可笑到使人根本无法相信的程度。如果你对于这类谣言反应敏感、勃然大怒，这恰恰中了造谣者的圈套。这样，原本很清楚的事反而越描越黑，别人不知道该相信哪一个了。

需要切记的是千万不要向上司告状说"某某人对我造谣诬陷"。上司们最讨厌这类纠纷，他很可能因此将这笔账记在你的头上，因为他根本无暇去调查事态的缘由，也可能会认为你经不了大事，没有城府。有时候，上司们确实看透了阴谋家造谣生事的行径，可同时他也确信，你这种异常强烈的反应止说明你的心里必然也掩盖着怕见人的短处。

这类破坏分子最让团队成员头疼就在于他一直隐藏在暗处，有一种"拔剑四顾心茫然"的无奈。最好的策略是在和他们发生正面冲突之前就彻底打消他们的念头。比如故意在他们面前透露你是怎样的"捕蛇高手"，成功挫败过多少阴谋诡计，这都使他的"风险成本"大大提高，不敢轻易对你下手。在某些情况下，你也可以先发制人，事前就揭露真相，让事件的发展证实你的预言，使他的阴谋大白于天下。但要注意，这种引蛇出洞的方式风险也是很大的，弄不好反有可能引祸上身，所以没有十足的把握和非到迫不得已，还是谨慎为好。

咬人的狗

另外一种普遍存在的污水就是那种在领导旁边咬人的狗——趋炎附势的员工。在一个规范合理的组织中，这类人则应成为一个组织防范并清算的对象，如果一个人因为其奴才行为而飞黄腾达，则社会有更多的人效仿其行为，这会造成一个组织内部的官僚主义、独断专权盛行，而一个缺乏最基本民生氛围的团体，在市场竞争中，其命运必然是归于灭亡。

这种人对上是奴颜婢膝，对下则是穷凶极恶。而奴颜与暴君之间的区别主要表现在：奴颜者一方面不放过现成的机会去欺负比自己更弱的同事，越是能把别人搞得频频倒霉，甚至绝望，自己越是开心；另一方面，奴颜者更全神贯注地观察着主子们的脸色，他们主要的目的是讨主子们的欢心，所以一旦发现某个人引起了老板的不满，他们就会像主人豢养的猎狗那样扑上去撕咬。

所以，只要可能，应尽力圆满完成工作，特别要避免一些不必要的失误，只要你的工作过得去，老板很少会对你发火。这些人听不到主人的信号，也就不会对你群起而攻之。当然，也可能会有人试着欺负你，看你是不是一个软柿子。这时一定要坚决回击，表现出你的威严。

对这种污水的侵扰，别无他法，唯有以暴抑暴。要想改变他们的可鄙行径是根本不可能的，这种人早就习惯了这种对上司阿谀奉承，对下属专横跋扈的两面派行径，到死也绝不可能改变。要想不受这种人的欺负，唯一的办法就是要使他对你心存戒备，不敢恣意妄为。奴才们往往都是很心虚的，专门欺负弱者，一旦你展示了自己的力量，他必然对你恭敬有加。你自身的这种威慑力，对方就会把蛮横的态度变成奉承的笑脸。如果你自感能力有限，可以在同事中找几个伙伴。弱小的食草动物正是通过群体力量，对抗猛兽袭击的。同样，对于那些自卫能力较弱的同事们来说，要团结一致，使这些小人不敢轻举妄动。当然，同伴的选择要谨慎，只有真心的团结，默契的配合，才能产生团体的威慑力。

污水探源

我们以上概括总结出最可能引起组织或团队危机的各种类型的污水，就像是水果筐里那些腐烂的苹果，一位有智慧的管理者会找到问题所在，把生事者清理出去或是把他们安排在某个独处的工作岗位上。可是如果你处于牺牲的状态，又没有遇上那么好的上司，那就必须考虑在万不得已的时候调换一下工作。

无论什么类型的污水，肯定都不是凭空出现的，其前身也是净水，所以探究一下其产生的深层次原因，不仅有利于团队的和谐，更可以使你避免由清而污。污水产生主要有以下原因：

他们要追逐自己的目标，从而必须清除一切竞争的对手。他们自己以前曾经是牺牲品，受到过别人的侮辱，因此具有强烈的报复心态。

一些人心存疑虑，以小人之心度君子之腹，总觉得别人在算计他。

一些人终日在心灵的处惶恐不安，永无宁日。他们只能用折磨弱者的方式来排除这种难耐的心理煎熬。

一些人自我膨胀，狂妄自大，他们想不停地证明其他人只是自己脚下的奴仆。

一些人以为自己是救世主，是及时雨，是施恩者，他们对其他人施以暴力，是为了强迫这些"愚昧"的人得到"真正的幸福"。

一些人对身边那些成功、顺心、漂亮及被人爱戴的同事妒火中烧，难以释怀。

接下来的问题是，我们如何抵御这些污水的传染行为？我们如何同这些挑起事端的人共处？首先必须明确的一个事实是：同这些人发生冲突是不可避免的。

大体上来说团队是通过三种不同的方式来摆脱这种困境的：

1. 尽可能回避这种人。

2. 干脆同这种人针锋相对、据理力争，最后达到使他们对自己敬畏三分的目的。

3. 如果可能，群策群力将他们清除出团队，永不续用。

在下一章，我们将要讨论的正是如何用强制手段，处理各类各色的污水所带来的麻烦。这是酒和污水定律所阐述的最基本、最直接、也是最有效的手段。

四种"潜在污水"

办公室内各色人等都有，有这么四种人不一定都是污水，但由于与你交往密切或身处要职，极有可能成为威胁个人安全与团队发展的污水。

1. 同事

最近的同事与你同在一桌子上办公，你的一举一动都在他们的眼里，甚至你的电话交谈他们都听得一字不漏，如果他们把你当成竞争对手，那你太危险了。
警告：当心身边的定时炸弹，在同事眼底下做事时千万别露把柄。

2. 总务

总务虽然看起来无足轻重，不就是个大管家嘛！但事实上想要工作出色还真离不了他们，小到一本记事簿，大到办公设备，难道你想让这些琐事败坏一天的情绪，甚至败坏你的工作实绩吗？

警告：总务无所不包，甚至包你的升迁机会，所以对他们要有礼貌和耐心，申请一本簿子按规定程序办有什么大不了？总比背后让他们说三道四强。

3. 电脑管理员

正式的称谓或许能凸显他们的重要性——资讯管理人员。在信息时代里，信息就是公司的资本生命，他们不仅管理全公司的电脑系统，而且还掌握着公司最机密的资料，当然包括你的一切秘密。只要他们动一动手指，你的所有资料都可能不翼而飞，到那时再想讨好他都没用了。

警告：公司里的间谍和匿名狙击手，尊重他们，并且多向他们请教，才能在公司信息战的今日明哲保身。

4. 其他部门的共事伙伴

这不是一个个人英雄主义的时代，要想自己的业绩出色，你少不了要与其他部门同事的合作。如果一个项目在每一个部门都耽搁一下，你的工作还怎么做？如果再在你背后嘘上一声，或者把部门主管都拉进来，这时你真的是百口莫辩啊！

警告：合作伙伴也可能是做"小鞋"的专业户，你应多投入点精力在他们身上，建立良好的沟通关系，和气相处，互助互益。

寻找团队敌人

有很多失败的团队，对其原因的探讨集中在管理层上，但事实上，团队成员本身的缺点也不少，团队要想对自身的问题和缺点负责，就必须首先找出团队最大的敌人。

1.乌龟与野兔的合作

乌龟可能利用兔子的大意赢得一两次比赛的胜利，但不会总赢，人各有不同的工作风格，在把他们集中到一个团队时，乌龟式工作风格的团队成员必须学会同作风麻利的员工一起工作。

尽管团队中有一定余地可以兼容不同工作风格的员工，但也要制订基本标准的免冲突。虽然人们对不同工作的偏好可以通过岗位轮值得到满足，但工作的速度和质量是所有团队成员都必须遵守的标准。

建议：统一业绩标准。平等的业绩标准可排除一些乌龟式工作风格的成员。

平衡不同工作的要求。团队成员轮流做几个工作时，不要让有些人累个死，有些人却闲得慌，这样前者就成了惩罚，而后者成了美差。

通过培训鼓励尊重不同风格。让人们知道，只要人人都始终保持高标准，他们解决问题时尽可八仙过海，各显其能。

2.事不关己

由于工作任务或制度的改变，一些人会产生抗拒心理认为"这不关我事""我没有受过那方面的培训"或者"这是管理层的事"等。

传统的职位内容半页纸就能说得清楚，经过半天的培训，工作起来就能得心应手，而今这种职位越来越少。团队成员不得不同时学习几种职位、随时准备换工作、升任领导职务、掌握新的技能，并且仍然能比几年前快得多的速度完成工作。因此，如果不给技能更新者的公正的奖励，则必然有些人拒绝花时间和精力去学习无法得到任何报酬的新技能。

建议：确保你的要求合理，将变革化成一个个的小步骤，逐步引进。

尊重和关心变革中的输家。失去权力或利益被忽略的领导和主管会抱怨，从而影响团队其他成员。

让团队成员参与变革的计划和执行。要求他们献计献策。

要保证变革有充分的经营根据，并告知团队成员公司的巨大前景，一旦他们看到就会非常理解你，令你称奇。

　　3. 一只烂苹果

　　破坏团队的人并非个个都是害群之马。他们往往是些能力和品格都不错的员工，只是没有适得其位，或未尽其才。因此每种情况都必须区别对待，并处之以公正。以下列出几种反叛者及其应对策略。

　　"天才型"员工胸藏机杼，工作游刃有余。他们感到失望是因为工作中缺乏新的挑战。建议：让他们参加特殊项目或做团队领导。让他们不断加快轮换职位。

　　"沉默寡言型"员工工作没问题，但他们不会在团体会议上分享观念，也不会加入团体项目。建议：让他们与更自信积极的同事合作，或不断给予他们要求更高的工作，改变他们的行为。

　　"工会代表型"员工未能人尽其才，或相对其工作来说培训过多。建议：直接听取他们关于增加职责的建议。委派他们担任领导角色。

　　"不堪重任型"员工技能差或缺少培训，不怎么胜任工作。进一步培训要么不可行，要么于事无补。建议：将他们与大材小用型团队成员搭配。安排他们力所能及工作，调整在团队中的位置。考虑辞退他们。

团队的负债

负债，本是财务术语，它是相对于资产而言的。财务意义上的资产与负债，是指资金或某一物体。人，也是资本，也可成为负债。当人力成为资本的时候，有的人能使团队增加价值，他被团队视之为"资产"，而也有些人因为他的存在恰恰在削弱团队的价值，因此他就被称为"负债"了。

下列九种"无效团队成员"之一已经成为团队的负债。无效的团队成员包括：

1. 自我保护主义者戴上层层面具、保护套，不给别人了解自己的机会；有过强的自我保护意识。

2. 自以为是者指手画脚，高谈阔论，纸上谈兵，光说不练。

3. 沉默者在团体中一句话也不说，从不贡献自己的主意。

4. 拒绝者固执、僵硬、拒绝接受别人的意见与建议。

5. 观摩者，他们人在团体中，却抱着旁观者、看戏的立场。无法融入团队，把自己当作局外人。

6. 无聊者不求上进，混日子；做一些无关的事打发时间，整天无所事事。

7. 找借口者自我设限；凡事找借口不找方法；推卸责任，都是别人的错。

8. 放纵者放纵自己、无法自律、自制力差；不服管束，不守规则。

9. 炫耀者好自我表现、好大喜功、好居功，过分强调自己在团队中的作用。

令人头疼的团队成员

作为团队的领导者（teamleader），当然希望自己的成员（teamplayer）个个不仅工作能力出众，而且富于合作精神。但是实际上，总会遇上一些让人头疼的团队成员。他们有如下的几种类型：

1.搭便车团队成员总在依赖和剥削别人的辛勤劳动。他双手空空地来开会，对别人的好主意点点头："嗯，我也这样想。"分配给他的工作总是做不完，即使勉强做完了，质量也不能保证。

2.缺乏协作意识团队成员不像那些搭便车的人，他确实在认真工作，而且很可能工作得卓有成效。但是，他对于别的困难视而不见，对他自认为的额外工作会理直气壮地拒绝："这不是我分内的事。"

3.个人主义至上类团队成员考虑问题的出发点只有一个，那就是他自己。他有时也会去完成额外工作，也可能会去协助他人。但是，他只从事对他的能力锻炼、事业发展等有好处的工作，对于其他事情，则百般推脱。他对工作是挑肥拣瘦，他的工作热情也根据情况而忽高忽低。

4.表现欲极强团队成员的工作态度和工作成绩都近乎无可挑剔。然而，如果说个人主义至上者爱考虑"利"，那么表现欲极强的人喜欢考虑"名"。他们会一马当先地代表团队去向领导汇报，或者自告奋勇地执笔写工作总结。他们总在有意无意中扩大自己的功劳，而爱把别人的成绩轻描淡写地一笔带过。

5.斤斤计较团队成员可能工作能力并不突出、成绩平平，工作热情也一般，但是对于劳动回报率却十分在意，属于"多给多干、少给少干、不给不干"。而且喜欢与周围的人比较，一旦自以为不公平，就会表现出强烈的不满。

其实，上面所举的心理现象在许多人身上都可能存在，只不过在某些人身上尤为突出，形成了他们的一种让人头疼和反感的特征。

即便有那么一些令人头疼的成员，也要坚信事物有其两面性，再复杂的人，在不同环境、不同阶段，其行为表现行式也不同、要努力矫正和改变，这样，便没有谁会让你再头疼！

让你成为污水的不良工作习惯

对以下几种不良的工作习惯千万不可大意，自由放任，很可能会影响整个团队的效率，也让自己成为团队中的污水。

1. 不注意与直接上级的关系

直接上级是与你联系最密切的领导，也是你工作的直接安排者和工作成绩的直拉考评者。搞好上级的关系不是让你去溜须拍马、阿谀奉承，而是要注意经常与上级沟通，了解上级安排工作的意图，一起讨论一些问题的解决方案。这样可以更有利地完成自己的工作

2. 忽略公司文化

成熟公司都有自己的企业文化，不论公司是否宣传这些文化，它都是客观存在的。特别是新员工，在刚来公司时，一定要留意公司的企业文化。企业文化通俗地讲就是企业的做事习惯，不注意这些习惯，就会与其他人格格不入。比如公司员工经常加班加点地工作，而你却非要按时来按时走，一分钟都不愿在公司多待，这种不良的工作习惯势必会影响你在其他员工心目中的印象。

3. 对他人求全责备

每个人在工作中都可能有失误。当工作中出现问题时，应该协助去解决，而不应该只做一些求全责备式的评论。特别是在自己不无法做到的情况下，让自己的下属或别人去达到这些要求，很容易使人产生反感。长此以往，这种人在公司没有任何威信而言。

4. 出尔反尔

已经确定下来的事情，却经常做变更，就会让你的下属或协助员工无从下手。你做的承诺，如果无法兑现，会在大家面前失去信用。这样的人，公司也不敢委以重任。

5. 行动迟缓

在接受工作任务之后，应该立即着手行动。很多工作都是多名员工相互协作开展的，由于你一人的迟缓而影响了整体工作的进度，会损害到大家的利益。有些时候，某些工作你可能因为客观原因无法完成，这时你应该立即通知你的上级，与他讨论问题的解决方案。无论如何，都不应该将工作搁置起来，等待上级的询问。

6. 一味取悦他人

一个真正称职的员工应该对本职工作内存在的问题向上及提出建议，而不应该只是附和上级的决定。对于管理者，应该有严明的奖惩方式，而不应该做"好好先生"，这样做虽然暂时取悦了少数人，却会失去大多数人的支持。

7. 传播流言

每个人都可能会被别人评论，也会去评论他人，但如果津津乐道的是关于某人的流言蜚语，这种流言最好停止。世上没有不透风的墙，你今天传播的流言，早晚会被当事人知道，又何必去搬石头砸自己的脚？

第2章 如何处理污水

　　创建并维持一个成功的团队并非很容易的事，有些常见的障碍和问题会出现，破坏分子就是团队中普遍存在的"大石头"，其解决之道并不总是让他们"下课"，要记住，当你在解决问题的时候，你是在试验和学习你已知或未知的有关"程序"，那么本章希望能深化你已知的"程序"，告知你未知的"程序"。

别让污水进入你的桶

既然污水无处不在，那么一个英明的企业领导者所要做的就是防患于未然，别让污水进入你的桶。这显然要从招聘做起。

作为公司员工的切入口，人员招聘的作用非常重要。吸引到适合的人才（能力强、态度好、潜能大），意味着企业获得了持续发展的动力和源泉。可一旦招人不慎，就可能让污水混入公司内部。招聘是一项系统工程和科学决策，错误的招聘雇佣行为会使企业付出额外的成本，因此招聘存在风险。

虽然招聘风险是不可完全避免的，但以下几种方法可使风险得到有效控制：

1. 用威慑手段使应聘者不敢造假。企业应该加大惩罚不诚实者的力度，增加他们的造假成本，迫使求职者传递更多的真实有价值的信息。例如在招聘前可宣布诚实者有可能会被录用，不诚实者永远没有录用机会。求职者为了获得职位，会更加愿意传递真实有效的信息。甚至可以联合一些企业和人才中介机构建立求职者的信用体系，建立不诚实者的"黑名单"。一旦被列入"黑名单"，求职者就不可能在这些企业获得职位。

2. 主动获取信息。求职者应聘一般是向企业传达信息，企业处于被动获取的地位，企业也可以主动去了解求职者的信息，称之为信息获取。例如请专业调查机构调查求职者背景，核实履历和工作经历，向前任雇主了解求职者的工作表现等等。

3. 吸引更多适合的人来求职（增加求职者中合格者的分布比例）。为了更直观地理解，我举一个例子：假设企业要在 10 名求职者招聘雇佣 2 名员工，如果这 10 个人都是符合条件的，那么无论企业做出怎样的选择（甚至可以不去测试，或做简单测试），都是正确的决策；如果这 10 个人均不符合条件，假设测试工具的有效性为 80%，那么就有 20% 的概率做出错误的行为。一个显然的结论是：求职者中合格人员的分布与招聘风险呈负相关，合格者比例越高，企业招聘风险和招聘成本越低。

4. 非固定报酬合同。假设一个高能力招聘专员的期望月薪为 2000 元，低能力的招聘专员的期望月薪为 1500 元，又假设 1 年的时间可以完全评价他们的能力和绩效。那么企业可以采取非固定报酬的薪资政策，例如在试用期的月薪为 1200 元，试用合格后的月薪为 2500 元。那么高能力者愿意来求职，因为试用期满后企业会留用他，而他可以获取比期望值高的薪水。而低能力者不会来求职，因为试用期满后企业会解聘他，而他在采用固定薪酬的单位可以获得 1500 元的月薪。

5. 规避风险。上面探讨的都是一些可以有效降低招聘风险的措施，但仍然不可能保证把风险降到零。既然招聘风险客观存在，一些企业干脆采取了"不作为"态度，即不招聘或尽量减少招聘，期望规避招聘。他们转向开发现有人力资本，使他们更趋向于完美。但这样的风险和损失更大，因为人才存在合理流动，企业要发展不可能不吸收新人。

如何排除"坏孩子"

人的差异性决定了我们会遇到各色的人。有一种人被称为"坏孩子"那么，什么是坏孩子呢？广义上讲，是严重偏离大众行为标准的人；狭义上讲，是与自己行为标准偏差较大的人。人们对坏孩子的态度通常表现为心理上的抵触和行为上的排斥，这种抵触往往会降低工作效率，特别有几个"坏孩子"的话，对企业工作质量的影响往往是破坏性的。

人们之所以各有差异，除了先天因素，也与各自的价值观有关。而正是由于这些隐藏在人们思想深处的差异，决定了人们对同一事物的不同态度、判别标准和行为标准，进而导致矛盾。这些差异比较大时，矛盾演化就会激烈。

有四种坏孩子是尤其值得注意的，即：小人、坏人、疯子、骗子。对这四种人要坚决清除，小人就是损人利己的人；坏人就是损人不利己的人；疯子就是说话不着边际，而且前后矛盾，神经兮兮，甚至见谁咬谁的人；骗子就是专门挖空心思骗取上司老板的信任，然后谋取到一定的利益后剩下烂摊子让老板自己收拾的人。

在企业的成长过程中，尤其在企业发展到一定规模后，小人、坏人、骗子、疯子随时有可能"光临"企业，因此相当重要的是：把好人员进口的同时，及时发现组织中蜕变成的四种"坏孩子"，发现后立即开人，防患于未然。不然，等到这些人熟悉企业情况后，要远比一般员工难开，而且成本很高，往往会在开除时制造事端，甚至开除后还会惹事不断。怎么办？机制化、规范化是防止这些乱七八糟的人得势最有效的方法。管理不规范的企业的老板常常喜欢打破常规的用人机制，随意安插和提升，这样很容易使那些小人、坏人、骗子、疯子趁机混进来，问题是难道老板不明黑白吗？回答是老板不可能是全能冠军，特别是专业的人力资源管理。但老板自己往往感觉不到，周围的吹嘘之声，导致自己过高地评价自己，认为人力资源管理不在话下，结果误把李鬼当李逵。

所以企业必须有规范的用人机制。第一，规定严格的人员进入机制，不能家长作风横行，打破规范化的机制。无论是通过什么渠道引进，都不要轻易绕过人力资源岗位进人；第二，进入的任何员工在试用期内，人力资源岗位人员都要跟踪调查，发现问题，及时处理，免得转正后有更大的麻烦；第三，人力资源岗位的工作人员平时要测评新进人员和重点提拔人员，并建立公开、畅通的民主通道，切记不要安插"克格勃"；第四，建立四种"坏孩子"的淘汰机制，员工辞退和开除条款中不应是人人都有可能犯的，诸如：迟到早退或病事假，而应重点是针对种种不道德的行为来制订相应的淘汰措施。这种淘汰机制重点不是教育，而是淘汰作为污水的"坏孩子"，保持团队或企业的纯洁化。

员工不是用来"豢养"的

不称职员工在任何时间、任何组织都存在，如果对其放任自流，任其逍遥自在，则会在员工内部形成一种"即使不称职也能独善其身"的观念，这种豢养行为最终导致组织的士气低迷、团队动力消散，动摇根本。对这些员工所能采取的措施有：（1）实施心理辅导；（2）调遣；（3）降职；（4）升职；（5）要求提前退休；（6）示意自动辞职；（7）解雇。

员工长期不称职的原因是多方面的，有些因素是来自员工个人（诸如疏懒成性、智力欠佳、性格不合、受私人问题困扰等），有些则来自组织本身（诸如未提供适切之训练、督导不善、工作环境欠佳、激励不足等）。为长期不称职的员工实施心理辅导，可能是探索员工不称职的原因及谋求对策的最根本办法。

调遣是一般管理者较常采用的方法。它具有两种好处：（1）长期不称职的员工，可能因工作环境之改变而改变工作态度，并提高工作效率；（2）出缺的职位可以聘请称职的员工递补。但若调遣之后，受调遣的员工之工作表现依然如故，则组织本身将继续蒙受其害。

降职可能招致三种后果：（1）降职后，长期不称职的员工会安于现状，并改善其工作表现；（2）降职足以迫使员工辞职；（3）遭受降职的员工可能对组织采取破坏性的报复行动。

有些主管反其道而行，可能会以升职作为激励或排除长期不称职员工之手段。这种做法风险性较大可能收效很大，但也可能导致员工逆淘汰的不良后果。

要求长期不称职的员工提前退休，固然有助于问题之解决，但事实上并不一定行得通，因为除非该员工能找到更好的出路，否则会抗拒这种要求。

向长期不称职的员工示意自动辞职，这种举措如能发挥作用，将可获得如下的好处：（1）避免解雇员工时可能产生的尴尬场面；（2）令该员工的直接领导免于受窘；（3）避免组织在社会上之形象受损；（4）为长期不称职的员工保留颜面。倘若长期不称职的员工屡经示意仍不自动辞职，则组织将予解雇。不过，在任何组织中像这样"不识时务"的员工毕竟少见。

如上述对策皆不适用，长期不称职的员工须被解雇，主管者应当机立断，及早面谈并传达解雇命令。

抓住权力线

制造混乱者是领导者应重点对付的一种污水，因为他们会破坏成员间的和谐关系，他们无时无处不在制造麻烦。

有人统计过，每一百个人当中各种类型的人的百分比约为：

A 组：自我鼓励型的约占 5%。

B 组：接受挑战发挥自己全部能力的约占 10%。

C 组：被有领导能力的人督促才能把工作做好的人约占 70%。

D 组：难于处理并且经常给上司出难题的人约占 10%，对这种人需格外地下功夫。

E 组：完全不可救药的人约占 5%。

那部分制造混乱者，就属于 D 组。他们的数目虽然不多，但为害却很大，一个企业里面如果有这么几个人，而领导又不懂得驾驭他们的办法，将会鸡犬不宁，严重影响企业的工作秩序和工作效率。

与其等混乱出现再去应对，不如在他们刚刚萌生捣乱的念头时进行预防，通过做思想工作等手段把他们的不轨的念头打消，防患于未然。

这种预防在先的工作方法，显然比混乱出现后再制止要好得多。

一个有效的方法是把一个感到自己很委屈的工人找来，请他坐下，帮他详细地分析一下他的工作情况，通过这种做法排除工作隐患。当一个人的需要和他的才能及工作需求不相称的时候，他往往会感到不满意。下面的四个问题可以作为指导原则，帮助正确评价他的工作和他对工作的态度：

1. 这个人是否对自己的工作期望过高？

在多数情况下，一个年轻而没有经验的人往往对自己的工作的期望大大高于自己所得到的，而一个老工人则往往对自己的工作报酬感到很满意，因为不是他已经找到了一个适合自己的工作岗位，就是他能体会到工作的乐趣。

2. 这个工作岗位是否对雇员的要求过高？

如果工作岗位的要求超出了工作者的能力，他就会因为不胜任或缺乏安全感而心生浮躁。如果要是这样，你就必然帮助他发挥他的能力做好那项工作，否则，你就得将他调到另一个要求比较低的工作岗位上去。

3. 是否工作岗位对那个人的要求过低？

工作岗位对人的要求过低和对人要求过高同样能使在这个工作岗位上工作的人感到沮丧，这样也容易惹出其他雇员的一些问题，他们可能对他产生嫉妒的怀疑。

4.这个工作是否符合其愿望？

如果一个人的目的是想发大财，他肯定不会满意于一个没有机会晋升或挣大钱的没有什么出路的工作，你要是碰上了这种类型的人，你就有必要帮助他、引导他，让他知道他得通过什么途径和手段、通过怎样的努力才能更符合晋升的条件。

如果这四个问题都解决了，并且解决得很好，就能消除潜在的制造混乱者的危害。

制造混乱者往往将领导手中的权力视为自己最大的敌人，领导的为难会给他带来成就感，因此，作为领导，应牢牢抓住自己的权力线。

我们这里所说的权力线，在军队中被称为指挥的锁链，在工厂和企业中通常被称为组织的权力线。无论叫什么名称，也无论这个团体的大小，任何组织总要有一条早已被确定下来的指挥锁链或者权力线，只有通过这条锁链或这条线，所有的命令、指挥、指示、建议才能得到沟通和执行。如果一个团队没有这么一条权力线，则组织失去了令行如一的指挥棒，成为一盘散沙。

当你发布一个命令的时候，使用这条权力线是绝对必要的。如果有哪一级的下属领导人员被越过去了，那么他们就会在他们自己下属的眼里失去了权力。他们就会在一些持有异议的团体里通过有情绪的领导人去反抗你，更有甚者，还会想方设法破坏你，以便保持他们可能失去的地位。

越过你下级的领导人的做法，不仅是违反了良好的管理程序，而且也会在雇员中造成混乱，如果你下达给那个人的命令与他从直接上司那里得到的命令不相一致，其后果就更不堪设想了。

因此，抓住权力线，就如同手中时刻有具备威慑力的戒尺，制造混乱者才没有可乘之机，也不敢轻举妄动。

驾驭 "烈马"

相信大家都有这样一种经验：马群中如果有一匹烈马，它必然会引起相马者的注意，一经发现被驯服，定会成为赛马场上的英雄。但不应忽视的是，如果无法驾驭它，其对马群的破坏力也是惊人的，它会不停地挑起事端，让马群无片刻安宁。一个组织中也往往会出现这种 "烈马"，先看一个例子：

费舍尔刚调任 A 公司业务部门的经理，但有一件事情就一直让他头疼：尽管适应新环境、赢得上司和大部分下属的信任以及良好的工作表现都已不是问题，可手下一名业务尖子米德简直是个大麻烦。

米德思维敏捷，这样的人才费舍尔本想提拔重用，但很快他就发现米德恃才傲物、目空一切，部门其他人对米德也颇有微词。可米德却动不动就得理不饶人，对同事们言辞犀利、恶语相加。前些天，仅仅因为业务洽谈中的一句话，米德就将部门内德高望重的玛格尔好一顿数落。而玛格尔平常可是唯一一个与米德勉强可以相处的人。尤其当其他同事对她发泄对米德的不满时，玛格尔总是尽量劝解，为米德说些好话。甚至米德把费舍尔也不放在眼里当着费舍尔的面，竟然向其行政助理发难。

显然费舍尔遇到一匹 "烈马"。可如果任由局势发展下去，这个团队早晚要被个别人搞得人仰马翻，而米德的将来也会毁于一旦。

1. 了解与他有关的一切

费舍尔要想处理这匹 "烈马" 必须把很多其他重要的事情搞清楚、摸透彻，才能决定采取什么样的措施。比如：公司是否将员工道德层面、价值观层面上的文化问题制订出相关标准？米德的行事作风与公司的好恶或有关讲话基调是否相符？费舍尔的上司及公司人力资源部可能的态度或以往如何处理类似事件？

费舍尔也需要对自身的利益和力量做出理性的判断：自己是否拥有奖惩大权？权力到什么程度？自己目前是否赢得了上司与下属们足够的信任与权威？然后，费舍尔还需要对米德做出客观评判：米德的表现背后，最大的心理需求是什么，是为了升职、加薪、别人的尊重还是有其他什么因素？有没有其他公司来挖他？部门离开他行吗？米德在公司内有没有特殊的背景？他在公司里的口碑与影响力如何？他的客户资源部门是否有备份？

2. 以强者的姿态旁敲侧击

费舍尔及同样处境的管理者必须明确一点：保持对这个团队的控制与足够的影响力是头等大事，不能只盯住业绩。否则费舍尔最终会丧失部门权威甚至任职资格。在摸清有关情况后，费舍尔应改变以往被动处世的做法，主动出击。

首先，作为顶头上司，费舍尔必须采取各种方式加强对米德的约束，使他明白他只是部门中的一个普通员工而已，他必须融入这个团队之中。当然，策略方面可以软硬兼施，比如，可以指出"你很聪明，也很能干"。但同时要给他讲一个真实的案例，重重地打击他："那个人即使最后离开了企业，也没有一个同事和他告别。"一方面，可以鼓励他："你如果控制一下自己的脾气，你真的能成大事。"另一方面，可以增加他的焦虑与危机感："如果这样下去，恐怕要毁了你自己的前程。"不要指望一两次正式谈话就能见效，管理者应该在任何可能的场合利用以上方式做工作，甚至暗示辞退他也并非不可能。

3. 将他的角色置于团队之中

组织理论家认为：人要么不理性，要么变化无常，因此管理者的主要使命就是因势利导，创造最佳的组织形式与工作结构。作为管理者，费合尔应认识到米德不仅是一个大麻烦，他也是一种资源、一种生机。要知道一般能力与业绩好的员工大都会比较有个性，也可能会较难相处，这一点在职场中是一种普遍现象。作为管理者应该正视这一点，并充分利用孙成这匹烈马激起其他人员的斗志。因此，可以通过以下方法来调适：

重组组织结构。发挥米德的才能，可以给他配一个销售助理，让他组成一个小的销售团队，并尽量让他们的业务相对独立。这样不仅可以减少工作中与其他同事的矛盾，同时米德摩下团队良好的业绩对其他人的工作也是一个不小的促进。

设定新的职位。也可以考虑赋予米德更有挑战性的工作，如制定整个部门的销售计划、制定针对大客户的工作预案以及重大、疑难业务项目的攻坚等。这样既可以提升米德乃至整个部门业绩，又会使米德在本职工作外专注于新的挑战。

4. 着眼整个团队的提升

个体的行为与态度会受到团队情绪、社会环境与心理环境的巨大影响，是团队行为的一种特殊表现形式。作为管理者最为重要的一条就是要善于系统思考：部门内的混乱局面除了米德本身的原因外，有没有其他下属自身的原因？他们的工作能力及业绩是否很糟糕？他们的工作态度及责任心是不是很差？如果是这样的话，那么他们同米德一样也需要改变，并保持一种平衡，这样才能对整个团队有利。

　　在实际工作中，很多管理者宁愿让米德这样的"烈马"直接走人。但米德走了，团队中的矛盾、摩擦以及一系列不利于工作的因素还会层出不穷，企业管理者最终还是无法逃避的。所以试图单纯改变米德是愚蠢的，也是毫无意义的，提升整个团队才是最终目的，而这样做可能比只改变米德本人更加容易。

切莫姑息养奸

现代企业管理推崇"以人为本"，是要把下属摆在主体的地位上来考虑。尊重他们的人格，体察他们的性情，重用他们的能力；但这绝不意味着以情感代替原则，以理解取消制度，因为这样只能纵容下属不合理的欲望和行为产生。要知道，这是管理工作之大忌。

作为一个领导或主管，我们提倡你对下属多宽容，少苛不责；但是，也不能宽容得过了分，变成了姑息养奸。

"叱责"，是上司对下属的行为。

当你在叱责下属时，对方也并非一定都会从内心深处感到懊悔，并且向你道歉。表面上他认为不要忤逆上司较好，所以始终低着头，最后冷笑一声说："不！你的教训相当有道理，这全都是我不好。"对于此类型的下属，你必须使他了解你叱责的缘由。或许你必须花费较长的时间与精力，但是你不可吝于付出努力。对于会产生反抗行为的下属，则要追根究底地和他争议到他能完全理解为止。

有的下属在将被叱责时，会很有技巧地支吾其词，或者将责任推到别人身上，然后逃之夭夭。应付如此狡猾的下属，必须紧追不放，直到其承认是自己的错误。假如你对此种现象视而不见，则"赏罚分明"原则便会有所疏失。

对于可能产生反抗行为的下属，你必须使其了解错处。或许对方会提出辩解，你必须静下心来倾听，然后在下属的辩解中发现他的误解之处，一旦有夸大其词、歪曲事实之嫌时，应马上指正并令其立即改善。

如果碰到难缠的下属，则必须事先做好心理准备。有时因状况不同，必须分组彻夜讨论，此时你更不应该胆怯，必须具备拼命一搏的干劲才行。

在叱责时所采取的态度，会影响到别人对你的评价，因此若你能获得"真不愧是……"的评语，对方也将会成为你忠实的信奉者。

有的下属一被呢责，便会提出冗长的辩解。你可以听听看，但不可逾越一定的程度。辩解终究是辩解，你必须命令其不可再犯相同的错误。

完全不听下属的辩解是不近人情的行为。每个人都有自尊心，只是单方面地被叱责而无法提出解释的机会，对方必定会觉得不公平。若下属净是说些毫无意义的理由，比如："我只是考虑错误而已。""对方太差了。""这种失败，以前的人也曾经犯过。"他的内心此时多少已有些纷乱了！

即使下属一厢情愿地以为："虽然头儿怒不可遏，但是经我说明后，他已经相信我了！"此想法对他而言，可说是一大安慰。预留一点余地给对方是一种美德。

也有上司过分相信下属的借口，并表现太过亲切："这只是你想法错误而已！""对方太差劲了！"虽然这只是一句安慰话，但是你并不需要过分地为下属设想。

所以，缜密地思考下属的借口，设身处地为下属着想也可算是你的一项修行。你必须亲身力行才会有所助益。

有的下属会因为被叱责而显得意志消沉，也有的会吓得面无人色。然而叱责亦是一帖好药，你可以借此期待他从失意的泥沼中站起来。

当叱责对下属而言，是一个相当沉重的打击时，不妨在私下拍拍他的肩膀或握握手地予以安慰，并加上一句："不要灰心！"

相信这帖药方将会发挥很大的疗效。

要想不姑息养奸，就必须学会叱责下属，使他时时注意自己的言行不会过分！

批评的艺术

批评的方式有各种形态：有像下大雨似的怒骂对方，也有像下梅雨般很有耐心地责骂对方。

批评的形态各有特色，也会因各人性格而有所差异。总之，上司在批评下属时，音量最好加大，因为这样比较自然，也容易达到效果。

很多人主张批评时要冷静，千万不可意气用事。但是能够达到此境界的人并不多。

上司因为生气、发怒才会批评下属，也正因如此才会产生爆发力。监督与指导是需要冷静与理智的。也有人认为若下属反省自己的失败，即不需责怪他；反之，若下属毫无反省之意时，才需要责骂。

事实并非这样，若你对未达成任务的下属批评："这实在太糟糕了。"他必不会重蹈覆辙。有时下属会觉得将被批评，甚至抱持"期待"的心理。但是，此时你却未予以批评，只是温和地叮嘱他，则你的下属会深觉"期待"落空而不满足。觉得上司的反应令人不愉快，事后还留下疙瘩，反而更讨厌。若被上司痛骂一顿，一切也就过去了。因此，遇到该批评时，你最好顺应下属的"期待"。如果你突然对一位并不认为自己失败的下属大声批评："你为什么做这种事？"恐怕会令对方一头雾水。如果下属不明白自己为什么被批评，则此行为便毫无意义。如不能对下属说明："你这件事做的不好，所以我要批评你。"只会令他垂头丧气。对于不明了失败原因的下属，必须详细地指导他，并说："以后要好好注意！"

很多主管并不擅长批评下属，他们颇为在意的反倒是下属的情绪。他们认为毫不留情地批评下属是不好的，若批评无法使对方完全理解，那批评就毫无意义。

如你一边批评，一边在意下属的反应，只会被下属看轻。此即所谓的"虚假的批评游戏"，当然不算是批评。

有位上司向主管报告："我已经训斥过他了，他本人也在反省。"而那位被批评的下属却对他人说："我给头儿面子，倾听他的埋怨。他好高兴啊！"这时你再如何发挥惊人的才干，也来不及了。

有人认为：在大声且一气呵成地批评下属后，要像狂风过后的万里晴空一样，不可拖泥带水。然而这种方式却也容易失去批评的意义。

原因在于被批评的人，刚开始通常"听"得进去，但往往不到五分钟，他就会表现出不在乎的态度，刚刚才被责怪的事早就忘得一干二净了，而批评的人也宛如狂风过境瞬间便了无痕迹。由于下属本身并不感到愧疚，因此同样的错误很可能重复出现。

应付这种下属，你必须采取紧迫盯人的方法。即使批评他"听好！不能再失败了""你应该为那些收拾善后的人想想看""你应当要好好地反省反省"这类令人感到厌烦的话亦无妨。

在批评后你必须监视下属的工作情形，并且留意事情有无改善。遇到此情况，你必须采用梅雨拉长战线型的做法，而非集中暴雨型的方式。

在批评下属时要情绪性地批评，但必须注意措辞，绝不用粗俗下流的词句。

也有人为了夸示自己的地位，而胡乱地怒斥下属，像这种上司是无法得到下属的认同，上司应该站在对方的立场行事才对。

另外，有一点必须牢记，那就是自己的下属虽然是公司的职员，但是，他也有他的尊严。每个人必有其优点。我们要爱人、尊重人，这才是我们生存的力量。该批评就批评，但不要侮辱下属，这就是批评的艺术。

威慑力的作用

如果不是一个下属在你面前为所欲为，而是一群，这时你该怎么办呢？不妨杀鸡儆猴，发挥威慑力的作用。有的领导面对这种情况往往不知如何是好，想杀鸡给猴看却又怕犯了众怒，如此犹豫不决，反而有姑息养奸之嫌！如果有一件事可以很明显地看出是杰森的过错，同事认为头儿应该会对他发相当大的脾气。然而头儿却只是对李某说："要小心一点。"便原谅了杰森的过错，为此大家颇感失望。不难想象此时同事一定会议论纷纷："为什么不生气？""我做错时被他骂得好惨！""头儿说不定欠了杰森什么！""头儿可能不明白什么叫'责任'！"

你一旦采取温和的做法，那下回另一个人失败时，也就无法批评他了。渐渐地你的刀口越来越钝，对谁也不批评，从而失去了自己的威信和控制力。

在众人面前批评某位下属，其他的下属亦会引以为戒。此即所谓的"威慑"。

当场被批评的人，宛如众人的代表，并不是一个很讨好的角色。在任何团体中，皆有扮演被批评角色的人存在。

这个角色不能针对每个成员，你必须选出一个个性适合的人。他的个性要开朗乐观、不钻牛角尖，并且不会因为一点琐事而意志动摇，如此方能适合此项任务。

你应避免选用容易陷于悲观情绪，或者太过神经质的人。因为他们情绪波动太大，处理不好，就会让你陷入波动。

虽然你只能对自己的下属批评，但有时你也会遇到必须批评其他单位的职员的情况。这虽然越权而且违反公司的准则，然而相信亦有例外的情形。

沃尔玛某分司的营业部经理，平时即对采购部主管的应对态度太过懒散颇不满，但由于对方的身份是主管，因此无法当面予以指责。虽然这位经理曾经与自己的上司——营业部主管讨论过，然而由于上司是位好好先生，因此无法得到任何解决的方案。

就在思索如何利用机会与对方直接谈判时，分发部的某位职员因未遵守缴交期限而发生问题。营业部经理便借机大声批评那位犯错的职员。他特意在采购部主管面前批评："不是只有今天，这种情形已经发生过许多次了。"

此时采购部主管并未表示任何意见，然而弊端在不久之后便改善了。

此项技巧简单地说，就是采取游击战术，若对敌人采取正面攻击时比较麻烦，但是若你本身有理，就不会觉得那么可怕。遇到形式上的反攻时，你只需稍微转一下身便可反击。

对于无法与其正面争吵的人，若企图使其认同你的主张，则上述的方法不失为一个妙方。

上司借由批评下属的行为，亦能转换为本身的警惕。你在批评下属，"不准迟到"时，自己也绝不可迟到。当你批评宿醉的下属时，自己也不可有宿醉的情形发生。

批评下属，受益最多的人或许是自己。因此，你更不应该错失良机。你必须谨慎地选择批评的机会，并且好好珍惜被批评的下属。

新进职员由于沉迷于刚进公司时的欢愉气氛，以致对往后的工作气氛容易感到失望。若又遭到上司责备，情绪必定会跌至谷底。然而亦不能因此而娇纵下属。

说红脸时不妨红脸，该白脸的时候，也不妨扮扮白脸，让下属看看你的不可触犯的一面。

企业价值的风向标

米契尔·拉伯福是美国一位有名的管理专家，他是一位从车间里成长起来的管理者。在长期的管理实践中，他悟出了这样一个道理，许多企业、组织之所以无效率、无生气，归根到底是由于它们的员工考核体系、奖罚制度出了毛病。拉伯福说，他所辛辛苦苦发现得来的这条最伟大的管理原则就是：人们会去做受到奖励的事情。对今天的组织体系而言，其成功的最大障碍，就是我们所要的行为和我们所奖励的行为之间有一大段距离。

中国古人早就发现：上有所好，下必甚之。楚王好细腰，国中多饿死。作为一个管理者，不论是古代的君王、官吏，还是今天的总统、经理，你奖励什么，惩罚什么，无疑就是向世人昭示你的价值标准：你的下属、员工，或者认同你的价值标准，努力做你希望他做的事，成为你所希望他成为的那种人；或者不接受你的价值标准，脱离你的企业、组织而去；或者就是阳奉阴违，投机取巧。

作为一个管理者，建立自己正确的（即符合企业、组织根本利益的）、明确的（即不是模棱两可、摇摆不定的）价值标准，并通过奖罚手段的具体实施明白无误地表现出来，应该是管理中的头等大事。

拉伯福说，他在管理实践中有两大发现：（1）你越奖励的行为，你得到的越多。你不会得到你所希望的、要求的、渴望的或哀求的，你得到的是你所奖励的。在任何情况下，你都可以判定人和动物会做对他（它）们最有利的事。（2）在尝试着要做正确的事时，人们很容易掉入这样的陷阱：即奖励错误的行为，而忽视或惩罚正确的行为。结果是，我们希望得到 A，却不经意地奖励 B，而且还在困惑为什么会得到 B。"

也就是说：一是你要求人们做出什么行为，与其仅仅停留在希望、要求上，不如对这种行为作出明明白白的奖励更来得有效；二是人们往往犯这样的错误：希望、要求得到 A，却往往得到了 B，原因是他自己往往不经意地奖励了 B。

拉伯福说，企业在奖励员工方面最常犯的有 10 大错误：

（1）需要有更好的成果，但去奖励那些看起来最忙、工作得最久的人；

（2）要求工作的品质，但设下不合理的完工期限；

（3）希望对问题有治本的答案，但奖励治标的方法；

（4）光谈对公司的忠诚感，但不提供工作保障，而月付最高的薪水给新进和那些威胁要离职的员工；

（5）需要事情简化，但奖励使事情复杂化和制造琐碎的人；

（6）要求和谐的工作环境，但奖励那些最会抱怨且光说不练的人；

（7）需要有创意的人，但责罚那些敢于特立独行的人；

（8）光说要节俭，但以最大的预算增幅，来奖励那些将他们所有的资源耗得精光的职员；

（9）要求团队合作，但奖励团队中的某一成员而牺牲了其他的人；

（10）需要创新，但处罚未能成功的创意，而且奖励墨守成规的行为。

正如拉伯福所说："在表现与奖励之间建立起正确的连带关系，是改进组织运作的唯一要诀"。在考核和奖励员工时特别要注意的是，要注重其实际业绩，而不要注重其口头上怎么说。不能奖励了投机取巧，冷落了埋头实干，否则以后我们指望谁来做事呢？

所以，建立明确的价值标准，让奖励和惩罚都具有可预测性，这样才能使员工清楚自己该做什么，不该做什么，污水们也不敢轻举妄动。这种企业价值的风向标一旦确定，员工才能明确自己努力的方向。

减少污水势能的最佳方法

物体势能的大小与其高度成正比，显然洪水暴发处的位置越高，其冲击力和破坏力越大。同样，如果组织内部的污水处于较高的职位，其影响力的波及面越广，破坏力越大，所以减小污水破坏力的一个有效方法就是减小其势能，明确说来就是对其进行降职处理。

但降职并非想象的那么简单，一旦处理不好，会导致污水的提前爆发。下面的经验相信可以帮你找到一个最佳的方法。

首先，要看看你为什么决定对某名员工进行降职处理。是不是真的出于某种人力控制范围以外的业务原因？是不是更多考虑到的是这名员工的工作表现？这名员工以前是否得到过超出相应级别以外的提升？决定对这名员工进行降职处理是不是出于态度的问题？根据不同的原因，可以采取不同类型的处理办法。仅仅是把某人降职并不能够纠正他在工作表现或是态度上的问题。你决定对某名员工进行降职处理是出于什么样的意图考虑呢？你是想让他继续留下来还是想将他扫地出门？当业务出现反弹时，你是否想要这名员工再回到小组当中呢？是这名员工在较低的职位上能够为小组带来更大的价值，还是你打算在业务出现反弹的时候再把这名员工提拔到以前的位置上呢？

反过来看，你决定对某名员工进行降职处理是否是打算将他扫地出门呢？如果真的是出于这种原因，那这种策略的应用可以给你带来很多的好处。首先，你不需要对这名员工支付违约赔偿。如果一切能够成功进行的话，这种办法可以帮助公司省下相当大的一笔钱，还能够在管理过渡的过程当中保持公司原有的知识结构，使过渡不至于过于剧烈。而这可能会在该名员工被降职之后引起各种各样的问题的出现。这些问题包括：

（1）被降职的员工变得性情乖戾，生产力低下。

（2）影响到整个小组的工作步伐。

（3）使其他员工的士气受挫，甚至有可能让一些工作表现极佳的员工不得不选择离开。

（4）被降职的员工在恢复生产力之后就立即辞职，这意味着你为他支付了寻找新工作期间的薪水。最为糟糕的是，被降职的员工可能会对工作进行破坏。

（5）被降职的员工总是被认为是一只脚已经踏出了小组大门之外的人。如果你在对他们进行降职处理之后仍然把关键项目交给他们处理，就应该制定出一套应急计划，一旦他们突然宣布辞职，你才能够有备无患。

要仔细考虑你是否真的想把被降职的员工留下来——考虑这对于整个公司来说是否是一个最佳的解决办法。如果你觉得这确实是一个最佳办法的话，那么就要投入相当多的时间和精力去制定一个让他们留下的计划。下面是我的一些建议：

（1）如果在可能的情况下，要在采取行动之前同即将被降职的员工进行交流。这样可以使他们不至于过于震惊。同即将被降职的员工进行的交流一定要彻底。

（2）在降职决定执行之后继续保持同被降职员工的交流。

（3）确保被降职的员工能够得到高级管理层的关注。

（4）让被降职的员工做有意义的工作。

（5）为了让被降职的员工继续留下来，要制定一个奖励计划。如果你决定对某名员工进行降职处理真的是迫于外部环境的压力的话，应该考虑到这一点。

如果伴随着职位的下降，被降职的员工的收入也会下降的话，那么就给他们提供一定的过渡薪水。

经常在众人面前对被降职者在新职位上的工作价值进行肯定和赞许。

也许，同对某名员工进行降职处理相比，让他们下岗或是直接解雇他们是更为明智的做法。也许公司结构的流动性和灵活性决定了员工在被降职之后的未来发展将会十分有限。他们的职业热情和信心可能是建立在现有的级别基础之上的。所以，你有时需要给他们提供离开的选择。

此外，不管你对战略的计划有多么彻底，都要做好应对意外情况的准备。在大多数情况下，你能够比较好地预见到员工应对自己被降职的情况的反应。但是，他们的一些反应还是会让你感到意外，所以你也应当做好应对意外情况的准备。

在采取行动之前做好充分的准备，同高级管理层、HR 和即将被降职的员工进行充分的交流——这些都是非常重要的。最大的意外通常就是没有意外，所以如果你能够保证交流的畅通，你就能够应对各种各样的问题，让你所领导的小组有更佳的工作表现。

正确对待"难缠的下属"

领导的下属绝不可能个个都讨领导喜欢，也决非个个下属都满意领导的决策、措施及领导风格。这是因为各个下属的个性不同、需要不同、思维的角度也不同。领导在处理与下属之间的交往时必须认真研究、分析各个下属的个性特点和需要，特别是对那种难缠的下属更需要下功夫。认真研究、分析难缠下属的类型及特点，有助于领导与下属之间的和谐交往，从而促进工作的顺利开展。

难缠下属较为突出的类型有以下四种：

第一种为自私自利型。这种类型的下属总是以自我为中心，不顾及别人。一事当前，先替自己打算，往往因自私自利而损害别人，制造是非，稍有不如意，则怀恨在心，视他人为对头。

第二种为争胜逞强型。这种类型的下属狂傲自负，自我表现的欲望很强，喜欢证明自己比领导有才能，经常会轻视领导、讥讽领导，设置让领导下不了台的场面。其目的是想炫耀自己高人一筹，满足自己的虚荣心。

第三种为性情暴躁型。这种类型的下属性情偏执，干事常出差错，对别人的合理建议总认为是批评，不虚心接受善意的规劝和指点，好冲动，稍有不如意就会发火。一般修养较差，蛮横无理。办事大多没有章法，喜欢胡乱应付了事。虽然虚荣心强，但讲信用。

第四种为自我防卫型。这种类型的下属精神脆弱、敏感，疑心重，最怕领导对他有坏的看法。常常看领导的眼色行事，自主意识不强；处理事务时，谨小慎微，越怕出错越出错。

领导者遇上这四种类型的难缠下属就要视不同类型采取相应的方法对待。

1. 对待自私自利型下属

（1）满足其合理要求，让他认识到领导绝没有为难他，该办的事都竭力办了。这需要领导循循善诱，不断开导，讲清道理，让他在思想上有一个正确的认识。

（2）拒绝其不合理要求。领导者可借题发挥委婉摆出各种困难来拒绝，或者拿出"原则"这张王牌给以拒绝，让他不存非分之想，切忌拖延轻诺。

（3）办事公开。把工作计划、措施、分配方案等公之于众，让下属监督，充分利用制度管人，让制度去约束这种人。这样有利于避免他没完没了的纠缠。

（4）对这种下属，作为领导应尽量在各方面做到仁至义尽，还可以带动他关心别人，从自私自利的狭小天地中走出来，不断陶冶情操。

2. 对待逞强好胜型下属

（1）领导遇上这种下属不必动怒，应把度量放大些，表现出宽广的胸怀，静静地倾听他们的心声，不能采用压制的方法对待。这种下属是越压越不服，反而会加深矛盾。

（2）面对这种下属，领导不要因他的狂傲自负而显出自卑，应该泰然处之，做一个心里有数的领导。但确属领导的不是，领导应坦然承认，予以纠正、弥补，让领导的谦虚感动下属，让下属受到启迪。

（3）领导应认真分析、研究这种下属的真正用意。如果下属是怀才不遇，那么作为领导，就应为之创造条件，让他的才能有施展的地方。可多安排些强度高、满负荷的工作给他去做，他的傲慢就会在工作中淡化。如果是那种爱吹毛求疵又无能的下属，就严肃地点破他，甚至可进行必要的批评，让他改变作风，尽心尽力地工作，心态平和地待人处世。

3. 对待性情暴躁型下属

（1）不要忘记随时赞扬，哪怕是微不足道的小事。通过赞扬会使这种下属的虚荣心得到满足，自大、过激的成分会慢慢地减少，便于开展工作，促进交往。

（2）领导不要讥讽、挖苦这类下属，否则会引起"战火"。对其不良行为和缺点不宜直接否定，可委婉、幽默地谈出来，这样下属易接受，又会慢慢地吸取教训。

（3）对这种下属，领导应多关心他，帮助他，既讲原则，又注重感情，让他从心底里敬佩领导，视领导为知己，忠于职守。

4. 对待自我防卫型下属

（1）领导要尊重他的自尊心。在谈话时要慎重，谈话中不要随便夹杂有轻视他的才干之词，对他的努力和成绩多肯定，少否定；否则，就会伤害他的自尊心，从而产生灰心失意的情绪。领导与这种下属相处，更要显得和蔼可亲，保持平静的气氛。

（2）与这种下属在一起，领导不要轻易议论别人，指责别人。如果这样，他会认为领导也会在背后当着别人的面指责他，此心理一增强，会在与领导的交往上设下"安全带"。这样对开展工作和人际关系的发展都不利。

（3）当这种下属有困难时，领导应多帮助，少提建议。如果领导老是提建议，下属就会产生一种压迫感，会觉得自己什么都不行。

如何应付年长的下属

应付比自己年长的下属时，应该注意到下列三个重点。

第一，最重要的是领导干部（管理人员）本身的观念。

企业的组织是达到目的的一种手段，因此，讲究"效率至上"，所以，上司绝不能有如下的观念：

"我真不愿意跟他一起工作。"

"最好设法把他调到其他部门。"

第二，坦诚相对。

直截了当地向下属表示：

"在工作上我们不能夹杂任何私情。我以上司的立场贯彻我的原则，请你也以下属的立场，跟我好好配合。"

上司这种毅然决然的态度，至为重要。

不妨为这件事与下属坦率交谈。就下属而言，他当然也知道在工作上不能夹杂任何私情，但是心中却对这个年纪比自己小的上司，有一种"沟"。

因此，把双方的关系说个明白，就有助于化解这种"生涩的关系"。

上司可以诚意十足地告诉他：

"上班时间，我们不要顾虑年龄的问题，站在岗位上，各自全力工作，但是，下了班我们就以对等的社会人这个立场来往。"

交谈、沟通之后，上司要以实际行动表现出自己的决心，时日一久，这种上司、下属关系分明的习惯，就会定了型。

第三，上司要有真正的实力。

领导者如果在新进职员之中发现有特殊的人才（例如，高考及格者、拥有发明专利者、精通数国语言者），必定对他刮目相看。

同理，作为领导者本身如果拥有某种特殊技能，年长的下属就不得不承认：

"在那方面，我实在是望尘莫及。"

领导者拥有这种实力，下属就容易信服，管理上就不至于出现什么麻烦。

从上面的分析，你应该知道自己该如何处理你面临的问题了。

1.反省下列的事：

你对自己在组织中的地位，是不是有明确的意识？上司就是上司，下属就是下属，职责各异，各忠职守，绝不能因下属比你年长，就对他有所顾忌。

"我知道这个道理，可是，每次看到他，我就不得不让他三分……"

你是不是如此"胆怯"？不敢站在上司的立场，把年长的下属视如一般的下属？

2. 与下属沟通。

对上述有所反省之后，你要胸有成竹地对他说：

"我站在管理人员的立场，认为应该以坚决的态度待你，这个态度就是：虽然你比我年长，我还是把你看成与其他下属一般无二……"

然后，听取下属对这件事的意见。彻底地沟通，彼此的"结"就容易解开。

3. 将适当的工作分配给年长的下属，要注意到分配给他的工作必须是以满足他的自尊心，又活用了其能力的工作。

4. 一旦离开了工作（下班后），就尊他为年长的人，敬重如宾。

"说服"是化解冲突的良好途径

在生活与工作中，人们不可能具有同样的想法。在推广新战略，引入新方法、新技术的领导的工作空间中，种种不一致演变为激烈的辩论或冲突是在所难免的，领导不可能"天天碰到笑脸"，故而也不可能"天天都是好心情"。

在领导的日常工作中，经常面对意见分歧，经常遇到与自己想法不同的人。怀有分歧、心存反对的人无非就是在方向选择和对利益的认识上有所不同。尽管分歧乃至对立会使人们的关系变得紧张，但黄金准则在这时能帮上忙。就是，你希望别人如何对待一个持不同意见的你，你就应该如何去对待那些持不同意见的别人。

就此而言，当你不同意他人的观点和看法时，或面对那些与你存在分歧甚至对立的人时，站起来与他针锋相对地争论一番并非上策。在日常生活中我们经常看到，即使是那些无关痛痒的事，如果较起真儿来，都会导致针锋相对的激烈场面。在争论中每一方都试图压倒对方，但这并不解决任何问题，相反却会伤了彼此的和气，严重的还会破坏彼此的关系。

当我们面对与自己意见相左的人时，一种自然的心理反应就是，试图通过争论赢得对方。之所以会有这种反应，是因为面对这种不同意见，自己感到受到了一种威胁与伤害，自尊乃至尊严也被冒犯。我们会变得激动、声高、言辞偏激、好斗、尖刻。如果将这种情绪化的反应扔给对方且对方也不服输，一报还一报，一场恶战势不可免。如果你不愿看到这种火药味十足的激烈场面，那么还是不要挑起异常争论为好。

与和自己意见不一致的人针锋相对地争论一番，使对方就范，接受自己的看法，这并非是一种明智的选择。美国纽约大学演讲系教授阿尔文·C·巴斯和理查德·C·博登用了7年时间，亲自聆听了上千次的各色人等之间的实际争论，通过研究，他们得出了有趣的结论：那些职业政治家、联合国的代表很少能说服对方，他们取胜的机会远远没有商店店员、公司职员多。政治家们总是力图击败对方，而职员及商店的店员则力图说服对方或顾客转变自己的看法。这就是说，政治家们更多的是进行一场零的结局的争吵，而职员们通常是进行一种双赢的说服。

说服不同于争执、争论、争吵之处，在于说服不是斗争性、对抗性的。在试图说服那些与自己意见不一致的人时，我们不是把他们当作对手或敌人，而是当作平等的伙伴，不是为了让他们言听计从，而是为了让他们接受那些对他们有益却因为种种原因还没能理解的东西。说服是一种和平的事业，即使争吵，取胜的一方也要和"失败"的一方和平相处。一旦考虑到这种"和平共处"的价值，在语言上战胜对方就绝非上策了。

不考虑对方利益且又盲目地投入争论的人，会被一种焦躁心理所控制，大有一种过了今天不管明天的偏激心态，但明天总会到来，那时又该如何呢？

美国科学家、政治家本杰明·富兰克林在他还是涉世不深的青年时，有个关心他的人对他说："本杰明，你真是无可救药。对意见与你相左的人，你总是粗鲁地加以侮辱，致使他们也不得不尽力反击。你的朋友认为，若是你不在他们身旁，他们会更快乐自在。你懂得太多，所以他们觉得自己没有什么话可以对你说。"这一番话对富兰克林起了警醒的作用，他在自传中写道："从此之后，我立下规则，我不再直接反对并伤害别人，也不过于伸张自己的意见。假如有人提出某种主张，而我认为是错的，我不再粗鲁地与他们争辩。相反地，我先找出一些特定的事例，证明对方可能也是对的，只是在目前状况下，这些看法'似乎'有些不妥。"结果，富兰克林发现情况有奇迹般的改变，"经过这样的改变后，我发现受益颇多。和别人交谈，气氛显得愉快了，由于采取一种谦和的态度，别人在接受我的意见时也不会发生争论；如果我是错的，则不会有人攻击我而使我受辱；而在'我对，别人错'的状况下，则更容易说服对方转而同意我的看法。"富兰克林由此走上了一条成功之路，使他的智慧为越来越多的人所承认。他的思想也影响了他生前及逝世后的几代美国人，他也成为一代历史伟人。

说服，或真正的说服力就是形成被说服者的内在服从效应。它与借助权力的威胁不同之处在于，说服者认为他与被说服者是平等的，被说服者有具有某种观点、看法、态度及采取某种行为方式的自由。与交换、魅力所形成的确认式服从不同，在形成内在式服从的过程中，说服者也许根本就没有什么魅力或利益上的吸引力，被说服者之所以服从并不是因为说服者的缘故，说服者提供的信息才真正具有价值，起到修正或者改变被说服者的感知方式、理解及解释方式的作用，从而使内在化服从者最终对身边的事物采取了　种新的反应及行为方式。

设计说服任务

进行领导，就是要设定方向，团结员工，密切合作，鼓舞士气。这意味着最终在员工的内心建立起对于组织的理想、远景及由此而来的目标、计划、规章、制度的内在化服从。领导将由此有一个自组织的工作团队，领导方式也就将由注重权力干预转向注重开放沟通。说服人们建立起奉献的工作态度，对于下属员工之间的冲突进行仲裁调解，以及培养人们对其他人的一种平等的合作伙伴的态度，纠正他们在人际交往上的行为技巧，这都意味着一个持续不断的内化于领导过程中的说服。

因此，说服就是一项领导者的工作任务，这种任务的提出及设计应注意以下三点：

1. 针对性

应针对不同的人来明确任务，确定他们在近期内应实现何种转变，说服他们到底应该做什么及怎么做。如果企业家不为他们树立一个他们认为可以实现的目标，对方就会谈不拢，充其量也只能使他们消极服从。同时还应认识到，任何具有持久效果的转变都是渐进的，想使你的说服工作一蹴而就只会降低你的说服力，而"别人能，为什么你不能"的态度则会使说服者仅有的一点说服力荡然无存。因为，一个只会苛求于人而不理解人的人，人们不会认为他是一个好领导。

2. 系统性

说服人们最终具有奉献精神是一项系统工程，这只有基于企业家本人已被说服，认为人之产生奉献精神必须有一定的环境条件。向别人索要一种奉献精神，对企业家没有任何帮助。

3. 关联性

无论你承认不承认，除了领导能影响员工外，员工们彼此也在相互影响。每一个人内在而隐秘的服从模式是复杂的，应认识到每一个人的背后都有更多的人，每一个人的头脑都与他接触到的不同的人享有某些共同观念，这种领导可能根本无从知晓的交互影响局面，既可能强化领导的说服力，也可能钝化、弱化领导的说服力。要对有待说服的对象有更多的了解，要创造服从效应，必须要善于利用这种关联效应。

　　在如上原则的基础上，形成合理的说服计划，就有可能一步一步地实现说服的目的。循序渐进的说服工作意味着使说服贯穿于领导及交往过程之中，把握一切时机，去影响接受者的态度。

明确对方的态度

当试图平等、理智而公允地说服别人时，被说服者可能有三种类型，这就是支持者、反对者、中立者。对于这三种可能的态度，如果细致地区分，还需了解其态度的强烈程度，从而还可以区分出积极、坚定的支持与勉强、消极的支持者；坚定的反对者与脆弱或温和的反对者；有所偏向的中立者。有必要认真对待这种区分，因为，说服坚定的反对者与说服温和的反对者其方式与方法是不同的。

说服的主要对象是中立者与反对者，在识别出他们持有哪种态度的同时，还应考虑到这些人的人数，因为说服的工作量及复杂性将因有待说服的对象之数量而同步增长。尤其当这些人构成了可以识别的反对者"群体"或中立者"集团"时，他们内部之间就会因一种连带关系诱导出一种相互服从。一旦反对者公开陈述其立场，并说服其他人也支持他的观点，对这种反对者群体的说服就会变得极其艰难。在准备进行说服时需要做好计划，预想到说服工作将可能是一个漫长的过程，从而保持一种充分的耐心。《三国演义》中，诸葛亮为说服云南边地少数民族归降蜀汉政权，六次将俘获的酋长孟获放走，直到他第七次被俘，才回心转意。七擒孟获的故事表明了一个英明统帅的信心与耐心。

对于有待说服的对象，不管是一个人还是一千人，在说服之前应确定其所持的态度，估计其所持的立场，由此估算出相对于你所要求的目标与他们之间的距离。管理学家弗兰克·K·索伦伯格在他的《凭良心管理》一书中，对企业成员对待自己工作及本企业的态度做了分析，认为企业成员在最低限度上可能持一种漠然的态度，在最高境界上则会具有一种奉献精神。从漠然到奉献式的投入会经过下述几个阶段：

1.漠然的态度

这些人坐在办公室里看报纸，坐等下班，永远也提不出什么建议或自告奋勇去做什么事情。他们接受工作分配，记下最后期限，毫无什么反应，一副无精打采的样子。这种消极的情绪具有传染性。

2.满腹牢骚的态度

这些人没有达到他们希望、要求和期望的目标，但仍抱有一丝希望，想通过发发牢骚来改变现状。给他们分配另外一些日常工作时他们会很不高兴，非得他们认为可以了才会去做。与他们交谈并保持倾听态度，你会发现有什么事情在使他们烦恼。如果你无视他们发出的信号，他们会变得漠然处之或激动之下撂挑子。

3. 顺从的态度

这些人仅仅满足于自己应尽的职责，他们不愿做任何使其与众不同的事，他们只是安于现状。

4. 有明确目标的态度

卓有成效的企业管理制度使这些人心情愉快，全心全意地工作，对现状满意乐观。在这一阶段，人们与其说是为企业的成功而工作还不如说是对个人的成功更感兴趣。如果有其他单位提供更好的机会，他们有可能跳槽。

5. 忠诚的态度

工作对这些人是一种乐趣，他们相信自己在做有意义的贡献，也相信得到了公平的待遇与报酬。他们更关心集体，更少考虑个人。但是，忠诚不一定总能激发创造性，使人能进行独立思维，也不意味着主人翁精神和自我更新的冲动。

6. 奉献的态度

这些人在忠诚的基础上又迈进了一步。他们深受企业价值观的影响，因此能不断为企业的成长寻找新方法。他们的激情、热诚、主人翁精神对其他员工有感召力。

持续而有效的说服过程，就在于实现组织成员们从漠然处之的态度向积极奉献的主人翁态度的逐步过渡，从而最终使组织成员成为一个具有奉献精神的群体。卓越的组织是由卓越的人组成的，卓越的人不仅仅是能力、才华上的优异，而且更是一种精神上的卓越，一种追求卓越的精神。奉献的态度将使人的能力与才华不断地卓越起来。

化解心理矛盾的技巧

被说服者的处境是矛盾的，如果他不服从或不同意你，就会与你产生冲突；但如果他服从你、同意你，又会与自己产生矛盾。在被说服的过程中，人们的心理矛盾有这几种表现形式：

1. 猜疑心理

即使人们彼此之间有信任关系，但在感到自己在被对方说服时，也难免疑虑重重。尤其是有些人本身就有疑神疑鬼的毛病，这种情况会更加严重。信任意味着遵守诺言、保密与尊重对方人格等，但在具体情境中，人们的这些信念可能有些动摇，猜疑心理就会油然而生。

美国卡内基—梅隆大学的罗伯特·凯利博士，1989 年对美国 400 位经理的工作进行了调查，结果发现，在这些经理领导的企业中，有三分之二的人感到经理不能给他们提供对"公司观念的清晰理解，任务及目标的明确解释"。如果员工不能通过某些信息来理解自己工作的意义，其工作就不会有更高的绩效。尤其严重的是，如果领导不去提供信息、解释一下为什么，人们就会自作解释，结果还会产生出领导者不能驾驭的舆论，弄不好会毁掉领导者的职业前程。

2. 防卫心理

即戒备心理，这是指一种警觉地注意别人的一言一行，尽量推辞言语及行动上的责任的心理状态。

有效谈话的行为技巧可以医治防卫心理。你如果能造成一种同步的交谈，鼓励对方更多地表达自己的看法，促进他的自我表露，你就可以对症下药，找到突破口。另外，开放地表露自己，更多地积极反馈，表明你与对方的相同之处多于分歧之点，这样就可以缩短心理距离，有利于促进对方的理解，形成评价的一致。

3. 不安与精神压力

人具有保护自己的精神及人格完整性的本能，即使你不存在控制对方的动机，对方在面对要求做出转变时，也会因为这将可能影响自己的人格完整性而产生不安，承受一定的精神压力；同时，在他面对接受你与拒绝其他人的选择矛盾时，接受了你就意味着自己的态度及行为方式的转变又需要与其他人的关系进行调整，这时也会承担相当的精神压力。被说服者所承受的精神压力会影响说服的效率与成效，因此他们能躲即躲，实在躲不过，也将不置可否。

　　在涉及一些对被说服者来说是重大问题的说服时，对方的回避是不可避免的。故而要求说服者：第一，一定要有耐心。刘备三顾茅庐才说服诸葛亮出山辅佐自己，因为对诸葛亮来说，这是人生的重大选择时刻，不可不慎重。第二，交谈中要有策略地进行"信息注射"，不要一次把话说完，要给对方留有余地。第三，要让对方认识到他的不安及压力的存在及根源，并就此进行交谈，逐一予以化解，要为对方设想好解释自己之所以转变的理由。第四，更为慎重的方法是委托第三者去说服。而在无计可施、一筹莫展时，攻击对方背后的"精神领袖"与利益关联者也不失为一种方式，不过，这种方式应有一个道德尺度的约束。

巧妙传达信息

说服是一种高强度的沟通，不仅要发出信息，而且要使信息具有说服力。我们知道，沟通中人们发出和接收的信息包括言语信息与非言语信息。前者涉及的是你选择的话题、运用材料及组织技巧；后者是从你的神态、情绪与声调中表现出来的。

首先，要有诚恳的态度。

明代思想家王阳明说过，扫除天下的妖孽并不难，但驱除人们心中的魔障却是非常困难的。尽管平等的说服并非真的是在驱魔，但说服对方克服掉自己的心理障碍、认知障碍却仍很困难。要使说服取得成功，就必须把你的观念及主张"移植"到对方的心灵之中。如果不能调动起对方的积极态度，使他能主动地自我说服，一切说服的努力都将前功尽弃。但如果我们讲话的态度诚恳，确是发自内心而且有自信力，听者可能在感动之余反复琢磨，从而自觉地进行自我调整。

诚恳，意味着诚挚、恳切，其本质是以对方为中心，一切为对方的利益考虑。在中国古代，有的大臣甚至会以"死谏"的方式来说服君主改变态度，这种不惜一死以竭力说服君主的精神，可以说是诚恳的极致了。

真正做到诚恳待人，不是只在说服别人时才戴上一副诚恳的面具，而是要有在生活与工作中不断磨炼的人性修养。对领导者来说，一种参天化地的坦荡胸怀，一定能使他诚恳地面对疑虑者、反对者。这种精神，就是一种最伟大的说服力。

其次，要从灵活的话题切入。

话题是指与对方谈话中你要说什么。有效的谈话话题是能吸引对方谈话兴趣的话题，这种话题的展开使人感到轻松，自得其乐。尽管说服是有目的的谈话行为，但是一种轻松平和的气氛有助于对方去思考、判断、评价与选择，使对方能把自己的疑惑与不安表达出来，寻求解决方案。应注意，说服不是机械的灌输而是观众及态度的有机"移植"，它只有在对方内心生根发芽，说服才能取得成功。话题要注意哲理性，具有历史感、幽默感，这类的素材常常会给你带来意想不到的结果。

最后，要精心组织需要的材料。

如果把说服过程考虑成一种潜在的辩论，那么，就有必要注意材料的组织。说服的策略与艺术是不使辩论公开化，但无论如何这里都隐含着辩论，这些障碍只有通过为对方提供丰富而全面的信息才能消除。因此，你必须了解什么是支持你的主张的论据，并且把这些论据有效地加以组织，进行论证，从而有理、有力、有节地表达自己的意见。

可以作为有用素材的很多，如：事实与观察陈述；解释、比较与对照；统计数字；引用权威言论；具体案例或事例。

第**3**章　酒纯之道

好酒有很多种，但再好的酒也有一个酝酿的过程。但在酿造之前，首先应确立好酒的标准：哪些技能、行为方式及个性特征是你最珍视并希望团队成员具备的呢？这个问题，问 100 名管理者，可能得到 100 个答案，但总有一些共性的特征是理想的团队成员必须具备的。

本章正是想告诉你人才应具备的哪些素质？如何发现和利用适合自己的好酒？如何利用各种机会，表达对这些素质的欣赏和钦佩？最重要的是如何去培养自己的员工的优良素质。

认识到"好酒"的重要性

企业之间的竞争归根到底是人才的竞争，在市场经济的大潮中，企业的发展往往与一些高素质的人才，有时甚至与一位高素质的人才密切相关。小亨利·福特恢复福特公司昔日辉煌的经历或许能说明这一点。

福特汽车公司的几度浮沉都与是否使用有才之人直接相关。

亨利·福特在1899年开始创办汽车公司，后来他经营的福特汽车公司成为世界最大的汽车制造企业，福特也成为誉满全球的汽车大王。然而到了1945年，第二次世界大战即将结束的时候，福特汽车公司濒临破产。它不仅失去了世界第一汽车公司的地位，而且每月亏损额高达900万美元。9月，老亨利·福特下台让贤，由他的孙子亨利·福特接管这个岌岌可危的家族企业。

小福特决心重整旗鼓，重振福特公司昔日的雄风。小福特已经认识到福特公司陷入困境的原因。原来，老福特在福特公司繁荣发展的时候，变得主观武断，放弃了任人唯贤的成功之道，实行家长式的管理作风，他变得不能容忍外人来插足其家族事业。于是，他接连辞退了一大批有才能的人，在1921年的某一天，他竟然赶走了30名经理。老福特最大的错误在于，1915年，他辞退了库兹恩斯。此人是汽车工业专家，精于管理，福特汽车公司之所以能成为世界头号的汽车制造企业，正与此人密切相关。1903年，老福特再度创业时，就是聘请他来担任总经理的。库兹恩斯苦心经营，认真调研市场，建立分销网，采用先进的管理方法，建成世界上第一条汽车装配流水线，使"T"型车的价格由780美元降至290美元，生产效率提高十几倍。福特汽车公司由此一路高歌前进，成为世界上汽车工业的龙头老大。辞退库兹恩斯使老福特付出了惨痛的代价，由于他的管理方式相对落后，而且独断专行，福特公司是每况愈下，陷入困境，被通用汽车公司所超过。

小福特对其祖父的失败原因有深刻的认识，决心起用有用之才。他从通用汽车公司挖来了布里奇，并由他主持公司的全面业务。布里奇是通用汽车公司的副总裁，具有高超的管理才能，在通用有极大的影响力。他又带来了通用公司的克鲁索，录用了十几位才华出众的年轻人，包括后来出任美国国防部长的麦克纳马拉。精兵强将组成的领导群体，具有所向无敌的力量，先进的管理方法使福特公司老树发新芽，重新焕发出勃勃生机，当年公司就实现了扭亏为盈。在以后几年的努力奋斗下，他们终于使福特公司容光重现，成为仅次于通用汽车公司的第二大汽车公司。可见，一个优秀的人才对于一家陷入危机的公司具有多么大的作用。

后来，小福特也犯了不用人才、独断专行的错误，让公司再次陷入危机之中，他的错误做法又一次证明了人才的重要性。被小福特辞退的艾柯卡来到克莱斯勒汽车公司，使这家危机的公司重现光辉，成为美国第三大汽车公司。

因此，对于企业而言，人才就是企业不可多得的"好酒"，如何发现和培养自己的"好酒"是非常重要的。

找到酿造好酒的原料

"酿造好酒还需要找到好的原料"，因此企业需要非常清楚地明白自己需要什么样的人才。这是发现和培养好酒的重要一步。

迪斯尼公司不但被评选为全球最具有创新能力的公司，同时也被选为美国最受推崇的公司。迪斯尼的执行总裁迈克尔·艾斯纳说："我们每 5 分钟就可以创造一种新产品，可能是一本故事书或一部电影剧本；而每一种产品都必须是一流的，因为我们的目标是每一次都要做得比上一次好。然而，迪斯尼真正的产品是在人才的管理上，若是失去了这些人才，迪斯尼还拥有什么呢？"

顶尖企业清楚地知道它们需要什么样的人才。迪斯尼所要的人才必须具有乐天派的个性；"联邦快递"的人才聘用标准是"勇于承担风险，并且具备坚守信念的勇气"；P＆G 公司的人力资源则是录用最优秀的有全球眼光的年轻人，然后再全力帮助他们发展一生的规划设计，为此该公司执行总裁每年都会马不停蹄地拜访各大学校园，来挖掘他们所谓的"企业未来的新血液"。与花旗银行一样，P＆G 公司一半以上的资深经理是非美籍人士。

所有人才的挑选都是严格的。同时，在使用上又是花了大本钱的。美国通用公司最重要的 500 个职位的应征者，全是由执行总裁韦尔奇亲自面试。同时，他还把公司的"使命宣言"清晰简洁地写在一张可放在钱夹中的卡片上，时时提醒员工要坚守这一信念。英特尔 2000 年花了高达 1.6 亿美元的内部训练费用。

每一种行业、每一家公司的负责人，都希望能网罗到一流的人才，来帮助自己拓展业务。但除了一小部分比较幸运的主管，可以招聘到好部属之外，大多数都很难如愿。所以，大家都感叹人才难求，并且把失败的责任，归咎到没有很好的人才上。为此，松下幸之助指出：一位领导者在慨叹人才难求之时，不妨先反省自己是不是尽心尽力去访求了。

如何去获得人才呢？最重要的还是要去寻求的。如果只是空等，而不去访求，那么人才是永远也不会找到的。天下的万物都是因为需求才会产生的，所以一个领导者必须常常有求才若渴的心，人才才会源源而至。

丰田汽车英国分厂 1992 年开工在即，丰田首次一改人事由上级指派的作风，实施厂内公开招考制度。预备选出生产、技术、总务等 7 个部门的 7 名科长级以上人员。由于未来年产 24 万辆汽车的丰田英国分厂，是该公司欧洲战略中的重要一环，首次实行的社会求才活动必须成功，因此意义十分重大。

日本的第五大商社——三菱商社，如今也以"转挑战"制度著称。该公司的做法是先公布各部门职缺，在每年 12 月到来年 1 月接受申请，2 月、3 月审核确定，4 月就上任。该项制度的独特之处在于，想换部门的员工可以不通过直属上司，直接向人事部经理申请即可。4 年来，该社已有 85 人调动，这些人多半转任技术、直销、情报产业部门，其中更以转入财务部门者最多。这些员工由于是自动请调，能力及热情自是毋庸置疑；而上述部门也因这批生力军加入，产生良性竞争，工作热情大为提高。

目前，财务部已因此成为三菱商社中最强的部门，年收益达 300 亿日元。

世界上，也许有许多领导者都在慨叹人才的缺乏。但是，在慨叹之前，不妨先反省自己，是不是尽心尽力去访求了人才呢？

识别纯酒的艺术

美国通用汽车公司的总经理斯隆说过："把我的财产拿走，但只要把我的人才留下，5年以后，我将使被拿走的东西失而复得。"他的话深刻阐述了人力资本的作用。

对于组织或团队而言，人才就是酒，团队要获得长足发展，必须能聚才，"十剑之泽，必有苦草；十步之遥，必有俊杰"，聚才的前提就是善于挖掘人才，也就是要具备识别纯酒的艺术，于芸芸众生中找到你所需要的人才。

有人说人才过剩，有人却说人才太少了，或者有的领导干脆就说这年代根本就没有人才。人间并不是缺少人才，而是缺少发现人才的眼睛。出现这种情况是有多方面原因的。首先，有人没有找到自己需要的人才。但找不到需要的人才不等于没有人才，如同你在某餐厅吃了一顿很糟糕的饭菜就说这个地区没有好吃的东西，这是荒谬的。第二是找到的确实是人才，但由于种种原因却用之不当，结果收不到效果，于是便说这人才不是"人才"。一行有一行之才，非此行之才不一定非彼行之才。总之，不管承认不承认，人才到处都是，重要的是领导者应去努力地发现、识别人才，用好人才。出色的领导一个重要的方面就在于知才，识才。不同领导者根据自己的经验与智慧去识才，尽管风格各异，但都不由自主地遵循着一定的规则，也就是识才所遵循的一定的准则。古人说中才最可贵，聪明次之，说明在识才上道德与才能兼备是最高层次的人才，仅有一技之长者相对来说次于前者。所以在选用人才上，识才必须从德和才两方面考虑，人才的选用得当有利于团体的发展、事业的发达。领导者以一己之私而对一些人才打击报复，同时任用那些不恰当的人，这必然会给事业造成灾难。故识才必须公心为上。"人无完人，金无足赤"，斤斤计较，必然找不到应有的人才，故识人必须从大处着眼、长远观之，取人之所长，则天下人人得用。知人不易，因为人才有许多，每个人都有自己的特点，于种种的类型中，凭什么找出人才来，又如何从中选出谁是真才谁是庸才？知人难其实就是做领导难。

1.让事实说话

"路遥知马力，日久见人心。"领导者往往很难一时察觉某某是否有才，但直觉上领导又不忍放弃选才的机会，于是不得不抱着一种试试看的心理，但试用是要担风险的，万一试用不成，不仅没有觅到自己需要的人才，反倒把组织的秩序给打乱了。于是便有了这样一个办法，让人到下层去办事，通过对其"政绩"的考察来发现人才从而决定是否给予升迁。这确实是一种好方法。现代的多数企事业单位招聘人才大都有一个评价，能够留下来的当然是为领导所满意的被认为是人才的员工，有时领导还会从其中的特别优秀者中选出一部分委以重任。有时，领导者没必要让所有的人都去做相类似的事情，而是在较为器重的人中让他们去做特定的事，看他们的处事技巧，从而判断其是不是人才。

2. "突袭"试"勇"

领导者在识才的时候有时候故弄玄虚，造出许多假象或有意设置某些困境，来观察别人的反应。这种测试往往来得很突然，使得人措手不及，于是人的素质就显现了出来。这便是领导者的又一识人艺术，创造形势来考察人才。处事不惊是一个人良好心理素质的体现，是作为人才的一个重要表现方面。一个全面的人才包括很多方面，而意志品质却是必不可少的。处事不惊者勇，只有勇才敢于去应付，而领导者需要的正是这种敢拼敢闯的人才。

3. "芜杂"试"智"

智，即智慧，指一个人的聪明才能。智能型的人才更容易判别事物的主次，找出问题的关键，从而找到解决问题的办法。

领导者要考察知晓下属能力，有时会故意把事情搞得很复杂，然后让下属去判别。有时，领导者连自己都糊涂了，也让下属去评论，这种情况领导者会在不经意间更易识得人才。

智慧之人会从扑朔迷离中判明真实情况，这种方向感有助于在实际的处事中保持清醒的头脑和敏锐的洞察力，从而看清事情的本质。这是领导者必具的才能，又是领导者选人应着重参照的一个重要因素。

有勇，诚是可嘉；有智，更为难得。要有大智大勇之才，最是不易。领导者若能识出大智大勇之才并加以任用，必然会给组织带来巨大的帮助。因为智勇双全之才，一方面有过人的智慧，在办事之前定经过一番周密的思考，对以后的行动有全面的指导；另一方面，还有敢于拼搏敢于进取创新的勇气。

4. 长线识才

识才固然要识大，但这还不够。往往在眼前来看，极被看重的人，才能极高，其小毛病几乎可以不管。蚁穴不可谓不小，但不加注意，它可以破千里长堤。一个人有这样那样的缺点，但在关键的时候是要命的。如果只顾眼前而不从长远考虑，失之于识人是十之八九。英明的人识才更专于以小见大，以近知远，从而作出自己是用还是不用的判断。

接纳纯酒的艺术

识人之后，当然要考虑"纳才"了。纳才绝不是简单地把能人贤士招纳到自己手下，我们所说的纳才，是要纳可纳之才，纳有用之才，这要讲究方法和艺术。任何一个领导者在纳才时都必须戒急戒躁，小心谨慎。纳对了人才，能使自己如虎添翼；但纳错了人才，就可能是作茧自缚。纳才的成功与否，直接关系到组织事业的成败，绝不可疏忽大意。但现实是人才难觅，庸人遍地皆是，于是就出现了"抢人才"的说法。既然如此，领导者采取怎样的方法和谋略才能把自己所需要的人才招纳到自己麾下呢？

1. 一步领先、步步领先

作为一个领导者，应该以战略的眼光看待纳才问题，要对整个组织作长远的打算，不能只顾眼前，而忘了将来，否则事业最多只是昙花一现。就像一支足球队一样，如果仅仅满足于场上的几名年轻力壮的优秀运动员，陶醉在他们所创造的成绩当中，而忘了后备人才的培养，一旦场上的队员退役，这支球队必然会陷入低谷。成功的领导者，在"纳才"的问题上一定要高瞻远瞩，未雨绸缪，也就是说在纳才时也应该有一个"远景规划"，而不要囿于当前。显然，在远景规划中，如何纳未来之才占据着重要的一席。事业对人才的要求往往具有超前性，如果早先不做好纳才的准备，等到急着用时，已经是人才难觅了，因为此时，社会上所有的部门或者企业均四处抢夺人才，谁领先一步，谁就是最大的赢家，而领导者在纳才上一直具有一种领先性，便可以做到一步先，步步先，时刻走在行业发展的前面。

2. 别怕人才拒绝你

领导者应当具备宽广的胸怀，公私分明，而不应斤斤计较，睚眦必报。尤其是在纳才过程中，必须抛弃一切个人恩怨，出于真心，以自己的诚心去感动人才，否则，就会适得其反。任何领导者，如果仅仅出于利用的心理去纳才，也许在短期内他的目标可以达到，但这绝不利于一个组织的长期发展。

在纳才过程中，许多时候可能遇到如此尴尬的局面：自己看中了某人，但此人却因为某个不是理由的理由婉拒了自己。此时的领导者，可以有很多种反应：有的主动放弃；有的大发雷霆；还有的会继续努力，以情动人。相较之下，第一种人缺乏自信，且略显骄躁；第二种则缺乏修养，不具备成大事的风度和气魄；

只有最后一种人沉着冷静，有耐心、恒心，且求贤若渴，心胸广大，真正具有领导者的风范。领导者在纳才时应时刻告诫自己，自己要招的是真正的人才，对方的能力甚至超过自己，只是没有遇到伯乐而已，自己没有理由以领导者的姿态对待他，而对方也有拒绝自己的权力。一旦对方拒绝了自己，并非就完全失去了希望。此时，只要你以朋友的姿态和他们谈谈，并以情动人，也许就能够感动他们，使他们愿意加入你的组织。

3. 给职位戴上"金环"

人人都知道，凤凰喜栖身于梧桐树上，于是有人想捕凤凰时，就从自己这方面着手，植了大片梧桐树，结果引得凤凰来此。领导者们也不妨效法一下，从企业本身下手，提高自身素质，从而引得"金凤凰"来栖身。

提高待遇是在人才招纳过程中最常见、最普遍的方法。应该说，这个问题也很普遍，但能难倒一大批领导者们。许多领导者在招聘人才时，往往打着"物美价廉"的如意算盘，结果将选择权交到了别人手中，还让自己的竞争对手占尽了先机。何不自己先提高待遇，牢牢把握主动权呢？当今人们的思想观念转变了，许多人在选择工作时都把待遇放在了第一位，公司提高待遇无疑对人才最具有吸引力。成功企业的领导者对人才的待遇问题上往往都显得很大方，不是他们愿意，而是他们清楚地知道这样做的重要性。谁在人才竞争上取得优势，谁就最有希望最后获胜。人才的发展同企业的发展一样要求一个良好的环境，一家公司或企业在混乱不堪、人心思变的环境中不会取得很大发展。

4. 昨天昭示未来

领导者在纳才过程中也需要推销自己，把自己和组织的美好未来、目前良好的运作状况以及自己对社会的贡献一览无遗地展示在人们面前，以吸引人才的注意。看似简单的事情要做成功却不容易。也许很多领导会对此不屑一顾，认为成绩和质量是最好的语言，当然这是无可置疑的，但仅仅靠此是无法达到宣传的目的。成绩只能代表过去，人才对你的未来一无所知，对你的形象不了解，不敢轻举妄动，还得利用一些其他手段辅助以更好地吸引人才。

选择适合的好酒

西尔斯公司曾号称美国最大的零售商店，但在 90 年代初却出现了经营危机。1992 年，董事长布伦南慧眼识英雄，排除了其他几位有大公司经营经验的人选，在一片反对声中，毅然任命马内斯为公司总裁，委以全权。事实证明，用一年的时间，马内斯就使公司扭亏为盈，头 9 个月就盈利 4 亿美元，公司股票连连升值。

择才虽是一个不易分辨的过程，布伦南敢于在一片反对声坚持己见，是因为他相信自己的判断力，并遵循了一定的原则。"唯才是举"是择才的一贯思想，但其中诸多领导更倾心于德才兼备。此外，领导择才还应灵活地遵守规则，规则是死的而人是活的，不然为陈规旧习所束缚，选不到多少人才。世上"人无完人"，一味地求全责备，只能是因噎废食，最终也选择不了合适的人才。领导者识才还应注意一下主观方面的因素，这些因素即是爱才之心、识才之眼和择才之胆。只有有爱才之心，才会积极地去识才和纳才，这是最大的内在驱动力。领导有爱才之心就会大胆地选择人才并加以任用。领导择才应忌武大郎开店，只选择比自己矮小的人才。领导者通过识才知道了一个人是人才，那这人是什么样的人才？又该用到何处？这或许不是光靠识才就能做到的。要更深层次地了解人才，领导者就必须在择才时独具慧眼。另外领导者还应有择才之胆。有时选择自己满意的人才而加以任用，往往会遭到外界的反对。能不为外界压力所动摇，坚持自己的选择，领导者必须要有一定的胆量和魄力。领导者具备了主观方面的一些因素，还必须遵循择才的一些客观准则。

1. 尽量用德才兼备的人才。领导就可以轻松很多，下属之间的关系在这批人的推动下也可以良好地运转。领导者用人就得用有才之人。用有才无德之人，组织内部极易发生摩擦，而用德才兼备之人，内部关系就和谐多了。领导选择贤德之人加以任用，就外部效应而言可以树立良好的形象。一方面大量的贤德之人慕名前来，另一方面为公司带来了信誉并为群众所接受。领导者择才而任，还应注意把贤德兼备的人才用到关键的位置上，一方面省去自己管人用人，另一方面有这些人居在重要位置则不必担心"祸起萧墙"。

2. 各种类型的酒都要有。"泰山不让土壤，故能成其大；河海不择细流，故能就其深。"这段话形象地说明了要招纳任用各处的人才而对一些细小的东西不以计较。择才任才要"兼收并蓄"，即在大的方向的前提下，把人才小的不足方面暂且搁置在一边而"求同存异"。兼容并蓄，实质就是取其所长而容其所短。择才是为用人做准备，用人最讲究要"用人如器"。其实每个人都是人才，能否起到应有的作用，关键是要看领导怎么择才而用了。领导者要用好人就必须具有兼收并蓄的思想，既要选择素质高能力强的人才，也要选择在某方面有专长的人才。

3. 择才无定式。为人办事最忌按定式而没有变通，择人也是一样。领导者选人既不能拘泥于前人所定的规则，也不能被世俗的种种风气所束缚，同时领导者还应时时接收新思想，在必要的时候打破自己的思维方式，从一个全新的角度来选择人才。总的来说，就是要不从资历和声望等现实的条条框框来考虑。其实要选择一个人才，途径是多方面的，完全地按照一种模式只会是作茧自缚。资历、声望和学历这些我们不得不考虑，但万事不能绝对化，最多只能把它们作为参照的一个重要方面。在此之外，领导者还要多注意，经常地从其他方面来考察一下人才。这样领导者就不会凭空地感慨人才太少了。

4. 不要太苛求。人无完人，即便是再有才能的人也会有这样那样的过错。常言道，"人非圣贤，孰能无过"，若领导者只见其短而不见其长，一味地求全责备，就会不仅得不到人才，弄不好还会致使人才外流。不求完人就是不计较其细微的错误，也不在意其自身的缺憾，更不关心其出身是否高贵，只有一点，他有才德就应得以任用。"水至清则无鱼，人至察则无徒。"过分地强调次要的方面必然会物极必反，造成意想不到的后果。而且过分地求全责备会使领导很难划清是非，有时只见外表而看不到本质，从而导致人才的流失。

好酒的标准也很重要

好酒也必须有一定的标准来衡量。因此，在找到好酒的过程中，领导者还应当清楚地认识到能力、人格等方面的因素。在某些时候比专业知识和学历更为重要，因此要想找到理想的人才还需要灵活把握选人的标准。

1. 以适用为原则

早在 20 世纪 50 年代，松下幸之助就认识到，公司应招聘适用的人才，程度过高，不见得就合用。松下指出：各公司的情况有所不同，老实说，人员的录用，以适用公司的程度就好，程度过高，不见得一定有用，"适当"这两个字是很要紧的。

20 世纪 60 年代，盛田昭夫的《让学历见鬼去吧》可谓一鸣惊人。因为，当时的日本还沉浸在一种过于重视文凭的氛围中，盛田昭夫的这一创新使得索尼人才济济。

索尼公司不仅拥有众多的科技人才，同时，还特别重视选拔和配备具有高度创新精神的经理班子。在选拔高级管理人员这个问题上，索尼从不录用那些仅仅能胜任某一个具体职位的人，而是乐于起用那些拥有多种不同经历、喜欢标新立异的实干家。索尼公司也从不把人固定在一个岗位上，而是让他们不断地合理流动，为他们能够最大限度地发挥个人的聪明才智提供机会。在这样的环境中，索尼人特别乐于承担那些具有挑战性的工作，个个积极进取，人人奋勇争先，整个企业始终充满了生机和活力。几十年来的辉煌历程清晰地表明，索尼所取得的巨大成功，源泉正是——索尼人。

2. 能力比知识更重要

必须认识到，知识分子常自陷于自己知识的格局内，以至于无法成大功立大业。

汽车大王亨利福特曾经说过这么一句话："越好的技术人员，越不敢活用知识。"

福特是在企业经营上，屡次发明增产方法的人。他为了增产的事和他的技术人员研商时，他的技师往往说："董事长，那太难了，没有办法的，从理论上着眼，也是行不通的。"

而技术越好的人，越有这种消极的个性。因此令福特大伤脑筋。

福特实在说出了一种真理。

在日本，常听人说"白领阶层是弱者"这句话。其实想想，所谓"白领阶层是弱者"这句话是可笑的。学历十分良好，且有丰富知识的人，不可能是弱者。实际上如果没有一定的知识水准的话，办不了的事着实很多。但为什么那么多人说知识阶级是弱者呢？这是由于他们自陷于自己的知识格局内，而不能活用的关系。

在面对一个工作时，一个人如果对有关知识了解不深，他会说："做做看。"于是着手埋头苦干，拼命地下功夫，结果往往能完成相当困难的工作。

但是有知识的人，常会一开头就说："这是困难的，看起来无法做。"这实在是画地自限，且不能自拔的现象。所以有"知识阶级是弱者"的说法。

今日的年轻人，多受过高中、大学的教育，所以有相当的学问和知识。由于现代社会的变迁，分工很细，公司的工作项目也愈来愈繁杂，所以年轻人具备高程度的学问知识。在一方面来说，是必要而且是很好的事。但重要的是不要被知识所限制，也不要只用头脑考虑太多，要决心去做实际的工作，然后在处理工作当中，充分运用所具备的知识，这样的话，学问和知识才会成为巨大的力量。

尤其是刚从学校毕业的年轻人，最容易被知识所限制，所以要十分留心这一点。发挥知识的力量，而不是显示知识的弱点。

在实际工作中常常可以发现，一些工程技术人员虽然学历不高，却往往具有较深的专业知识和较强的实际工作能力，相反，一些高学历人员，虽然各方面都表现不错，却没有强烈的个性，与他们谈话留下的印象不深。一个人实际工作能力的高低，并不能单从学历或应聘时获得的笔试、面试成绩，就可以看得出来的。具有了实际工作经验，也未见得能力就强，创造性就高。20世纪90年代初，日本在人员招聘中提出要注重实际能力，特别是选拔事业开发型人才时主要看他的综合基础能力，就像挑选运动员苗子一样，关键看他是不是一块好材料，有没有发展潜力。所以，高学历不等于高能力。在招聘过程中更应注重招聘那些高能力的人才。

3. 人格比专业知识更重要

美克德公司是一家经营唱片和音响的企业集团，在二战前，声誉显赫。可是由于战争的影响，使这家拥有一流人才和高超技术的公司，迟迟不能展开重建的工作。最后，因种种的原因，由松下电器公司接管。为了使它从战败的挫折中复兴起来，所以，松下非常慎重地思考经理的人选。最后，决定把这个重担，托付给野村吉三郎先生。

野村先生在第二次世界大战期间，曾担任过海军上将，退役后转任外务大臣。在 1940 年，大战局势发展到最紧张时，美国考虑是否加入亚洲方面的战事，日美关系正濒临破灭的阶段。野村先生便以天皇特命全权大使的身份到了美国，为美日两国的和平，进行交涉。

可是，就在他对美国提出种种和平建议时，日本偷袭了美国珍珠港海军基地，终于引发了太平洋战争。

野村先生和松下同是和歌山县人，野村不仅是松下的长辈，也和松下维持很好的私人交谊，是松下一生中，最敬佩、眼中人格最高尚的伟大人物。战后，松下正为美克德公司的主持人选伤脑筋。当松下想到自美国归来的野村先生时，就认识到如果能请这位德高望重具有高尚人格的野村先生来出任中心领导者，做公司的精神支柱，那么美克德公司的重建工作，就指日可待了。

于是，松下非常坦率地把心中的想法告诉他，并请他务必接受邀请。想不到野村先生非常爽快地答应了。并且说："我对经营事业一点也没经验，但我唯一的长处，就是了解用人。诚如你说的，美克德公司拥有许多一流的人才，那么我的工作，就是要尽快促使那批优秀人才，发挥他们的潜力。"这个看法，和松下心中所想的不谋而合，于是人选很快就定案了。

无疑地，这个人事决定使许多人大感意外，甚至松下周围的人也表示反对，他们认为："以美克德这样的小型公司，聘请曾任外务大臣的野村先生来担任经理，不是大材小用，太委屈他了吗？从另一角度说，以美克德这样的小公司，想独占像野村先生这样具有伟大人格和才干的人，也实在太自私了。"当然，他们都是出于一番善意，为野村先生着想。幸好，野村先生并不同意这种肤浅的看法，他以为："战后，社会最需要的就是安定和繁荣。在美国，许多过去拥有辉煌战功的名将，也都纷纷加入民间公司，借个人的工作来贡献社会。至于战败的日本人，就更不应该拘泥于以往的地位，因为真正有地位的人，是那些能透过工作，把力量贡献给国家社会的人。"

从这一点可以看出，野村先生有淡泊名利，勇于负责，并且进取向上的崇高人格。而正如野村先生自己所说的，他对企业的经营完全外行，对唱片、音响更是一窍不通，所以在主持美克德业务的过程中，也发生过一些有趣的小插曲。

有一天，在干部会议上，有人提议要和美空云雀签约出唱片，但野村先生却问："美空云雀是谁？"美空云雀可说是当时家喻户晓的人物，她不仅是日本排行第一的红歌星，也拥有众多的歌迷。像这样有名的艺人，身为唱片音响连锁企业的主持人居然不知道，真是趣闻。后来，这段故事传到外面，往往被人拿来当作讽刺的资料，甚至有人说："一个唱片公司的经理居然不认识美空云雀——那他一生中能认识几个人呢？"

可是这些批评并没有影响野村先生的地位。诚然，他不认识美空云雀，可是，他知道身为一个领导者所应该知道的事。他博学多闻，品格高尚，美克德能有这样的一位领导者，使得具有专业技能的人，都有机会充分发挥自己的长处，这的确是件幸运的事。

不可否认，美克德公司是在一个不知道美空云雀的经理领导下，很快地从战后的废墟中建立起来。这个业绩，你能说它只是一桩奇迹吗？这并不是奇迹，而是凭着野村先生的人格修养、经营知识和磨炼创造出来的。尽管他不知道红歌星的名字，但无损于他的成就。可见在商场上，不仅知识和技术重要，同时更应以正义的立场、公正无私的生活方式，来表现高尚的人格，这也是用人的一个要诀。在运用人才上，只要不存私心，经常考虑何者当为，何者不当为，进而发挥潜在力量，是不难迈向理想境界的。

4. 不可忽视心理素质和工作态度

现代经济社会的竞争是激烈与残酷的，而这势必给每一个企业每一个员工造成强大的压力。企业是否能顶着压力前行，是否能在竞争中脱颖而出，不仅看员工的技术水平和工作能力，还要看其是否具备良好的心理素质。在我们招聘新员工时，我们是否考虑过这些问题：新招进来的员工是否具有创造才能和创造精神？是否能领导和训练他人？他是否能在团队中工作？他是否能随机应变并善于学习？他是否具有工作热情和紧迫感？他在重压之下能否履行职责……在一些发达国家或地区，如美国、日本、英国等越来越重视对员工心理素质的考察，并通过一系列心理素质测定来判定招聘对象心理素质的高低。他们认为，这是一个可以减少冒险，促进做出完美决定的过程。其实，目的只有一个：就是要找到心理素质较好的人才。

一个真正意义上的人才应是德才兼备的。才，无可置疑，就是反映在工作能力和心理素质上；而德，一般来说就是从工作态度中体现出来。良好的工作态度，往往能为本人带来工作激情和动力，从而提高工作效率。当然我们不能将工作态度简单地和工作绩效联系在一起，还必须考虑到企业环境的各种具体条件的影响，这是企业在日常经营管理时所应该考虑和处理好的客观因素，而在进行人员招聘时，应聘者所持有的工作态度，却是我们不得不考虑的主观因素。由此为本企业选拔到具有良好工作态度的人才，必将能使以后的经营管理工作事半功倍。

用好你的"酒"

对于企业的管理者来说如何用好你的"酒"，充分发挥酒的价值也是一项非常重要的任务。一般来说有以下几种方法：

1. 软硬方法

用人是一门艺术，就像作战时排兵布阵一样，用人得当，则大功告成；用人失当，就有满盘皆输的危险。因此对领导者来说，用人时切忌犹豫不决，当断不断。所谓用人以严，并不是说领导对下属不苟言笑，冷若冰霜，使下属整天如履薄冰，而是说领导者在用人中要做到刚柔相济，恩威并重。在平常生活中，尽量实现"柔"和"恩"；在工作中，则应说到做到。用辩证法的观点说，事物总存在正反两个方面，用人艺术中的宽和严亦是如此。文艺复兴时期的思想巨匠马基雅维里曾说过，软硬之法最好是二者兼备。他认为，人作为一种有感情的高级动物，总有一种趋利避害的倾向。对于一个成功的领导者而言，"爱戴"和"恐惧"的情感应同时存在于下属的头脑中。完全的老好人形象和专制的暴君的形象，都不应是成功的领导者在大众中树立的形象。可见对于领导者而言，在用人过程中，施威与善后也是一种宽严相济的艺术处理方法。

2. 不作"榨油机"

人才是社会中的精英分子，用人者任用人才，切不可作"榨油机"，不榨干最后一滴利润绝不放手。用人如器，是说物尽其用，人尽其才，让人才充分发挥自己的才干，而不是说把人当作毫无感情的物品来使用。情感方面的需要是任何人都不可少的，人才也是如此。在生活中不经意的一次帮忙，工作中一次小小的赞扬，都可能使人产生愉悦和感激，从而在今后的工作中更加努力，更上一层楼。有些人总认为投桃报李就是以物易物，其实他只看到了二者表面上的类似，而忽视了本质上的不同，如果是虚情假意的付出，只能招致别人的厌恶。

3. 让马跑起来

竞争往往能激起人最大的能量，使一些看似无法做到的事变成现实。在用人方面，也应充分运用这一规律，做到竞争优胜劣汰。竞争是一种社会现象和组织行为，客观存在于人类社会发展的始终。社会的前进离不开竞争。用人方面不仅需要竞争，而且也无法排斥竞争。用人必须改变那种只上不下，只进不出的封闭僵化体系，始终保持一种有上有下，有进有出的开放式流动体系。人若是处于这样一个流动的体系中，不仅充满了进取心，而且也感到危机感，犹如逆水行舟，不进则退，不能有丝毫的大意。一个组织中的活力，主要来自于具有开拓创新精神、永不服输的带头人才。人的才能往往是以潜能的形式存在的，没有竞争，就很难发现其潜在的能量。伯乐相马，有一个重要的方法就是让马奔跑起来，给每匹马都创造表现机会，展开竞争，让马充分地表现自己，那时千里马自然就会脱颖而出了。用人亦是此理，如果人人都坐太平椅，吃太平饭，那么天才和庸才即使有天大的差别，也表现不出来。

酒的酝酿需要一个过程

再好的酒也有一个酝酿的过程，少者一两年，多者上百年。人才也是，精雕细腻，在实践中不断锻炼，这也是一个培育的过程。育人非三五日之功，必须从长考虑，戒急戒躁，只有长期地潜移默化，才会终有成效。作为领导者，必须有较高的才能，同时还要有影响他人的艺术，做到以知识去提高人，以道德去感化人。

1. 给他自由

人才大抵有两种，一是从实践中干出来的，一是从课本中学来的。更多的知识、更多的人才是从实践中来，因此要想让自己的下属成才，除了必要的理论知识的学习以外，还必须给他们一定的任务去做，也就是说要给予他们一定的权力，放手让他们去干。下属有了一定的权力，就可以凭着自己的能力在适当的范围内去发挥，下属在做事的过程中会不断地发现问题，又会不断地寻找解决这些问题的办法，这实际就是一个循环学习的过程，而且这种学习方法是极有效率的。一段时间之后，下属所做的事可能失败，也可能成功，但他们都会有收获：失败者可以吸取经验教训，保证下次不会错；成功者可以总结成功经验，以后会把事情做得更好。如果领导者想重点培养一个人，那么就可以特意地授之以权，譬如做一项很重要的工作等，从中就可以锻炼他的魄力和毅力。在一个很具挑战性的领域内，遇到的新问题很多而且不易轻易就解决，更重要的是，要在一个全新的领域之内打开局面极为困难。领导者通过这样的环境既可以识别人才又可以造就一个人才。

2. 把握你的需要

育人的目的在于能够在用人之后能更好地发挥他们的才能，为组织服务，因此育人就必须从需要出发，需要什么样的人才就培育什么样的人才，从教的方面来说就是要因人施教。我们知道对一个企业来说资金是极为宝贵的，企业既要在业务上投资，为了更好地发展还不得不在人力资源开发上投资。要以最少的投入取得最大的收益，那么不得不注意的就是对人才的培养上应该根据自己的实际需要来选择培育。企业只有根据自己的需要，选择培育适当的人才，才能实现最佳的效益。

3. 给他几块石头

逆境造就人才。在逆境中，既有重重的困难包围着自己，又没有必要的条件，但是就是由于这恶劣的境况使人激起努力奋斗的决心，从而战胜困难。逆境可以毁掉一个人，也可以造就一个人。真金不怕火炼，逆境磨炼出来的人才才是更可贵的。领导者要考验下属，要让他们成长，可以让他们到逆境中去锻炼，从而培养坚强的意志和处理事情的能力。

4. 架起沟通的桥梁

"听君一席话，胜读十年书"，人往往在某些时候注意不到自己该干什么，一旦有人加以指点，便幡然醒悟。每个下属不免有这样或是那样的缺点，这是自己所不易察觉的，有时即使知道也懒于改正，但小处不注意，大处必遭殃。这时就需要领导者对他们加以点拨并责令他们认真改正错误。也许就是在这些简短的言谈当中，使下属知道了自己前进的路，改正了自己的错误从而更加出色。

5. 善于抓住好的典型

一个人的能力一般来自两方面：一是从亲身实践中来，这样的知识最深切最宝贵；二是从他人的实践经验中来，包括看书、交谈、经历等知道别人是怎么做的。亲身实践而学来的知识能力固然可贵，但一个人的精力毕竟有限，不可能任何事情都去亲身实践，因此学习借鉴他人的经验就成为一种必要。

别人有成功的经验，也有失败的教训，从成功中可以借鉴具体的做法，从失败中可以吸取教训，从而使自己以后不致犯同样的错误。领导者在育人方面就应多讲前人经验的积累，用前人的事实说明下属该怎样做又不该怎样做。这样下属在工作、为人、处事方面就会少走许多弯路。

御酒之术

有了人才这些好酒，并非万事大吉，还要恰当地管理、引导、约束。所谓御酒之术即御人之道。所谓御人就要充分地管理、激励人，用心爱护人，使他们满怀激情地投入到组织的工作中。御人可以说有两方面内容：一是以一定的规则限制约束自己的部属；二是以真诚去感化吸引自己的下属。特别是在现时代，在人才的管理上更应讲求规则与人性的结合。在人才的统御上，不仅要讲求统一领导，此外还要分工赋权、适时监督、权力制衡，这几点从制度方面就可以基本上确立了。从领导的感情方面来说，既要关怀爱护，又要不失权威。对人的处理上还应对症下药，根据不同的事和人，不同的情节而分别加以处理。

1. 合理授权

领导无权则不能领导人，这一权力或许从领导走马上任伊始就有了，但要让这一权力延续下去就不得不注意维护自己的领导地位。要做到这点，领导必须注意组织的统一领导。

实行统一领导的好处就是下面信息能很快地传递到上面，而上面的决策又可以迅速地传到下面而得以实行。这样，下面的事情就迅速正确地得以处理。统一领导的原则不能放弃，但可以针对不同的情况而合理地调剂统一的程度。"统而不死，活而不乱"是统一领导的要求。领导艺术讲求有统有分，统分结合，把关键的权力掌握在手中，而其他的就下放到下属手中，这样就能做到提纲挈领、统而不死。领导既能够统御全局，又可以增强下属的主动性和创造性。在下属依据权力办事的时候，领导还必须加以适当的引导，以让他们活而不乱。领导是对全局的领导，不是任何事情都揽入自己的手中，主次不分会使团体裹足不前。领导带领下属工作更重要的是讲协调，下级有下级应该做的工作，如果领导与下属做好自己的本职工作并相互配合，事情就好办了。而要协调好上下级的关系以及下属之间的关系，关键是要分工合理、权责明确。领导通过分权，使下属有一定的活动空间，精明的领导总是在统一领导的前提下，把大部分具体的工作让给下属去做，同时还保证使分工负责每项工作的人都有职、有权、有责，以防止分工负责的下属难以行使自己的权力，造成不必要的混乱。分工赋权既是一种领导艺术，也是一种用人方法。它不仅是一种权力关系，也是一种人际关系，可以沟通上下级的情感，激发下属的工作热情。接与受的关系是授权人有指挥权、监督权，受权人则报告情况和完成任务。

2. 拴根绳子

领导者保证权力的健康运行。使之为组织发展服务，也必须加强权力制衡，而不让权力滥用。就像要给猎狗拴上绳子一样，过于放权，使你无法驾驭人才。所谓权力就是影响他人并要求他人干一定事的力量。这一力量如果运用得好就会形成强大的合力，从而推动团体事业的发展；如果运用不好，则会相互抵消，使事业面临失败。没有制衡的权力就会产生扩张，最后影响整个事业。

3. 大棒与面包

领导者之中有以威严服人的，也有以宽容服人的，这两种管理方式都分别有自己的优势，在具体的分析中不能一概而论，盲目地任取其之一。领导者最好能做到宽严相济，在对下属宽容之时又不失威严。这两者之间谁为主、谁为次，是没有定式的，要依据领导者个人的性格而定。不管恩与威孰主孰次，关键是能把它们结合起来。但有时领导却要面对这一艰难的选择：是施恩这一软方法还是施威这一硬办法？当然，领导者多是想软硬方法最好两者兼备，而两者共存是难乎其难的。马基雅维里曾说："如果一个人对两者必须有所取舍，那么被人畏惧比受人爱戴安全得多。因为人们冒犯一个自己爱戴的人比冒犯一个自己畏惧的人较少顾忌。"故最后给领导者的一个忠告就是如果不能做个完整的领导者就最好做一个严厉型的领导。

大棒的敲打可使他畏惧，面包的给予可使他感恩，一手大棒，一手面包，则人才才能始终掌握在你手中。

让酒更纯的七大策略

大部分经营者认识，激励人才方法有两种，但俄亥俄州立大学在行为科学长述200年的研究可以表明：正面奖励较反面惩罚更有效！

1. 有挑战才有动力

一种让员工更优秀的方式就是增加他的责任。让他们尝试新工作，接受交叉培训以便从多种角度来看待问题。企业管理者应认清员工的专业知识和经验，并找到利用这些无价资源的方式。当遇到一种新工作，面临新问题、新挑战时，要寻求员工的建议。结果是惊人的：他们一个小小的灵感会产生这么大的效果——使这些灵感来自那些与需要讨论的问题不存在直接联系的员工。这些人有许多绝妙主意，即使他们只是在工地或者制成品生产车间的工人。他们不同的生长环境使他们从不同的角度来看待问题，能够大胆地提出相反意见，往往可以轻松解决某个问题。

2. 让员工深造

对那些有兴趣参加正规教育的员工要给予财务上的支持，他们感兴趣的也许是和工作有直接关系的课程，有些企业仅限于支持与工作有关的课程，其实应该支持面再广一些。

企业内部如果有一个可以外借各种学习资料的图书馆或网络发据库、那么员工可借助这些知识储备继续自己的学习和能力发展。图书馆里的这些学习材料应是关于管理模式、管理方法、销售技巧及各种技术方面的资料，最新的期刊，甚至旧期刊也都是很有用的。还要考虑在图书馆里增添当地的报纸、各种行业期刊以及技术或专业方面的学术刊物，它们涉及的领域是你所经营的领域或相关领域，或是你的客户感兴趣的领域。一个新手刚进入公司时，可派资历较深的员工进行指导，鼓励新手们阅读某种资料，从专业资料中汲取知识，阅读应用性强的期刊。而且资深员工也可与新员工一起交流，发现有利于各人发展的线索和知识。

3. 知识的反馈

应鼓励员工参加高质量的研讨会和培训班，可以使他们获益甚多。这种研讨会的机会多得数不清，有的只有半天，有的为期几天。如岗位资格证书班专业学会的年会、国际展览会、各类管理培训班、专业考察等。

更重要的是参加了培训或研讨的员工将所学的新的经验和知识传递给团队其

他成员，不求传递的知识面面俱到，但也应择其重点。交流知识的方法根据员工特点、知识性质和公司的设备因地制宜，有些通过研讨会或作报告的方式可以更有效地传递。

当公司为员工在外培训而支付费用时，管理者要这样想它的回报是员工获得知识并与他人分享。为保证员工把所学的知识传递给其他人，要给予他们所需的时间和空间，延长午餐时间，提供会议室，一块书写板或翻动卡片都会使员工进行有效的沟通。在参加研讨或培训前应让员工明白，派他们走出去、除了其自身知识的提高外、更重要的是知识的反馈。

4. 别怕下属超越你

在太多的组织中，管理人员和监督人员投入过多的时间来保护自己的职位，提高自身的重要性或阻止下属的职业发展。这些被引入歧途的人认为，下属如果变得太优秀，下属将得到提升甚至会超过自己的职位。

但事实上，情况正好相反，衡量一个主管工作的有效性尺度之一就是其下属业绩如何，如果他们得到了很好的培训和发展，就会更加胜任自己的工作，也会更容易接受组织中其他的任务。下属能力和职位的升迁必然证明主管者的能力和气度。

许多主管或低层管理人员因为不能使下属得到发展以胜任工作而阻碍了自己的提升，如果你想得到提升，就应该培训更多的下属。因为你的员工理解到你的兴趣和对他的支持就会对你更加忠诚并留下来。

5. 让员工有自己的"大脑"

很多公司的培训都是针对技术技能、管理和领导能力、技术应用以及个人成长方面的。其中很少有哪一方面能够激发员工开发智力，使员工学会清晰、理性地思索。

花费一定时间促成有进取心的员工间的交流，特别是在专业促导员的帮助下，其效果非常显著。

例如，多组织一些新老员工座谈、项目经理座谈及设计师论坛等，你有一个想法，我有一个想法，双方交换一下，各自就有了两个想法。很多技术灵感和管理创意都是在思想的碰撞中产生的。

6. 不要"为工作而工作"

要给员工委派一些超过其正常工作压力限度的项目，以便让他扩充知识、开阔视野、增加经验，这些项目不应是"为工作而工作的"任务，而是会推动组织进展的重要工作。为了让员工应对这种挑战，要为他提供资源，包括专业知识和时间。

7. 规划下你的人才

越来越多的公司开始为员工（尤其是那些被认为有发展前途的员工）进行职业规划，这种做法非常有价值。当你们确认每一名员工在职业发展方面需要能力时，可以列出清单，把员工现有的能力和组织今后所需要的能力进行对比，把你们双方都列出的能力作为重点进行培养。并确定多长时间之后需要这种能力：一个月，一年，还是三年？根据这一清单设计一个计划，让团队成员通过细致的、有条不紊的能力培养计划来增强其专业能力。在制定了实际的时间表之后，要启动能力培养计划。定期会见员工来跟踪其进展情况，对计划做出适当的调整，要在员工的个人档案中保留书面介绍材料。对其取得的成绩一定要通过提升或表扬等方式表示你的认可特殊的任务。

遵从这些策略，争取为所有人取得最佳回报。

第 10 名现象与 70 分择才

美国国际商用机器公司总裁小托马斯·沃森曾表示，他的用人原则是："能者上，平者让，庸者下。"这是一条极普通的原则，谁都能想到，却不是每个领导者都能做到的。对用人原则的不正确理解和不恰当运用，会使企业在选择人才、使用人才上走入很多误区。企业用人的误区是盲目求高，即看重高学历，学历越高越好，而不去考虑自己企业是否真的需要这样的人才，人才放在这里会不会浪费。到现在许多企业仍然坚持"学历定终身"的做法，高学历的人才多多益善。当然，现代企业管理、技术的发展与提高使对人才的要求也日益增多，但是人的才能是否一定表现在学历上？这样做就直接产生了学历大于能力的不正常现象的出现。学历是一个人知识水平的体现，其中包含的各种偶然性因素较多，比如记忆力、口才等等；而能力则表现在对实际业务的处理中，它是多方面因素所决定的，不像学历有一个固定的价值。如果说学历是理论集成的结果，那么能力便是理论在实践中的验证。企业管理人才的交际能力，上下协调、协作等便是在学校中无法体现的。一个管理学理论掌握得非常熟的人并不一定就是一个好的管理者。

事实上许多企业管理人员并不一定有很高的学历，有些甚至是从技术部门、业务部门一层层走上来的。这个误区还有一个负面影响是企业通常为了吸引高学历人才而搬出了种种诱人的条件，由于引进时条件定得过高，当人才得不到充分利用时又无法再降低费用，一是物质浪费，二是想要留住人才，最后造成骑虎难下。

美国耶鲁大学的心理学家斯腾伯格认为，学习中表现出来的学力是"惰性化智力"，与现实生活很少发生联系，它只能对学生在成绩和分数上产生作用。而"成功智力"才能帮助人实现职业生涯发展中的目标。成功智力包括分析性智力、创造性智力和实践性智力三个方面。这三方面是一个有机的整体，其协调、平衡时，智力就会得到最有效的发挥。因此，在只重视学业智力的情况下，一些学生尽管成绩优秀，但在其"学业智力"发展时，成功智力的发展却相对滞后了，反倒是那些十名左右的学生其"学业智力"和"成功智力"一直保持协调、平衡，其成功的几率也高。人才的雇佣以适用公司的程度为好。程度过高，不见得一定有用，所以招募过高水准的人是不适宜的。所以在选用人才时，能得 70 分的人已经足够了，盲目追求 100 分并不适合公司情况这种选材用才方法，与"第十名现象"是如出一辙的。

松下公司的择才观给我们带来了启示：人的智力因素是多方面的，既有决定学习成绩好坏的学业智力，亦有决定职业发展得失的成功智力，当然还有其他各种智力。作为用人企业，应掌握科学、正确的人才观，坚持"四不唯"和"四唯"的择才标准，即不唯学历、不唯资历、不唯职称、不唯身份。做到唯品德、唯学识、唯能力、唯创新，真正实现不拘一格用人才。

"60 分现象"

"60 分现象"原是指一些学生对学习缺乏热情，以考试达到 60 分为目标，只求及格、不思进取的消极状态。有关研究显示，目前这种消极的"60 分现象"在一些企业员工中也有表现，如果任由 60 分现象自生自灭，则显然不但无法使你的酒更纯、反而会让惰性蔓延，甚至成为污染源。

美国著名培训师和企业顾问塔格里克·格兰特在最近推出的《什么员工最发光》一书中，披露了某研究机构近年对美国企业员工工作态度的调查结果。该研究机构共采访了 5000 名来自各种行业的员工，发现只有 10% 到 15% 的员工真正投入到自己的工作中，为工作付出最大努力；8% 到 10% 的员工对工作失去热情而且经常感到疲惫无力；其他 75% 到 80% 的员工则只做最少的工作。这些只做最少工作的员工对工作不投入更多精力，不竭尽全力，只想保住工作，他们每天上班尽量通过耗费时光避免承担多于企业最低要求的工作量，他们的口号是"做得够量即可"。

这种"做到够量即可"的观念，与"60 分现象"如出一辙。据分析，企业员工中出现"60 分现象"的主要原因是企业缺乏对员工的凝聚力，员工对企业文化和工作的意义不认同。

国内由于缺乏对企业员工工作态度的细致研究，目前还没有见到相关的详细数据，但国内企业员工与国外先进企业员工相比，工作效率较低，竞争能力弱是不争的事实。

在国内一些企业，特别是在一些国企中，机关员工一杯茶喝半天，一张报看半天的情况仍然存在；基层员工中工作不到位，得过且过的也大有人在。

认真分析近来一些企业发生的重大安全事故，各级员工中存在责任心不强，工作热情不高，对工作不投入更多精力，不竭尽全力的"60 分现象"是一个不可忽视的原因。

因此要想使你的酒更纯，增加企业的市场竞争力寻求更大发展，必须逐步增加企业凝聚力，建立有效而多样化的激励机制，形成"鲶鱼效应"使员工动起来，坚决杜绝"60 分现象"，这是酒纯之道的重要方面。

用魅力吸引人才加盟

所谓"桃李不言，下自成蹊"就是指要努力建设自身，使自身的条件、环境以及形象都充满了吸引人的魅力，这样，即使自己按兵不动，人们也会禁不住诱惑，自动上门拜访。当你的企业或者公司、部门具备这种魅力时，你在纳才过程中就可以游刃有余了。此时的你，甚至可以作壁上观，姜太公钓鱼——愿者上钩。但困难在于如何才能做到呢？

1. 领导者人格魅力的吸引

领导者是自己公司或部门的首脑，代表着公司或部门的形象。人们评价一个公司或部门时，先考虑的就是其领导者的人格魅力如何。尤其是对受过高等教育的人来说，领导者素质的高低直接影响到他们对整个公司或部门的印象。因为对知识层次较高的人来说，他们往往会认为在素质较低、缺乏人格魅力的领导手下工作对他们是一种侮辱和贬低，很显然，他们难以接受这样的领导。而如果领导者本身人格魅力十足，在招聘人才时，就可以免掉这一忧虑。因此，作为领导者，必须时刻注意自己的公共形象和影响，同时要形成良好的品行以增加自己人格魅力，起到表率作用，使自己给人一种清新自然而又激情四溢的感觉，而不是给人一种沉闷、讨厌的情绪。

为什么全世界的有能力的人都想到微软公司一展身手，这很大程度上就是因为微软和微软领导者本身魅力的吸引。微软公司从一家小公司发展成为全球最大的软件公司、比尔·盖茨中途退学创业的勇气和气魄、比尔·盖茨是全世界最富有的人，这些都是能吸引人的地方，甚至给人一种能到比尔·盖次手下工作是一种荣幸的感觉。由此，我们不得不承认领导者魅力对人才感召的重要性。做个简单的比较：两家实力相当的公司同时看中了一个人，给出的待遇也差不多，而其中一公司的领导者涉嫌偷税、走私，另一公司的领导却正直廉洁，多次受到上级的表彰。此时，你当然会毫不考虑地选择另一公司。为什么会这样呢？其实这就是人格魅力的吸引。所以，领导者绝不能忽视自己的魅力对公司的影响，要知道自己的形象就如一面镜子，时刻向外面反射着公司的情况。

2. 企业文化氛围的吸引

企业的文化氛围对人才的吸引力也是不容小觑的。如果公司员工的整体文化水平较低，处于一种简单劳作的状态，也就表明了公司的科技水平较低，这样是难以吸引高水平的人才的。领导者必须改变这种状态，提高全体员工的素质，营造一个积极向上、充满乐趣的工作环境，这对于人才的吸引与以前将不可同日而语。其中最典型的是企业家们常说的"大家庭"式管理，而这最成功的非香港"证券大王"冯景禧莫属。

香港新鸿基证券有限公司，是 1969 年冯景禧所创办。该公司在日成交数亿港元的香港证券市场上，占有 30% 的股份。公司年盈利额达数千万元，冯景禧的个人财产达数亿美元，成为称雄一方的"证券大王"。而今，新鸿基集团不以拥有巨额资产为荣，却以拥有一大批有知识、有能力、有胆量、善于运用大好时机、敢于接受挑战的人才队伍为骄傲。为什么如此多的人才愿意加盟新鸿基公司并且努力工作呢？先听听执行董事谭宝信的介绍："在冯景禧的掌管下，公司形成一股难以形容的奇妙力量。这样的气氛能激发员工的创造性，在这里工作，肯定比别的机构成就大。"显然，公司中的文化氛围——家庭式的工作环境使员工们觉得如此亲近、温暖，使他们都非常愿意到这里工作。可见，企业文化氛围对人才的吸引非同一般。领导者应该时刻注意对公司文化氛围的培养，使公司的全体员工融为一体，对内有一种无比的凝聚力，对外有着极高的吸引力。这对公司获取人才以及公司的发展都具有不容忽视的作用。

3. 优势感的吸引

人都希望自己在社会竞争中取得优势地位，占据有利条件，相应地，人们对优势感也产生了一种追求，且常常为自己的优势感到满足。举例说，每年高考几十万学生中，考上北京大学、清华大学的学生就会产生一种优势，而为什么所有的考生都希望自己能到北京大学或者清华大学念书呢？这除了北大、清华教学质量高之外，重要的原因之一就是到北大、清华念书能使他们的优势感获得满足。人才对企业的要求也一样，他们都希望自己能到名牌企业工作，以获取优势感，同时他们大都认为，好的企业能给他们的人身予以保障，尽管这也许只是一种心理作用，但仍显得非常强烈。名牌企业比普通企业更能吸引人才，其中不无这种原因。领导者们应当清醒地认识到这一点，努力扩大自己企业的影响，争创名牌产品、扩大企业规模、增加资本这些措施都能对人才产生较大的吸引力。但同时，企业必须有一个良好的运行状况，面临破产倒闭的企业，重金也难买到一个人才。

美国百事可乐公司的产品在国际市场上长盛不衰，畅销全球。该公司总裁卡恩·卡洛维在谈到他如何取得这一政绩时回答只有一个字：人。他手下的员工无一不是这个行业的精兵良将。他能获得这样一支奇兵，与百事可乐公司的赫赫名声是分不开的。公司的每一个员工都以能为公司服务而感到自豪、感到与众不同、感到自己比别人优越。公司规定，员工外出，一律住五星级宾馆，乘飞机要坐头等舱位。对此，公司总裁卡恩·卡洛维说："我们是第一流的公司，员工当然也是第一流的。"正是这两个"第一流"，吸引着千千万万的人才都希望自己能有幸加入百事可乐公司。优势感，这个很容易被人们忽视的因素，对领导者们的影响却是巨大的，充分利用它，就能使自己的事业"百尺竿头，更进一步"。

海阔凭鱼跃，天高任鸟飞

冷眼旁观，常常可以发现许多企业和公司的高级人才辞职，乍一看，人们都以为是因为待遇太低或者是工作职称所致。其实不然，其中有相当一部分是因为自己的才能得不到充分的发挥，而产生一种"英雄无用武之地"的感觉并长期压抑在心里，最后只好怀着怀才不遇的遗憾离开。许多高层次人才在接受公司加盟邀请时，有时不看重报酬，却在乎自己到公司后的工作和发展空间的大小，就是害怕自己将来的发展受到束缚。这无疑又给领导者们敲了一个警钟，如何给人才一个自由发展的空间，使其物尽其用，不致生出另谋高就的念头。

众所周知，缺乏高层次人才的企业，是没有生命力的企业；有了足够的人才，却不给他们充分发挥其聪明才智的空间的企业，也是没有前途的企业。真正的人才都非常重视自己的发展空间。企业若不以宽广的工作空间为诱饵，却想钓到大鱼，可谓"难于上青天"。作为领导者，用人不疑，疑人不用，既然用了，就应该绝对信任，任其放手施为。如果时刻担心手下"青出于蓝而胜于蓝"，抢了自己的风头，于是处处对他们加以防范和限制，就如给他们带上一副无形的脚镣手铐似的，迟早是会被打破的。这实乃领导者之大忌。

著名的美国 3M 公司在这方面的经验值得我们借鉴，其成功之处最突出的体现在公司对科研工作者的领导上。公司自成立至现在半个多世纪以来，领导人变换了数次，但有一点是一脉相承的，即对科研领导工作的重视。他们强烈地意识到了要使科研人员发挥他们无化的创造力，就不能禁锢他们的思维，实验室不是牢笼，必须把实验室创造为一个能充分发挥他们想象力的空间。公司领导人非常尊重科研人员的研究选择，一旦他们突然有了一个新的想法，就马上可以去钻研，公司会鼎力支持，有时尽管这种想法不太符合公司当前的发展计划。也许有人会说，3M 公司之所以能做到这样，是建立在其雄厚的经济实力之上的，那么 3M公司的领导人会告诉你：是的，我们今天的确如此，但是，在我们捉襟见肘的创业期间，也要挤出 500 美元建立实验室。"没有昔日种田心，哪来如今稻花香。"如果 3M 公司一开始就不给科技人才以足够的空间发展、不予其以极大的投入和重视，今日的辉煌恐怕就只能在梦中才能出现。

松下电器可谓声名显赫，是什么使他们成为企业的宠儿呢？是人才！他们为什么能拥有如此优良的人才呢？看看他们为人才创造的发展空间就不难理解了。

松下给公司定的宗旨是：松下公司是培养人才的公司，兼而制造电器产品。

松下认为企业家在纳才过程中要有三种心理态度：

其一，不嫉妒，不哀伤，不要因为自己的某些方面不如别人就嫉妒哀伤，各人有各人的特长，应让其充分发挥；

其二，重用，敢于接收和重用强过自己的人，使其聪明才智得以最大限度的利用；

其三，让贤，只要是雄才，就应该委以其重任，使其免去发展会受限制的后顾之忧，从而可为公司尽心尽力，时机成熟，甚至把自己的职位让给他。毫不夸张地说，被松下公司选中的人才，不成龙，定成凤。试想，哪个人才不想自己有更大的发展，理所当然在求职时首选松下公司，所以，松下公司在纳才时能够百里挑一，甚至万里挑一，不用说当然是最优秀的了。

这正是松下公司领导人最明智的地方。重用人才本身对公司就百利而无一害，而同时为公司树下了良好的用人原则的口碑，可以吸收更多更优秀的人才为公司效力，从而不用担心招聘人才的困难，这实在是在一箭双雕之策。然而，许多领导人眼光老瞄着缺点，脑子里老想着坏处，不敢给人才留一点发展的余地，结果使得手下没有容身之处，只好远走高飞，而自己也弄得灰头土脸、损兵折将。人才之所以是人才，就是因为他们不甘于平庸，不屑于过那种醉生梦死、无所作为的安稳生活。他们不相信"平平淡淡方是真"，而信奉的是"人生能有几回搏"，有着雄霸天下的壮志豪情，因此，他们要求有自己一展身手之地。如果领导者们不清楚地认识到这一点，对其加以过分的束缚，只能导致其冷面相向，不愿效命。拿破仑曾说"不想当将军的士兵不是好士兵"，没有一点野心的人才恐怕只能是庸才了。

认识到了这一点，领导者们就不妨大胆地让人才"海阔凭鱼跃，天高任鸟飞"。

欲擒故纵

一些水平较高的人才，往往比较自负，眼光高于顶，对别人的邀请不理不睬，而且常常要求极高，一副孤芳自赏的样子。若如此，领导者们不妨利用一下欲擒故纵的谋略。

具体地讲，就是领导者先去拜访他，说明来意，并坦诚自己非常欣赏他，再向他介绍自己公司的情况以及美好的前景，这是很必要的，是为最后的"擒"做准备。最后力邀他加盟，如果遭到拒绝，千万不要生气，要大度地与他握手告别，同时保持一往如前的热情，真诚地告诉他："本公司的大门随时向您敞开着，欢迎您的到来。"随后，不妨暗中派人到社会上散布一些风言冷语，说此人非常高傲，自命清高，对领导们的邀请都不屑一顾。当然，在此过程中要把握好尺寸，不能对他进行人身攻击，最好以闲谈评论的方式进行，以免负法律责任。除此之外，公司领导在与同行接触时也不妨提到他，且不经意地评论几句："此人自以为是，'金玉其外，败絮其中'"，以此给其他领导造成错觉，使他在其他领导心中形成一种较坏的印象，接下来便静候时机。

由于该人才在外边已经声名狼籍，他在求职路上必然举步维艰，常被冷落在一旁，久而久之，必会产生一种怀才不遇，愤世嫉俗，心灰意冷的感觉，甚至可能后悔自己早先为何不接受公司领导的邀请。此时，公司领导立即乘虚出击，再次力邀其加盟，注意不能以同情他的面孔出现，而要以惜才的心理打动对方，因为自负的人自尊心也极强。至此，该人才必定会感激公司领导的知遇之恩，自愿为公司尽力。

历史上诸葛亮就上演过不少欲擒故纵收服人才的经典之作，其中计收姜维较为典型。姜维本是魏国的将领，能力超群，诸葛亮非常喜欢，决定收为己用。他先派人对姜维劝降，遭到拒绝后，便派出大军攻打，把他围困在一座城池之中，并抓获另一将领。诸葛亮故意向该将领透露说姜维已经归降蜀国，然后将此将领释放，把姜维降蜀的消息传回国内。与此同时，诸葛亮猛攻姜维，使其不得不弃城而逃，投奔其他将领，但魏国的人都以为他已降敌，此乃故意使诈，姜维顿时走投无路，诸葛亮乘机追击，围困姜维，再次劝降，姜维不得已归附蜀国，成为诸葛亮手下又一名猛将。可见，欲擒故纵，常能获得令人意想不到的效果，特别对自视较高，性格孤僻的人才更为有效，这也不失为一条招纳人才的好途径。

第**4**章　留住你的好酒

　　对于企业，酿造自己的好酒并不是一件容易的事情，而且企业如果留不住自己的好酒自然就会被污水慢慢地占领自己的阵地，因此如何留住自己的好酒就成了一个非常现实的问题。

最优秀的草

有家大型工厂的老板，种田人出身。厂区有块空地，老板觉得空着可惜，便留作自己闲暇种草，他从天南地北引来不同种类的草，种在地上。老板亲自耕耘，就像他当年种庄稼那样。第一年，老板的辛勤劳动，换来了这样的景象：一丛丛一蓬蓬不同品种的草儿长起来了，有的叶儿纤长，有的叶儿短肥，有的杆儿向上挺立，有的杆儿匍匐在地，总之，给人的印象是杂乱无章，一片狼藉。对此，员工们打心眼里瞧不起老板，认为此人没有品位，老土一个。老板似乎感觉到什么，以后逢节日闲暇之日，便召集手下大小头目，到草地整沟挖墒，施肥浇水。大伙一同将那些长势不旺，病殃殃乱蓬蓬的草除掉了，留下那些生命力特别旺盛，出类拔萃的草，在草地繁衍生息。第三年的早春，当田野里的野草刚刚绽芽，老板的草地已是芳草青绿，春意盎然了。大家这才明白，老板留下的是最优秀的草。就在这年春天，一个考察团来老板的企业取经。老板闭口不谈企业管理经营，却把考察团引到他的草地上，大谈起种草经验来，弄得人家丈二和尚摸不着头脑。老板说，我在这块空地上引进了不同种类的草，让草儿自由生长，不管它是名贵的还是普通的，谁在咱地盘上长得最好就留下，不好的则淘汰。我不光自己种，还让属下来种。结果，大家通过种草都明白一个理……老板说到这儿卖起了关子，不说了。倒是考察团的团长接过话茬说："明白了，这个理是，发现留住养好最优秀的草，这与用好人才同是一个理啊！"一语道破天机，在场的员工顿时恍然大悟。打这以后，老板的草地一年比一年生机勃发，老板的事业也像他的草地那样，一年比一年兴旺起来。

一个普通的故事说明一个深刻的用人理念，如果企业有幸招到了好酒就要倍加珍惜，一旦流失，不仅削弱了本企业的能量，更可怕的是对其他员工士气的打击，甚至增加对手的竞争力。所以，身为企业的老板，一定要想方设法留住你最优秀的草，最香醇的酒。

留住好酒的七个方法

下面是一些留住人才，使之发挥积极性的办法，有很好的参考价值：

1. 委以更多的责任

有这么一名员工，在 A 厂干了多年，一直在生产一线，表现平平，但他却组织了本地曲棍球联合会，是社区最有声望的市民协会的主席，A 厂老板将其情况介绍给某管理学家后，管理学家建议老板扩大这名员工的责任范围，但 A 厂老板并未采纳。后来此员工跳槽到 B 厂，B 厂老板听说了他做民协主席的事情后，大胆放权，让他主管一个车间，他果然有了用武之地，成了名出色管理者，后来的十几年他都为 B 厂工作，做出了非凡的业绩。

2. 时常与他谈一谈他们的工作，取得认同

这是最常用的方法，但不要苛求它的实际效果，优秀人才的另攀高校是不可避免，所谓谋事在人，成事则在天。

3. 事先察觉

如果一个优秀的员工离开公司去接受另外一份工作，他的老板竟全然不知而大吃一惊，这实际上是该公司管理不善的一个信号。公司里面应该有人事先就觉察到，并做出努力使这位员工回心转意。

优秀的经理对其员工的要求、工作的阻力以及有什么事在使他们生气等等，都应该非常敏感。雇员的情绪处处都会表现出来，有时他们会迟到、工作拖拉、巧妙地告诉他的家人对目前所居住的城市很讨厌等等。你或许不能解决所有这些烦恼，但你应该了解他们的困难并表示同情，有时候有这些就足够了。

4. 争取双赢

一个员工的工作表现并不总是显示了他对工作的看法。常常有这样的情形，某个员工仅仅依靠自己的才能和遵纪守法就能够在某个岗位上工作得极为出色，而实际上他对这项工作毫无兴趣。

例如，在某公司有一位销售经理工作极为出色，不断打破销售纪录，可是他内心梦想的工作却是该公司的电视部。从公司的角度考虑，他当然应该留在原部门，去继续创造纪录。但现实问题是，他一心要搞电视工作，如果其他公司满足了他的要求，他很快就会离开公司。对这个问题，非常有效的解决方法就是让他同时插手两项工作。如果他确实很优秀，那么参加电视部的工作不会影响他在原

部门的工作，相反却会拓宽他的知识面，从而获得双赢。

5. 要和人才交流思想

下属和领导间应相互交流思想，作为雇员，他们应该向老板诉说自己的思想波动和要求，而老板们虽然难以探测他们内心的秘密，起码应该使员工们能够接近自己，并暴露思想动态。

6. 快速提拔

有时候，你会有幸得到这样一个员工，其能力极高，以致没有人怀疑他一定会踩着台阶一直升上去。问题只是，升到什么位置以及以什么样的速度上升。你在提拔这个员工时一定要多动脑筋，因为他可能会给你的公司带来破坏，如果没有处理好这个问题，你不仅会失去他，同时还会得罪其他留在公司的职工。这是一个不容轻视的高级烦恼。

一家公司曾聘用过一位年轻人在海外某部门工作。几个月后，他就显示出非凡的能力，其上司与之相比也显得黯然无光。如果将年轻人提拔到他应该的位置，那么他的上司将会因为不满而破坏公司的安定。于是公司把他调到公司另一个驻外代表处担任主任，充分发挥他的才能，那位年轻人实际上连升了三级，但公司没有人注意到他的三级跳，也没有人发牢骚。

7. 重视有前途的年轻人

在任何一个公司里，新聘用的那些刚刚从大学毕业的优秀生最容易跳槽。他们是公司花了很大力气去争取的人才，他们是具有远大前程的人才。而且25~45岁是人创造力最旺盛的黄金时代，被称为创造年龄区、成功的领导者应最于重用年轻人。一个精明的、怀着雄心壮志的员工如果在加入公司后被扔在底层，壮志难酬，那么他很可能就要离开公司去寻找一个新天地了。

解决的办法是：在最初12个月内，将新的雇员看成一笔投资。如果你失去他们，确实是公司的损失，因为你只好在另外一个雇员身上投资。在这个12个月里，观察他们培训他们，让他们有机会接触公司最有能力的人员，促使他们负责一些稍超过其能力的项目。这是一个长线投资，他们在你的公司工作得越长，利润就越高。

人力资源的马太效应

"凡是有的，还要给他，使他富足；但凡没有的，连他所有的，也要夺去。"出自《新约·马太福音》的这句话揭示了"贫者越贫，富者越富"的马太效应。

在人力资源管理中也存在马太效应，令很多管理者头疼的一个现象是：在人才管理上，往往是该走的不走，该留的留不住。

先来看个例子：

一位房地产企业的领导人欧特·蒂森很感叹地说："现在企业的人力资源管理越来越难。"一方面精英人才的流动率总是很高，无论是用加薪、提高福利还是职位提升等手段，他们依旧"前仆后继"地另谋高就或者被竞争对手挖走；另一方面，那些业绩平平、对企业价值贡献有限的员工却不断增多，他们的流动率很低，这样反倒对企业造成沉重的成本负担。该走的不走，该留的留不住。这种人力资源管理的马太效应因何出现？

欧特·蒂森的企业 A 是一家创办较早房地产大公司，十几年来，也算得上战功赫赫，知名度极高。过了两年，由于大批有实力的企业介入房地产市场，竞争变得异常激烈，消费者可选择的楼盘大大增加，原本基本处于垄断地位的卖方市场一下子变成了买方市场。A 公司面临沉重的压力，利润率开始趋于下降。A 公司领导层经过研究分析，认为当务之急提升公司的营销策划水平。

基于现实的需要，欧特·蒂森与其他领导人考虑打破以往那种靠关系招人的做法，公开向社会招聘高素质人才。由于 A 公司社会知名度很高，招聘工作顺利地完成，共招聘了 12 名有丰富工作经验的营销策划师，公司领导层对招聘结果表示满意。

可是令人意想不到的是，在不到一年时间中，12 名新加盟的骨干中有三人辞职而去，六名被竞争对手挖走，而且其中一名还带走大量的企业机密，A 公司刚刚搭建起来的营销策划架构面临解构的危险，同时也对公司下一步发展造成重大威胁与影响。

按理说，A 公司的薪水不算低，福利待遇在当地同行业中算是中上水平，可是为什么这些骨干员工都前仆后继地离去呢？

这些问题的根源在于出现在公司领导层的领导方式上。

从人力资源管理的角度出发，领导者的领导方式可分为四种：S1：教练方式，对员工工作进行具体指标和严格监督；S2：引导方式，处理事情时允许下属员工提意见；S3：参与方式，与员工共同讨论并协助其自行决策；S4：授权方式，工作时下放决策和实施权力。A公司由于建立时间较长。多年养成的工作作风使领导人已经习惯了用命令式的态度去管理企业，用下面员工的话说：作风武断得如铁板一块。

这种教练式的工作方法在管理政府部门工作时，被下属执行得畅通无阻，所以在欧特·蒂森心目中，这种教练式的工作方式是正确的，但他未发现他目前所面对的工作对象与工作氛围已经完全不同。

按照情景领导模式的划分，员工可以分为以下四种：R1：既没意愿也没能力；R2：有意愿，但没能力；R3：有能力，但没有意愿；R4：既有能力，也有意愿。

从职位要求与工作能力看，公司新招聘的几名营销策划师明显属于R4——他们有着出色的工作能力，也有强烈工作与成功的意愿。对待此类型的员工如果采取教练式的管理作风，明显是非常不合适。不仅抑制了他们的创造性，也严重挫伤了他们工作自尊心。而作为某一行业的专才，这些骨干员工对工作早已脱离只为谋生的概念，而上升到追求自我实现人生价值的层面。而且A公司的管理方式却令他们体现不到自我创造与实现的价值，所以一旦有合适的机会，他们必然另攀高枝。

可以说，管理方式的不当是造成这些人才流失的主要原因。但在另一方面，A公司本身存在的另一些隐性问题也促使这些骨干员工感到不满，从而萌生去意。

1. 按资论辈现象严重

如前所说，A公司中不少员工是当地一些官员的亲属，他们的背景决定了他们在企业中所能获得的资源比别人更多：升职、培训、旅游、出外深造等这些奖励性质的机会他们总是优先获得。这种非正常的奖励让骨干者心理很不平衡。

2. 文化融合问题

老员工喜欢聚在一起东家长西家短，新员工稍有不是，便被人打小报告或者左右议论。大部分新员工都感觉有种被人处处监视的不自在。

3. 信息沟通缓慢、程序复杂

A公司的管理属于高耸型，每一条信息从下至上传达都须经过多重过滤、审核，而每一关卡的管理者为体现自己对工作的"认真负责"，对下面传递上的来的报告或建议总喜欢横竖挑剔或者擅自修改，信息传达到最后经常是面目全非。而且反馈时间非常漫长，往往错过了执行的好时机。这种信息传递与反馈的不当严重挫伤了骨干员工的积极性，也降低了他们对企业的认可度。

众多负面因素的累加超出了高薪福利的吸引力，骨干员工一旦有更适合的机会，肯定会另谋高就。

"该留的留不住"这种现象咎在企业的管理思维与管理制度的不合理。

精英员工的需求心理曲线比一般普通员工复杂得多，单纯薪酬、待遇、公司的知名度的吸引不能完全满足他们对一个企业认可的需要。他们衡量一份工作是否是值得自己全心投入的职业，主要会从软硬两方面的指标去判断。硬指标方面有薪酬、福利、公司发展前景与职位上升空间等；软指标方面有工作环境、企业文化、人际关系氛围、领导重视程度、自己工作是否被认可等。这两方面的指标犹如天平的两头，要让员工真正达到对企业的满意与认可，两方面因素都不可偏倚。而造成 A 公司精英员工流失的原因恰恰是软指标方面没有做好。

相比于精英员工的"留不住"，不合格员工的"该走的不走"原因则在于企业缺少相应的约束机制，造成不合格员工的退出制度得不到执行。不合格的员工多是完成任务型，他们一般都缺乏冒险精神更少创新思路，大部分人不求有功但求无过，所以他们的需求曲线是简单直线型，厌恶风险也容易满足，其流动率必然远远低于精英员工。如果缺乏有效的激励及约束机制，这部分员工人数的不断增长将大大加重企业的成本与负担，拖慢企业的发展。

在管理完善的企业中，往往是几种激励—约束机制并行，或者按不同情况下交叉使用。既能达到对精英员工有效激励、提升其对企业的认可度的目的，也刺激普通员工的上进心理，让真正成长为企业创造价值的精英员工或者退出企业，这样才能超越马太效应，达到良性循环。

危险的"三中"与"三期"人群

戴维斯是美国一家大公司的人力资源经理。在做了十几年人力资源工作后他最大的感触就是"做人力资源部经理以来，干得最多的活是招人，最怕的是出其不意接到员工的辞职信。"人员的非正常离职，尤其是核心骨干员工的离职，往往让管理者倍感被动。"就像复印机用光了纸，就像订书机没有了订书钉，他们总是拣最不合适的时候离开。这种现实会刺痛你，当优秀的人才尤其是那些你特别想挽留的人决定离开时。"

为什么有些人加入公司"高高兴兴上班来"，最后却"陆陆续续离职去"？当企业的非正常离职从"个体行为"发展为"一种现象""一股潮流"时，管理者应该反省：是雇主不仁还是雇员不义？是招人策略有问题还是用人机制出了毛病？是经营思路产生偏差还是企业文化变了味？所以，离职管理绝不是一个简单或轻松的话题。

员工非正常离职的成本到底有多大？美国《财富》杂志曾研究发现：一个员工离职以后，从找新人到顺利上手，光是替换成本就高达离职员工薪水的 1.5 倍，而如果离开的是管理人员则代价更高。员工欲离职前一段时期士气低落绩效不佳花费成本，招募新人需要成本，训练上手需要成本。万一员工带走技术与客户，投奔到竞争对手那里则是更大的成本损失。

谁要离开？为什么要离开？他们要去哪里？如何能让他们不离开？这是企业要想留住好酒必须知道的。咨询公司研究发现，有三类人、三个时期的员工他们是比较"危险"的。三类人指：人到中年、中等收入、中层干部；三个时期指：试用期间的新人危机、工作二年后的升迁危机、在职 5 年后的工作厌倦危机。

人到中年者，他有了年龄恐慌，"再不跳我就没有机会了"，所以他慌不择路；中等收入者，或中产阶级，"我有钱我不怕"，他想自己做一番事业，或者自己能控制自己，因此，当工作环境不如意时，他会跳槽；而中层干部，干不好就摔下来，干好了就上去了，"挂在半空是最危险的"。这三类人从心理上讲是最不稳定的。某副总裁也曾发现："在我到过所有的企业，最难面对的都是中层，最难解决的问题是中层。中层的人相对来说他是在一个边缘，我跳一跳是不是能好一点？我留下来是不是还有发展机会？两边都是敏感地带。"

一般而言，员工进入企业有三个离职高峰期。试用期间，员工与企业还处于磨合期，对企业尚未有归属感。一旦新人发现工作性质与期望不符，或工作量超出他们的能力，或者是与老板不合，就会立刻萌生去意。在职两年后的升迁危机，员工经过一段时间的工作，对企业、对手头的工作都已熟悉，渴望有更多的机会、更大的挑战，因此希望能得到升迁。尤其是如果同时进入公司的同事、同学有提职，而他没有机会时，他会急切地找外面的机会；在职 5 年后的工作厌倦危机，由于其已失去了继续等待升迁机会的耐心，而可预知的机会越来越少，"树挪死，人挪活"，他开始试图寻找外面的机会。

　　所以，要留住好酒，企业就要针对这三个时期采取针对性的策略，帮助他们平稳度过这三个时期。

留人从头开始

无论是"三中"还是"三期"，甚至非"三中"和"三期"员工也会产生离职，员工离职大体原因无外乎内因、外因两方面：外面有更高的机会在诱惑，而企业内部又出现一些矛盾，如对公司薪资福利不满意，与主管相处不和谐等。外因只是促进因素，内因才是根本的决定因素。内因又可以从以下 8 个方面来考察：对公司薪资福利不满意；对公司发展不满意；对自己从事的行业不满意；受人际关系影响，如不适应主管的领导风格、同事关系紧张等；对工作环境不满意，如离家太远、经常出差等；对学习机会满意，如希望学习更多的技能，从事更有挑战的工作等；追求职位升迁；个人原因，如出国、生育、留学等。

员工决定离开或留下，通常不是单纯某一方面的原因，而是综合因素在起作用，而且不同人、不同职位、不同年龄、不同性别、不同教育背景，他们的离职原因各不相同。企业管理者该如何从根本上来把握、构筑企业的人才管理工程？千头万绪，从头抓起！因此，留人第一步是：招用合适的人。

考察一个人能不能录用，不是看他能力有多少，而看他能力能发挥多少。是否认可企业文化，个人价值观是否与企业匹配，能力是否与岗位匹配，风格是否与主管匹配，是否有助于团队的和谐，这些是决定他能力发挥多少的关键。"一个人对公司没有认可，他再强的能力也不愿发挥，一个人与他的直接老板相处不好，他再有能力也发挥不出来。"

Cisco 公司聘用部总监麦克尼尔说，作为 Cisco 员工，不能融入 Cisco 的企业环境中来，他很难成就 Cisco 的事业，也难以成就他个人的事业。一个人不认可企业的文化，他就没有事业发展的平台。这就是企业在挑人时所考虑的合适不合适。不能适应这个土壤，就不能在这块土地上生长，这样的人离职，企业也不会挽留。

"对于新录用人员，我们要很认真地了解他，同时也希望他很认真地了解我们。"Cisco 公司聘用部总监麦克尼尔说："在面试时，我们会很仔细地把我们企业的状况向求职者介绍，我们的优势是什么，我们还存在哪些问题，面对这些问题你能做哪些工作。我们希望每一个 Cisco 人能够正确地看待企业与自我。我们寻找的人是适合 Cisco 的人。"

除了价值观的冲突，人还有个性、行为风格、职业兴趣等方面的差异。不同的人职业兴趣取向不同：有的人是社交型，喜欢和人打交道；有的人是研究型，对有深度、难度的事情有好奇；有的人是艺术型，对美的事物很敏感；有的人是经营型，对数字、对结果很敏感。不同的兴趣取向对职业的期望不同，适合从事的工作不同。企业招聘要因企业而异、因岗位而异，比如很多生产型的企业需要的人要对重复性的劳动有热情，要做到精益求精；很多高科技企业就很重视创新能力。不同岗位对人的素质要求不同。

西南航空公司人才资源部总监利比·萨廷说，公司招聘雇员时很注重自身的举止行为，采取谈话式的面试使求职者感到不受拘束，公司认为如果求职者感到他们好像在同朋友闲话家常，他们会讲出一些难以置信的事，从而使招聘人员从面试中看出求职者是否能成功地适应以客户为核心的公司文化。公司人才资源部对公司自己雇员的行为进行了长达十年的分析，不仅把测试常识、判断和决定能力这类共同属性的问题标准化，而且把根据各工种的具体需要和要求进行测试的问题标准化。去年 5000 名新员工是从 16 万名申请者中挑选出来，其中 7 万人进行了面试。招聘过程所花的时间和金钱使公司的人力流失率只有 9%，上层管理人员为 6%，大大低于航空业其他公司。它还使西南航空公司在重大发展过程中能保持强固统一的文化，能在公司内部培养管理人才。这家航空公司高级管理人员中外来者不到五人，许多都是从基层工作开始的。

把握好第一步，招到了认同企业文化的员工，他才能在本企业如鱼得水，这种强烈的认同感能使之在企业中得到工作的满足，试想，这样的环境，怎能让他轻易离职。

钱不是万能的，但不可或缺

"钱不是万能的，但没有钱是万万不能的。"用这句话来研究薪资福利等金钱因素对挽留员工方面的作用也许比较恰当。

在前程无忧网（www.51job.com）组织的《2003年员工离职状况调查》中显示：参与调查的1610名被访者在回答"最近一次促使你跳槽的主要原因"时，49.63%人是因为"对公司的薪资福利不满意"，占所有原因的第二位，第一位是"出于个人职业考虑（52.11%）"。而回答"跳槽之后的收获"时，49.75%的人反映"薪资待遇有提高"远远高出其他选项，如"工作环境有改善（27.89）%""有学习培训机会（26.83%）""职位有提高（20.93）%"等。这反映出"薪资待遇"这一因素在吸引人才、留住人才方面仍然有着很重要的作用。"如果一份新工作给你很好的职位，但因为某些原因，薪水反而有所降低，你会接受吗？为什么？"对于这一问题的回答，在《人力资本》杂志编辑部随机抽样选取部门经理进行调查时，53%的人表示"不能接受"，"因为工资能说明职位的重要性和地位""因为生存是第一位的"，其余的人则表示"暂时的可能接受，但还需要再看看"。

DPR建筑公司的前总经理卢科·杰未森，无论从年龄还是资历上早已过了"为养家糊口而找工作"的阶段，他认为："虽然待遇不是我最关注的，但是它是个人价值的体现，也是企业实力与诚意的体现。年薪不达到一定数量级别的企业来请我，我肯定不会去的。"他的想法代表了很多中高层管理者、职业领导者们的想法。

薪金对人才的吸引力有多大？HR是最有发言权的。一份调查显示：看惯了"人来人往"的HR，对"高薪吸引人才、低薪影响热情"这样的论断表示了理解，超过80%的被调查者认为，高薪对于人才的吸引无疑是第一位的，"因为对于大多数人来说，首先需要相对富足的收入来解决生活之需，然后才能静下心来做自己的专业工作。"有超过60%的被访者认为"高薪能挖到人才"。

很多企业就是运用高薪这一最普遍的手段来吸引和留住人才。华为曾经因为出名的"高工资"而吸引了一大批优秀的人才。一名摩托罗拉的经理说："过去华为要挖我们的人很容易，但我们要挖华为的人不容易，对方的高工资是原因之一。"但是后来不少华为人离开而选择创业，也有待遇与激励机制等方面的原因，"不少员工并不清楚自己付出与回报是否相等，而企业也似乎没有拿出解决这一问题的方案。"

　　思科公司素有"兼并之王"的美称，在过去一年里，思科公司收购了 20 多家公司，但只流失了微不足道的 7% 的员工。思科公司认为，除非一家公司的文化、管理做法、工资制度与思科公司类似，否则思科公司就不会考虑收购。收购之后，思科公司尽可能让新员工得到好印象。新员工到来时，他们会发现电子邮件、电话等需要的东西已经安排妥当，情况介绍会告诉他们怎样浏览公司的网站和网站上有关公司福利和规章制度的资料，说明思科公司文化的内容，提出如何在公司内成功的建议。给每个新收购的公司分派一个过渡班子，确保"蜜月"期是甜蜜的。这意味着给每一名新员工分派一名辅导员——肯定不是公司上司。到首席执行官约翰·钱伯斯进行定期的季度交谈时，思科员工已感到自己就是思科大家庭的一员了。公司每个员工都有购股权，而公司的投标价格在过去三年增长了 916%，这大概磨平了剩下的任何毛边。

　　这种因公司壮大而使员工在收入上的巨大提高，既让员工觉得自己的价值得到了收益，又增加了对公司的好感，高收入留住了好人才。

"钱途"与前途

好的人才像海绵，他们希望在工作中有学习、有成长。某权威组织的《2003年员工离职状况调查》显示：参与调查的1610名被访者在回答"最近一次促使你跳槽的主要原因是什么？"这一问题时，有52.11%人回答是"出于个人职业考虑"，占所有列举原因的第一位。而在"如果在年底双薪/红包之前有一个合适的新机会，你会怎么处理？"这一问题上，49.88%的人认为"机不可失，机会比眼前的金钱更重要"，29.38%人认为需要"具体情况具体分析"，只有20.75%肯定回答"拿完双薪/红包后再考虑"。这表明，虽然金钱很有吸引力，但更合适的生长空间和发展舞台使很多人甘愿放开眼前的利益，毕竟有了事业，钱也基本不成问题了。

如果赋予员工更多的责任，他们一定不会错过这个积累经验的机会。人才管理上有一个绝招，那就是"让他们忙起来"。"当他们处于一种忙碌状态时，他们在这种忙碌中会得到很多做事的经验，会感到很充实，有收获，能力也被认可和提升。"

一个已经成熟完善的企业就需要设计一套自己的职位序到，设计出员工职业发展的方向：管理上、业务上、技术上等，并为其提供尽可能多的机会，在这方面，一些知名大公司的经验可以为我们所借鉴。

每年春天，在一个神秘地称为"C会议"的进程中，杰克·韦尔奇和高级人力资源负责人比尔·科纳蒂大约花160个小时仔细审阅公司内部管理人员的简历，看看有无未来领导通用电气公司的管理人才，这些简历列出他们的成就、强项和期望的职位。他们与上司讨论那些期望，看是否现实。然后部门领导向韦尔奇和科纳蒂推荐精挑细选的几名员工，由他们决定哪些人参加公司举办的管理培训计划。他们只挑选360名专业人员，分为6个班，每班60人，学习"成功需要什么"，教他们的人并不是来自商学院的老师，而是学员们所要追求的重要职位的现任管理人员。

管理培训计划是为有希望成为一般经理的人举办的，一年四次。学生分组解决公司一些棘手的经营问题，然后向公司经理委员会汇合还有另一个课程是为有希望成为高级经理的雇员举办的，一年一次，他们研讨公司面对的重大问题，然后在每年10月公司高层会议上汇报。通用电气公司认为，给予高级管理人员在公司内发展的机会会留住这些人才。许多高级领导者就这样留在了通用电气公司，韦尔奇在从中不断发现强干的接班人，通用电气公司 8% 的人才流失率就是一个证明。

安然天然气公司，使员工容易在公司内流动，人们向外看的可能性就比较小了。辛迪·奥尔森做了 15 年会计和三年的社区关系工作以后，于去年成为负责人事关系的执行副总裁。她说"我们有许许多多不同的业务部门，机会是无限的。"安然公司以其敢为天下之先的勇气建立了一个业务范围从天然气到宽带网应用无所不及的企业，它期望雇员也是这样。首席运营官司杰夫·斯基林说，在这里要成功，就必须成为创业者，公司鼓励员工敢冒风险创建事业。招募来的大学毕业生首先在一些业务部门待一段时间，看哪里最适合他们。随着员工的进步，公司鼓励员工在公司内部流动，掌握新技术，处理自己的事业前程。实际上安然核心业务部门的雇员 85% 至少在公司内担任过两种职务。公司还有一个在线简历数据库，由员工定期更新，这样经理可以从内部招到人才。结果公司每年的雇员流失率只有微不足道的 3%，而去年雇用的员工达 5000 人。

让公司有家的感觉

物质的吸引可以留住好酒，但组织资源总是有限的，总有满足不完的欲望，如果能让你的企业有家的感觉，其作用是长久而成本也是最低的。和企业有过同甘共苦经历、对企业产生了感情的员工一般不轻易离职。"一个人有可能因为外面的高薪挖角而动心，但最后他决定留，不是我们提高了他的薪水，而是他舍不得那些同事。"一位人事经理说。

现代企业雇佣关系，不仅仅表现在企业能够对员工提供直接或间接的货币报酬，还需要提供足够的职业安全感、归属感、因企业对个人业绩和能力的认可而产生的自豪感、受尊重感，以及由于个人能力的发挥而带来的成就感和自我实现感等等。这种感情越强烈，其依赖性也越强，跳槽的可能性也越小。

"工作效能"等于"工作能力"乘上"好心情"。在这个算式中有两个变量：工作能力、好心情，提高员工的工作能力和改变员工的心情，这两者哪个更容易操作呢？当然是改变个体的心情更容易操作。为了让员工在工作中、在企业中有"好心情"要分析员工希望从工作中得到什么，不仅仅是金钱或职位，员工他还追求在整个职业过程中，他是不是被信任、被重视和被重用。信任、重视与重用，这三个因素已经成为员工在组织活动中的考查指标。

有这样一个例子："一个朋友最近从一家企业跳槽到了另一家企业，前面那边企业的人很不理解：他们付的薪水比我低、工作比我们紧张、路程比我们远，可是为什么你还要跳？"那个朋友的回答是："在新公司里我能得到更多信任，得到重用。我能感受到工作的快乐，并且快乐地工作。"

最佳雇主们为了对人才进行感情投资，往往不吝其资、不吝其力：人性化的办公环境，弹性的工作时间，为妈妈们建立托儿所，提供好的福利等。而像宝洁、德勤等公司，攻心战在大学阶段就开始了，建立企业奖学金，为大学生提供实习项目等。

当奔腾的洪水袭击得克萨斯州时，年收入 80 亿美元的瓦莱罗公司立即投入行动。有 3 名雇员家被洪水冲垮，公司为他们每人捐款 5000 美元。公司的自愿委员会组织小队清理瓦砾。这个行动本身并无什么惊人之处，让人感动的是瓦莱罗公司每天都在做这样的事情。公司的使命书要求雇员在社区起带头作用。它得到了许多环保奖和好公民奖，证明它是实实在在执行这项使命的。所有雇员都参加"共同关怀联合之路"的计划，捐献收入的 1%，而公司为每一美元捐款上加上 50 美分，多数雇员每个月为自愿委员会与当地慈善组织合作的项目工作两小时，为了保证招聘的雇员适合这种支持慈善活动的公司文化，瓦莱罗公司根据对其雇员的严格评估进行测试，内容包括候选人参与社区活动的程度等项内容。

如果一名员工要到医院做手术，公司首席执行官格里希一定会同他交谈或给他写封信。以格里希为首的主管们努力到公司各处视察，在员工食堂吃午饭，在一般情况下员工可以随时找他们。格里希说："人是很聪明的。他们知道管理层是否真诚。"

据哈佛大学商学院最近的一项研究，软件业人才流失大约为 20%，而 SAS 研究所却保持在 10% 以下，它使公司一年节省的人力资源相关费用达 5000 万美元。另外，公司认为人员的稳定使它能更便宜有效地生产新型数据采集和统计分析软件。SAS 的首席执行官吉姆·古德奈特说："公司的兴旺与员工的福利紧密相连。员工决定我们的兴衰，如果我们努力为员工提高专业水平，投入人力物力和财力，所有的人都将是赢家，包括员工、客户和公司。"

公司尽力为员工创造舒心惬意的工作环境，其中包括可容纳 700 个孩子的低价托儿所：配有高脚椅的餐厅，使员工可以同孩子一起用午餐；一个占地 36000 平方英尺的免费健身房，一个高尔夫球练习场和一个按摩室；一个为公司所有白领员工开放的办公室。古德奈特说："如果你把员工看作对公司做出贡献的人，那他们就会为公司做出贡献。"看来这样是有效的：在几十年来最紧张的技术劳动力市场，有 27000 人申请 SAS 研究所的 945 个工作岗位。

相对于节省的费用，其投入显然要少得多，这种回两拨子斤之道值得所有企业学习。

拴心留人全靠"情感"，让你的酒桶有家的感觉，可以最低成本提高员工的忠诚度。

留住纯酒：疏还是堵

要留住关键员工，首先需要明确的是从根本上来说，是市场而不是某个公司在决定员工的流动。企业可以完善组织的结构，向员工提供一个与其工作相一致的工作环境。但是，谁也不能抑制市场对员工的诱惑力，企业不能把员工藏起来，不能控制员工不被市场中的机会和具有诱惑力的招聘所吸引。如果把过去留住员工的管理方式比喻为维护一个已经建好的蓄水池，那么现在就是在管理一条河流，目标不是要阻止水的流动，而是引导它的流向以及流动速度。

问题的关键是，不要试着留住所有的员工，而是要确定究竟哪些员工是你想要留住的。在确定了想要留住的员工和留住的期限之后，那么，人力资源部应该制定战略和方案了。这一类员工的需求是什么？他们会因为什么而离开公司，他们对自己的职业规划如何，或者说企业对他们在一定时期内是如何定位和规划的。

一般来说，企业最需要留住核心员工，包括核心的管理人员、技术人员等直接关系到企业利润和价值创造的人才。

如美国 UPS 联合包裹运送服务公司，他们认为核心的员工是司机，因为司机是公司业务运转的枢纽。UPS 认为司机具有速递业务所需要的重要技能，他们了解路线的特征，他们也主导着与客户的关系。UPS 为留住核心员工设计了很多方案，例如为了减轻司机的负担，将装载和卸货的任务交给实习生或者兼职人员去做。

分析师的流失一直是令华尔街头疼的一个问题，在"时间就是金钱"的华尔街，一个分析师的离去，给公司带来的损失是无法估计的。有的公司想出了高招，比如，在一定时间内勒令分析师离开——既然流失是不可避免的，那么，为什么不让他们有计划地"流失"呢？于是有些公司开始了新的尝试，比如，初级分析师工作满 3 年，公司就会让他离开，3 年之后再回来；有些公司之间达成交换员工的协议，在一定时期内，有计划地让员工都有一个更换工作环境的机会。

顺应市场的方式并非与企业无关，而是从市场的角度看员工，不仅仅是从企业内部看你的员工。主要包括以下这些：

1.补偿：目前最流行的方式。绝大多数公司极力通过"金手铐"——延期补偿或者其他一揽子方法来锁定关键员工。补偿方式的好处是帮助我们衡量谁将要离开，什么时候离开。

2. 岗位设计：长时间留住具有特殊技能的员工。仔细斟酌什么样的人才需要什么样的工作岗位配合。让我们再看看 UPS 的做法。UPS 认为司机是他们的关键员工。寻找、考察和培训一个合格的司机是消耗时间和成本的过程，而司机也需要几个月的时间来熟悉路线的细节。当 UPS 研究司机离职的原因时发现，司机由于装卸货物而被搞得筋疲力尽，于是立即把卸货等职责从司机身上移开，而设专人负责装卸货物。结果是司机流失率显著下降了。

3. 发展公司内部的社会关系：员工对公司的忠诚可以消失，但对同事却不会这样。通过鼓励发展关键员工之间的社会关系，公司显然可以减少员工的流失率。通过在工作中创立和发展社交社区，比如高尔夫俱乐部可以创造一种社会纽带把员工们"捆绑"在当前工作中等等。

4. 解雇：解雇其实也是留住员工的方式，解雇是为了更好地聘用，如华尔街分析师的案例。但当公司决定要实施解雇措施时，注意力要经常放在那些可能难以留下的人身上，借此转移离职欲望不太高的核心员工的注意力，使他们与市场力量暂时隔离，但随后的时间里必须采取一些针对措施。

5. 和竞争对手合作：这在人才领域内是一种很好的方式。在 20 世纪 50 年代，美国大的飞机制造公司诸如麦道、洛克希德等在争夺政府订单方面竞争激烈，当一个公司获得合同时，面临的挑战是必须在很短的时间内雇用大批熟练的员工来完成计划。而当一个公司输掉一个订单，或者很简单地完成项目时，将面临如何解雇员工的问题。

一个新的解决方案在南加州实施了，许多公司开展人才团队合作，他们相互"租借"员工。输掉订单的公司会向赢得订单的公司出借他们有经验的员工团队，而这员工仍然属于前一个公司。

洛克希德公司的报告显示，这个方法取得了广泛的收益。公司避免了裁员，可以继续向有经验的员工投资，保持他们的能力以博取将来的订单，并且拓展了出租员工的经验。

总之，公司间合作发展员工和设计职业路径，确实在挑战传统的人力资源管理——原有的管理策略基于员工是垄断的和私有的资产的假设，但事实上员工属于市场。

一个不容置疑的现实是，旧的以堵为主的留人方式已不能适应市场的要求，发挥人力资源管理的引导作用才是适宜的留人之道，而那些已实施了这种管理模式的优秀企业无疑已占尽先机。

培养人才成长的土壤

企业不怕人走，也不怕有能力的人走，怕的是出现人才断层，怕的是没有一个适合人才成长与发展的土壤。我们不是常说这是一个快速变革的时代吗，员工想跳槽表明他有求变化的心态，这种心态是值得鼓励的，往往有能力的人是有想法的。

不要把求发展、想变化的心态看作公司发展的绊脚石，人往高处走，这种想法无可厚非，一个聪明的管理者，懂得将这种求变心态成为企业的可控状态，因势利导，既培养了人才，又留住了人才。如果员工追求职业生涯的变化，变到外部就是跳槽，而企业可以通过内部轮岗或者交流工作地点来实现内部职业生涯的多元性；员工追求创业的刺激，企业可通过实施内部创业的孵化器机制，或成立事业部来满足员工的创业欲望。对于绝大多数员工而言，他们希望自己所处的企业有一个良好的人才成长环境，要有适宜的成长空间和生存土壤。

如同环境的恶化会造成水土流失一样，企业人才环境的恶化就会造成人才的流失。跳槽虽然看上去是个人行为，实际上更多反映了企业的成长环境。当企业发生员工离职，管理者要做的不仅是对某个人的挽留，要反省的是"是否企业的人才环境恶化？"同时，并非所有人员的离职都是损失，因为"泡桐"适宜的成长环境和"红松"的是不同的。

如果本公司作为市场的领导者并具有独特成长环境，这种深厚的企业文化，会对员工形成巨大磁场，甚至将跳槽到竞争对手那里看成本身能力的下降。

直到去年夏天，一直有一条想象中的界线区分着华尔街的精英投资银行。摩根—斯坦利、美林和为数不多的另外几家上市银行为一边，当时唯一采取私人合伙形式的高盛投资公司归于另一边。高盛投资公司拥有高级知识人才，并造就了像美国前财政部长罗伯特·鲁宾这样的财政领导人。在高盛工作有名气，是高贵的标志，所以它吸引了最好的 MBA 毕业生，使它能达成一流的财务交易，成为令人羡慕的行业领先者。负责全球人力资源的布鲁斯·拉森说："作为一家专业的服务企业，我们能招到最好的人才与我们在市场的领导地位有直接关系。"目前高盛投资以主宰市场的气派成为领先的技术投资银行，为企业股票上市筹集到的资金占全部的 20%，人们都说它是有抱负的银行家首选的银行。

企业留人真谛不是用"金手铐"锁住张三李四，也不是事后扑火、亡羊补牢，而是使自己成为一片沃土，让人才如雨后春笋，势不可阻。

如何防范好酒流失的危害

虽然，新员工招聘要经历数道面试关口，知名企业门槛更高，但大部分员工的离职则要简单很多。当员工的离职成为不可避免时，公司所要做的就是尽量减少因核心员工流失而造成的危害。

英国 Ibas 调查公司发布的一项调查报告披露，有三分之二的英国白领在离职的最后一天会将公司内的一些重要文件偷偷带走，包括电子邮件地址、公司销售计划、推介计划和客户数据资料等。调查公司还发现，拿了公司重要文件的职员大部分都理直气壮，竟有 72% 的公司白领以为这么做是理所当然的。

以上还只是员工带走的"有形"的资料，在软件开发等高科技公司，存在员工脑袋里尚未外化有形的资料的"信息""思想""程序"，随着员工的离职而流失，则可能导致项目延期、中断甚至流产。如果这些离职员工带走的资料流入到竞争对手那里，后果更严重，将直接威胁到公司的生存。由此可见，在当前知识产权管理并不是十分完善的现实中，要避免公司这种"软资产"的流失，必须加强对员工离职的管理，做好知识管理，这应与招纳贤才，留住核心员工同样重要。

当然要完全杜绝这类事件发生是不可能的，关键在于如何减少其发生的概率，尽可能降低此类事件对公司的影响。

1. 做好过程知识管理

过程知识管理主要指通过对开发过程的管理，把开发人员的"思想"外化成有形的规范的文档，成为公司的知识财富，实践中很多开发人员精于编写程序却最厌烦编写文档，没有编写文档的习惯。因此，公司需要将此形成制度，把文档编写与写程序、软件调试等一并列入开发人员的考核内容，使编写文档成为开发人员必须完成的一项日常工作。对于文档编写，公司应制定统一的标准格式。

2. 签订必要的保密协议

与重要岗位的员工签订保密协议，不出事情的时候，这些协议如同废纸，而一旦出现纠纷，这些协议能最大程度地保障企业利益。同时，签订了协议后，也能在心理上给离职员工施加影响，使其不敢轻易冒险违背协议约定、损害公司利益。

3. 关心员工

每一位一线经理和人力资源经理，都有义务密切关注员工的工作和心理变化，掌握动态，随时给予必要的支持和指导，并采取必要的应对措施。曾有一家有 70 多号人的 IT 企业，一名员工在竞争对手公司上了十个工作日的班后公司才知晓，使老板大为震怒。如果平时多关注员工，这种笑话就不会出现。

4. 做好离职管理

在员工提出离职请求后，应立即指定工作交接人员（如没有合适的人选，也应指定临时人员），并将离职应交接的信息、资料等告知交接双方，使离职员工清楚知道该如何交接、交接什么、向谁交接。同时还应将离职流程告知相关部门及人员，要求相关部门提前做好必要的防范措施，防止不知情员工把一些重要信息交给将离职人员。

做好离职面谈，动之以情，使其产生对公司感情的共鸣，不至于在即将离职的时刻做出损害公司利益的事，同时晓之以利害，威慑其不要轻易有损害公司利益的举动和行为。

察言观色留好酒

谁都渴望一支稳定的员工队伍，但人各有志，下属的离开往往无法阻挡，作为领导，千万别最后一个知道，这不仅是公司管理制度的失败，更是个人工作的失职，其实，员工离职都是有前兆的，察言观色可以让你早下手为强。

前兆一：该名员工一段时间内不时接听私人电话。

接听电话的时候该名员工大多会小心翼翼地看看四周，谈话的重点内容别人通常是听不清楚的，因为他可不想在未找到新工作前就被炒鱿鱼。不过，频繁地接听电话也有可能是因为员工确实有些私人事务要处理，而他又不想让公司的人知道。所以，你也别猜测过头了。

前兆二：经常请病假。

因为找工作经常要去应聘，所以下属会常请病假，其实他不是真的生病，而是装病去应聘。休假期是另一类可能去应聘的时间。如果该员工每年本来是选定某个月份休假的，但他突然改变了这种习惯，这时你就要加以注意了。

前兆三：情绪突然低落。

该员工向来与管理阶层有较为密切的沟通，敢于公开表达自己的意见，但近来他却三缄其口，保持低姿态。这种情绪的低落状态极有可能因为他正好心事重重。作为主管，不论原因何在，你都有必要表示一下关心。

前兆四：开会时不再发言。

在以往的会议上，你的下属一向有很多意见，但是，在最近的会议上，他却默不作声，原因极有可能是他不想在离职前兴风作浪，想要静静地离开。

不可否认，上述事例经常发生在我们周围。作为一名人事主管，如果可以透过下属平日行为洞察其跳槽前兆，就可及时采取措施或加以挽留或安排接替人手，以保证公司的正常运作。

善于对症下药

认真分析优秀人才"跳槽"的原因，及时采取妥善的应急措施便能收到效果。人才的"跳槽"主要有以下几种情况：

1. 怀才不遇

员工可能工作做得很好，但仅仅是工作而已，而不是事业。如果有更符合他兴趣的工作机会，难保他不跟着"感觉"走。

有位负责销售工作的部门主管，工作成绩在公司连年都超定额，收汇、利润都很可观，是公司的骨干。但他却对制作电视广告情有独钟，希望有朝一日成为电视制作部门的主管。从公司角度出发，他留在销售部门是最理想不过，但他却一心想去电视部门。此时如果有合适的机会，他定会舍弃现在工作岗位去从事自己感兴趣的电视广告工作。

挽留他最好的办法是：让他同时兼做两项工作，如果他确实才华横溢，兼做两份工作都很出色，不仅满足他对兴趣的追求，又为公司留住了人才。

2. 与领导不合

与领导不合是导致员工离职的重要原因。一般认为，责任在领导，如果他能在发生冲突时，大人大量，不去斤斤计较部属，下属很可能因领导的大度而惭愧不已，并庆幸自己遇到这么好的领导。

作为一名领导对其部属应多多体谅，而员工则应随时把自己情绪上的波动、工作中的合理要求及时告诉他，这是双方呼应的事。谁也不可能跑到对方心中，经常地相互进行工作思想上交流才能减少冲突，避免矛盾。

大公司的老板不可能认识每一位员工。但精明的老板每当下属要求接见时，总会安排时间，无论时间长短都会去倾听他们的意见和建议。这是明智的管理方式。

3. 适当提拔

当你的公司招聘到一位能力强、有开拓创新精神的年轻人，并且舆论公认此人日后必然会成某经理的接班人时，你必须认真思考：给他什么样的职位，如何提拔更好？

如果在他的任用问题上稍有疏忽，处置不当，将会给公司带来麻烦。要么这位能者会因位置不好而另导高就；或者会使那些资历比他高、工作时间比他长、职位较低甚至较高的人为此而抱怨公司一碗水未端平，厚此薄彼。提拔需要技巧，人事无小事。

4. 培养有潜力的年轻员工

对于刚刚离开学校到公司工作的大学生、研究生。若不加强管理、注重早期培养、压担子的话，在两三年内他们最容易"跳槽"。他们年轻有为，前程远大，正是公司的希望所在，并且已熟悉了公司业务，如果让他们流失，公司就要培养新手。对这些，不少公司并没有引起高度重视。

假如一位胸怀抱负的能人在公司里仍做低级职员的工作，其才干并没有得到充分肯定，此时此刻他要求辞职另求发展是很平常的。

避免这类不愉快事情发生的办法是：把新来的员工看作是公司的一笔长期投资，精心地培养督促他们。安排公司有能力的主管或员工指导他们，让他们承担一些力所能及的工作。这一切就如一个长期项目，并不期待马上得到回报。只要他们在公司工作的时间愈长，公司得到的回报将愈大。

5. 高工资的诱惑

更高的薪水，当然是一般"跳槽"的最大原因。对此，除了增资无其他处理之道，但这种方法的作用是短暂而有限的。

即使你为增加工资而与员工谈判，无论你采取哪种处理办法，对公司和员工都无好处可言。著名的波音公司的专家们对 450 多名跳槽者的调查表明，其中有 40 名为增加工资与老板进行了谈判，27 名因被加薪而留下来继续为公司效力，但不到一年时间里，其中 25 名因各种原因又离开了公司。实际上，工资的多少并不是真正让他们继续留下来的关键。

好马也吃"回头草"

常说好马不吃回头草，但在人才管理上，试想如果一个优秀的人才与企业有过直接交往，例如曾经工作过，参加过本企业面试等，他对企业的了解更容易使之接受你推销的工作。所以说，好马不吃回头草的理念已过时了。

现任微软大中华区首席执行官、前摩托罗拉中国总裁陈永正就有过吃"回头草"的经历。1992 年陈永正从美国贝尔试验室跳槽来到摩托罗拉，从负责一个部门的市场总监一直升到摩托罗拉中国副总裁的位置。"因为个人发展的原因"，2000 年他离开摩托罗拉，加盟 21 世纪通，担任其香港与内地的首席执行官。

虽然陈永正离开了摩托罗拉，"有负摩托罗拉的栽培"，但摩托罗拉不认为他忘恩负义，或者"反目成仇"，相反，时任摩托罗拉中国总裁的赖炳荣先生经常和他保持电话联系，甚至曾亲自登门拜访，劝说陈永正回来。因此，在 2002年 1 月，在离开摩托罗拉一年半后，陈永正又回来了，担任摩托罗拉中国公司总裁。

企业对离职员工的宽广胸襟体现了以人为本、唯贤是举的企业文化，这样的态度使管理更具人性化，如一股暖流使离职员工和在职员工都感动不已。惠普公司重视人性，追求亲善、和谐、以人为本的"惠普之道"信任并尊重每个人，它相信：只要给予员工适当的手段和支持，他们都会努力工作并一定会把工作做好；它鼓励人才流动，更不歧视离开惠普的员工，因为公司认为跳槽并不等于背叛；这也才有了中国惠普公司总裁、惠普公司战略规划总监、首席知识官高建华"两出三进"惠普的故事。

高建华 1986 年从北京广播学院教师岗位上离职，成为惠普的一销售工程师。一直到 1996 年，他在惠普的事业蒸蒸日上，后由于猎头挖墙脚，他于 1997 年10 月离开惠普加入苹果公司。两年后，因为对新公司文化的不适应和"对惠普文化的思念"，他又重新回到惠普。后由于惠普和康柏的合并，2003 年 4 月他再次离开了惠普，但是没多久，惠普第三次向他招手……借鉴成功外国企业的理念，越来越多的中国企业认识到：离职员工也是一笔人才资源的财富。在联想，这种人才"回流"的现象亦很普遍，为此，《联想人》报曾经以一个整版的篇幅介绍了几位离开过联想，后重新投入联想怀抱的"回聘人员"的心路历程。根据联想的解释，"回聘人员"指曾在联想工作过的正式员工（职员、管理技术岗、工人），后离开联想，现欲回联想的人员。《联想集团有限公司回聘人员聘用规范》规定：回聘人员的原联想工龄无效，对于已离开联想三年以上（含三年）的回聘人中，须重新参加新员工培训后方可转正。迄今也有数十位因各种原因离开联想后重新加盟的"回流联想人"。

除了等着离职员工的"自我觉悟"，更积极的做法是：像摩托罗拉的赖炳荣先生那样，在员工（譬如陈永正）离职后，仍然关心他（们）的新工作的发展，并了解他（们）离职的真正原因，一有可能就把他（们）再找回来。

让你的桶始终敞开

许多公司有这样的传统，不管那些想吃回头草的员工表现得如何优秀，公司都不会再聘用他们。这些公司在每一个行业都有。

传统意义上认为这种方法是对背叛者的惩戒，同时也可威慑在职者，而事实上，随着员工流动变得异常容易，对优秀者关闭返回的大门是不理智也是毫无意义的，更何况，这些员工并不是离开公司后就消失得无影无踪了。他们参加各种专业会议，在那里，他们会与公司的潜在员工公开谈论离职时所受到的待遇。他们也可能会到公司的客户、战略合作者、分销商或者兼并对象那里去工作。而且一旦他们工作合同中的竞争禁止条款到期，他们甚至会到竞争者麾下去效力。

有些公司尽量压低离职补偿，甚至不留情地将其扫地出门。我们将其称之为"走人"方式，因为它用一次性的态度来对待员工离职。在一个采用"走人"方式的例子中，一家公司对外发布新闻，宣称其CEO主动辞职了，但实际上该CEO是因为与董事会意见相左被解职的。随后，该公司董事长在内部发布了一份备忘录，宣布是董事会迫使CEO辞职的，员工们看到这名CEO在主管人事的副总裁的监视下，脸色灰白地收拾完自己的桌子愤愤离开。这以后，正如人们所预料的那样，该公司的士气急转直下——好几名核心员工接二连三地辞职而去。相对于"走人"方式，我们把另外一种更好的处理离职的方式称为"再见"方式这种方式用尽可能尊重方式对待离职者并认为与之的交流是不可避免，应将其视为潜在的可利用资源。首先，公司为保全员工的尊严和名誉所作的努力仍会降低公司遭到员工报复以及公司声誉因此受损的概率。其次，在公司与员工个人并不十分对等的情况下，"再见"方式会让员工更有可能在不给公司和个人带来伤害的情况下离，甚至可能主动辞职。

而且，"再见"方式使重新雇用能力出众的前雇员成为可能。就财务来说，这一意义很重大。根据企业领导力委员会的资料显示，招聘并培训一名IT专业人员的费用是他基本薪酬的176%，而招聘与培训新员工及新员工在具备一定生产率之前的"热身"费用等开销，从而使成本降到几乎为零。

通过保留对前雇员业的精确记录，并与优秀的前雇员保持联系，公司会大大降低用错人的可能性，由此也就节约了时间和金钱。例如，麦肯锡公司会出资安排专门的早餐会和以编写在线通讯录等方式来加强与前雇员的联络，并鼓励前雇员与公司或其他离职人员继续保持联络。由于前雇员也可能是公司的股东，稳固的前雇员持股群体还有助于在经济不景气时吸引和留住股东。

使用"再见"这种方式来处理员工离职并不一定就意味着公司要在离职补上大手大脚，它只要求公司以请"神"时的虔诚来送"神"，给离职员工以应有的尊重。公司的薪酬政策也应该保持一致性。

如果你的公司给新聘员工的薪酬是竞争对手的 75%，给离职员工的补偿却只达到竞争对手的 50%，这不值得夸耀。薪酬政策和离职补偿政策好比一枚硬币的正反两面，共同诠释了一个主题：员工受到了什么待遇。

越来越多的公司开始认识到"再见"方法的优异之处，这样才有好马吃回头草的机会，以人为本的公司文化的构建会让你不因一两名核心员工的流失而大伤元气，因为只有文化才生生不息。

抚慰你的员工

所有员工都难免有伤心的时刻。培养一种富有同情心的文化，随时给予他们帮助。

美国南卡罗来纳州精密变压器公司的人事福利部经理妮丽道出了她的不幸。

"我父亲死于主动脉瘤，当时我在一家纺织公司担任质量控制审计员。上班后，上司走过来对我说：'对你父亲的去世，我感到难过。'然后再没任何其他表示。即使人们看到我，也都没什么表示，真是太缺少人情味了。上司希望我一上班就把个人情感抛在脑后。而同事给我的感觉是，不要让别人看到你情绪低落，你会让他们受感染。而且我因工作时失声痛哭遭到训斥。

"即使人力资源部门也是冷眼相待。我想星期五请一天假，去给父亲立墓碑时，和我谈话的那位女士说：'希望你找人处理这种麻烦事。'当时，我母亲没有工作，在未收到保险赔款前，我必须负起全部的责任，仅这件事就够我难受的了。

"于是我决定辞职。上司问我是否知道自己在做什么。我告诉他，事情太难应付，又没人帮忙。我说我已承受不了。对此他颇感意外，无法理解我的感受。"

妮丽的遭遇绝非特例。很多企业往往轻率地回避了这些事。它们之所以会失去像妮丽这样的宝贵员工，绝非偶然。其实，领导者不应将员工的悲伤视为扰乱工作的消极因素，而应将其看作是一个人们重新调整自我来摆脱不幸、重建健康关系的自然过程。

作为领导者，你要有能力创造这样一种工作环境，使你能清楚辨认出人们悲伤的几个阶段：震惊和抗拒、愤怒、愧疚、沮丧、接受和恢复。这个过程可能会持续数周，数月，甚至数年，直到哀伤者接受现实并振作起来。

整个的恢复过程取决于生者与死者的关系。比方说，最令人难以接受的不幸是自己的孩子早逝。毕竟，我们不想自己的下一代会先我们而去。失去孩子，就失去将来；失去伴侣，就失去现在；失去父母，则失去过去。另一方面，很多失去亲人的人最怕他们的亲人被淡忘。所以，尽管你觉得不自然，但笨拙的关心总好过漠无反应。

领导者如果学会了解悲伤周期各阶段的迹象，就能帮助失去亲人的员工渡过痛苦的难关。在震惊和抗拒阶段，失去了亲人的员工可能会处于一种麻木状态，不愿相信眼前的事实。他们可能会一头扎进工作以逃避痛苦。

在愤怒阶段，他们可能会责怪死者弃他们而去，可能会冲着无能为力的医生发火，责怪他们没能留住其亲人的生命。同事的无心之语也会招来他们粗暴的对待，他们可能还会埋怨同事要求他们举止如常或者对其痛苦不闻不问。

他们被似乎无尽的悲伤压垮后，会变得沮丧。特别是逢节假日、生日、亲人的周年祭日时，他们的日子格外难过。其乐融融的家庭团聚中，再也见不到挚爱的身影，触景生悲，痛上加痛。有些员工会选择这些日子请假，以悼念亡魂。作为上级，对此应灵活处理，而且要留心员工有无生病，是否郁郁寡欢及其外表在这段时间有何变化，是消瘦还是变胖。

亚利桑那州渥太华大学的助理教授兼劳资关系项目主任鲍勃说，工作环境中所缺少的环节是，找出悲伤员工与生产效率的关系，找出如何充分提高员工的生产效率并帮助员工恢复其原来的正常生活。

"多数企业认为，员工失去亲人是件麻烦事，对他们表示同情已经仁至义尽，他们最好尽快把丧事处理好，"他解释说，"经理可以帮助员工及其家人到企业外部去寻求帮助，使员工重获心理平衡并提高工作效率，比如参加一些互助团体。人力资源部要教育员工，人们并不只是在亲人故去的那一刻开始感到悲伤。"

所以，经理们需要改变对死亡和悲伤的看法，明白悲伤随爱而来，是一种深沉的情感。这为我们阐释人生意义、工作的价值观念和目标，提供了更为坚实的基础。人力资源部要重新审视企业和社区的资源，才能更明智地管理工作中的悲伤情绪，从而使人的生命在这个过程中不断升华。给予员工时间和自由，让时间抚平他们的创伤，使员工从失去挚爱的痛苦中重新振作起来。丧失挚爱固然沉痛，只要领导者富有同情之心，对员工的痛苦表现出应有的关心、灵活性和尊重，就会使员工倍感安慰。一旦他们从悲伤中振作起来，把个人生活与工作融为一体，就会对企业有一种归属感。

引导部下自我激励

几年前，美国一家美容业营销公司亚太地区的主管发现在北京地区的首席代表改变了自己的工作态度。这位首席代表曾是最杰出的经销代表之一，但逐渐对工作失去热忱，索性连销售会议也不参加。主管知道这是对公司不利的，他要重新点燃北京地区首席代表的工作热情。于是他就给她打电话，问她是否可以在下一次亚太地区销售总结会上作重要发言？因为她曾在市场开拓和争取订货方面做得非常出色。主管建议她在会上谈谈对订货问题的看法，这方面的问题是她目前最大的困难。

在一次亚太地区销售总结会上，这位代表主动研究了她在订货方面的"困难地带"，重新探讨了过去她曾运用过的几个成功的原则和技巧。主管大为惊喜，其他经销商也极为振奋。更重要的是，她自己也得到一种激励，激发了对工作的兴趣、热情和信心，业绩也随之不断上升。主管让这位北京地区的首席代表成功地实现了自我激励。

遇到员工业绩不佳，切不可简单粗暴地处理，而应控制着自己，多想一想激励的办法，切不可乱加批评、指责。心理学研究表明，人们的工作热情不可避免地存在一定的周期性，当员工处于不称职的时候，通过激励让他恢复到过去的种种辉煌中，是一种美妙的感受。人人都会有一段令自己最为骄傲的时刻，他的成绩在那时得到了物质上的和精神上的承认。

为了发挥激励的效果，主管必须确切了解员工的需要以及满足需要的手段。所谓激励就是尊重员工的各种需求，使员工心甘情愿地努力工作，进而发挥更高的效率和水平。人的潜力往往会大大超过表面的状况。激发员工的潜力和热情就成为激励的主要目标。正确有效地利用激励手段，常会产生意想不到的奇迹。

让职工成为公司的主人

　　为了调动工人的积极性，许多企业设法让职工成为公司的主人。然而，只有充分尊重员工的权利，员工才会将企业视为自己的，才会为企业积极地工作。戴那公司的麦克佛森总裁的经营秘诀就是"把公司交到员工手里"。

　　麦克佛森让公司的 90 名"工厂经理"（厂长）直接控制自己厂里的人事、财务、采购，等等，这就使人事、行政、采购和财务等各部门的权力分散了。这似乎有悖经济原理，因为从理论上讲，集体大量采购是压低单价，节约费用的良方。但是，麦克佛森却认为集体采购是行不通的。90 个"工厂经理"对每一季的目标负责，若是集体采购，在 90 天之后，会有人跑过来说："本来计划是可以完成的，但是那个该死的采购经理没有准时把我要的钢铁买回来，所以我没办法达到目标，也许下一季……！"而在采购部门的权力分散后，如果有几个"工厂经理"感到有必要的话，他们就会自己联合起来压低成本。

　　戴那公司没有作业准则，也不用写报告，一位执行副总裁说："我们有的只是信任！"他们充分尊重每一位员工。在 20 世纪 80 年代初，时逢经济萧条，公司被迫辞退一万名员工。为此公司每星期都要给每位员工送一份通讯录，在这份通讯录中大胆指出下一个可能裁员的是哪些部门，并指出被裁员部门的员工前途怎样。这种做法富有成效。裁员后，购买股票的员工超过 80%，包括被辞退的员工。而裁员前，80% 的员工只是通过自由入股计划成为公司股东的。

　　在麦克佛森的经营下，由于他"把公司交到员工手里"，在 70 年代，戴那公司的投资薪酬率在《财富》500 名大企业中跃居第二。而这家位于俄亥俄州托来多市的轮轴制造公司，曾被认为"拥有有史以来《财富》500 名大企业中最差劲的生产线"。1979 年至 1981 年间，虽然受到经济危机的打击，该公司却迅速恢复了元气。

满足员工的特定需要

激励员工积极性的方法是多种多样的。因为人是很复杂的动物，人的需要是多种多样的，员工之所以会有积极性，是因为管理者满足了他们的某种或某些迫切的需要。人的需要又是会转化的，因此，激励人的方法是多种多样、富有变化的。而核心的一点就是找到员工在特定情况下的特定需要，并设法满足他的这种需要。

例如，在公司突然接到大笔订单，而时间又仓促时，调动员工的积极性就显得十分重要。否则，员工就会因没有积极性而将大笔订单视为给自己的额外负担而勉强应付。最后能否如期地、按要求完成交货都是一个没有确切答案的问题。在这种情况下，如何调动员工的积极性确实是个大问题。有一个人成功地解决了这一问题。

此人叫伊安·麦克唐纳，是南非一家小制造厂的总经理。这家小制造厂设在约翰内斯堡，专门生产精密机床零件。有一次，麦克唐纳接到一大笔货的订单，这着实令他兴奋，但是在规定的日期内，无法完成任务。因为，订单的期限太短，而且已经安排好了车间的工作。

该怎么办？如果麦克唐纳有一套方案能使订单如期完成，他可以以下命令的方式要求员工按他的方案去做。然而，他没有，而且在这种情况下，没有多少领导者能想出这样的方案来。这时，如果麦克唐纳对员工说，这里有一大笔订单，大家努力干，在某个时间前必须完成，随后立即走开，那么这笔订单一定不能如期完成。因为员工只是意识到这是在他们正常工作之外的额外负担，必定没有积极性按老板的要求如期完成。

麦克唐纳知道应当怎样更好地去做。首先，他知道公司的员工在公司工作都希望得到更高的收入。他就告诉员工，如果如期完成订货，公司将获得多大的利润，他们将由此得到多大的收入。知道以后的收入会增加，员工当然乐于加速突击这一大笔的订货了。工作至此还没有结束，还要解决用什么方法完成这笔订货的问题。他需要靠员工来想办法。他知道员工之所以愿意提出方法，是因为他们自尊的需要得到了满足。怎样满足员工的自尊？提问不失为一种很好的办法，它会使员工产生一种心理感觉："看，老板还有需要征求我意见的问题，如果我能解决这个问题，不就证明了我比老板的能力还要强吗？"因此他们就会乐于提出自己的富有创意的办法，而下命令就不会有这种效果。

麦克唐纳问："我们还有什么别的办法处理这笔订货吗？""谁能想出其他的生产办法来完成这笔订货？""有没有办法调整我们的工作时间或人力配备，以便有助于突击这批活儿？"

这些问题果然起到了预期的效果。员工们开始积极地提出自认为富有创意的办法。最终，员工们找到了突击这笔订货的方法，这家公司也如期完成了这笔订货，狠狠地赚了一笔。经理和员工都心满意足。

相反，如果不注意满足员工的需要，不但会造成效率低下，还往往引起员工的不满。唐·伍德是特里托普木材公司的生产主管。他手下的 50 个人负责把胡桃木加工成高质量的木材和枪托，工作过程包括了装卸、堆放、锯和烘干。带锯加工是整个过程中唯一的技术性岗位，所有其他的岗位都是半技术性的劳动。员工们认为在锯木车间的工作又脏又吵。木材厂的工人们没有什么不受气温影响的保护性措施，他们要忍受气温从冬季的 25 华氏度到夏季的 105 度的剧烈变化，而且开始时的薪酬也少得可怜。

这个星期早些时候，伍德查看了公司员工的记录，得到了以下资料：

伍德关心着员工的需要有没有得到满足，尤其关心着他的部下。在下次的主管会议上，他提出了他的假设，并对同事们的发言感到吃惊："我们要满足工人的需要，他们是被金钱激励着，而我们是被成就激励着。""他们所关心的仅仅是通过工作获得外在的薪酬，例如能得到多少工资。他们根本不关心内在的薪酬。""他们很懒，他们逃避责任，他们不全力以赴。问题在于，他们对工作本身根本不关心。"

伍德感到主管们对员工的评价不够正确。他了解他的工人，也相信其他工人。经过两个星期的争论，伍德终于说服了其他主管们和他的老板，录用附近大学的人才专家——艾米·伯奇博士。

伍德向伯奇解释说，职员的需要得不到满足，并告诉他，当他听到其他一些主管们对员工的评价时，他是多么震惊。伯奇说他将访问一些员工，并向所有的员工发出调查问卷。问卷包括了根据对职员工作的重要程度来排列的 16 个工作因素，每个因素都涉及到他们的特定工作。

"根据访问和调查问卷，我们可以确定你的员工有很多需要，我们试图从中找到哪些需要已被满足。"伯奇说，"在两个星期后的下次主管会议上，我会告诉你结果。"

在第二次主管会议上，所有的主管都对伯奇所说的感到好奇。

"我想，你们对于我研究的结果会感到很奇怪。"他开始了发言，"我收集到的资料表明，你们的工人的需要没有得到满足。根据调查问卷，工人们并不认为他们懒惰，只要工作合适，他们并不在乎多做额外的工作。如果能让他们多用脑子，提供良好的回报，遇上融洽的同事，这样的工作是令人愉快的。"

"员工们要求工作具有挑战性，能运用创造性，并激发他们的潜力来做足够复杂多样的工作，能发展新的技能并提供进步和团结的机会。"

"工人们表达了工作中需要友情的愿望。他们乐于在良好的合作关系中工作并互相帮助，分享快乐和痛苦，并能了解怎样才能把工作做得更好。"

"问卷中 16 个因素的每一个因素的满意程度的分析提供了一个简单的结论——导致工人不满意的三个最主要的原因是：薪酬不够、工作单调和人情冷漠。"

"你们应该明白，你们对于是什么激励着员工的理解是错误的。更糟糕的是，你们的激励和控制计划建立在错误理解的基础上，这些因素会导致工人的愤恨情绪和低的工作效率。于是强调什么员工根本不关心他们的工作，这是一个恶性循环——一种自以为是的预言。"

伯奇环视了一下吃惊的主管们，他加了一句："让我们看看，我们能不能为公司出点主意，来满足员工的一些需要。"

激发部下的活力

美国雷齐公司的高级职员每年都有三天假。在这三天假中，他们到加州蒙特利湾北边一个秘密的场所，既休假，又研讨企业的未来发展战略。1981 年，也和往年一样，假期一到，高级职员都去了。按照惯例，在第一天下午的会议上，董事长保罗·库克首先登台讲话。

他向大家宣读企业的战略大纲，并且着重强调工作环境正在发生的变化以及来自各方面的对雷齐公司的竞争。这些内容虽然不令人意志消沉，但是却很枯燥，以致没有高级职员有积极的反应。库克感到时候到了，他在宣读时，突然停下来，大声吼叫道："都是些狗屁不通的东西！"在场的员工都十分吃惊，不知是什么使董事长如此发怒。

接着，库克说："重新评估公司，摆脱束缚，再创新高的时候到了！"随后更加让人意想不到的事情发生了。

大家也可能会奇怪，雷齐公司的董事长为何会在高级职员度假的第一天大骂他们呢？到底出了什么差错了？

情况是这样的。如同其他公司一样，在 20 世纪 80 年代初，雷齐公司的高层领导发现公司出现了一些高级职员人员老化的不良现象。雷齐公司的高级职员，在过去的 25 年中，几乎没有进行过任何变动。无论是在哪一家企业，一个员工在一个职位上工作的时间太长了，自然会失去锐气，丧失进取精神。他们变得随随便便，淡漠无比，对各种变化反应迟钝。如果企业中的这种老态龙钟的人过多，这家企业也就会老化、衰败。这或许是企业发展到一定程度的自然现象，但是，这却着实让很多企业家伤透了脑筋。他们力图恢复企业的活力，希望为企业注入新的能量，重新充电，打上一支强心剂。这正是库克怒斥员工的深层的原因，他希望通过这种强烈的刺激，让他们处于沉睡状态的心复活，而循规蹈矩的做法很可能无法达到目的。他希望在这几天的假期里，让员工变得充满活力，使老化的企业恢复生机。

后来，有一架直升飞机降落在海滩上，全体人员都带上刚送的随身听登上飞机。黄昏时分，直升飞机起飞了，每位乘客都取出耳机，插入飞机的音响系统，雷齐公司的行动即将开始了。

伴随着悠扬动听的音乐，还有太平洋日落的美景。保罗·库克的声音渐渐响起，保罗·库克说以后三天的日程计划要做改变，一切的束缚和限制都将取消，这预示着新的开始，大家要进行新的展望。保罗·库克还简明扼要地提出了富有巨大挑战性的、易为人所记的创新计划或长远目标。直升飞机在蒙特利尔湾的对岸降落。雷齐公司的疯狂行动由此开始。

在随后举行的会议中，库克和总裁做了成打的报告。而过去的会议全是由经理向他们做报告。两位巨头主持会议，组织了讨论，一切值得讨论的问题都在会上进行了充分的讨论。

在三天的活动中，两头大象和四只骆驼特别让这些高级职员感到新奇。一次，所有的度假人员正要去吃午餐，当他们走过停车场时，看到有两头大象站在停车场上。每头大象的身上都有一面三角旗。在三角旗上醒目地写着这次会议上产生的目标。而另外的四只骆驼则与阿拉伯酋长之夜有关。当晚，举行骆驼赛跑，高潮迭起。雷齐公司的一流人才早已穿好华美无比的阿拉伯服装。这时，出现了四只骆驼，它们个个生机勃勃，身上都有一块毯子，会议的目标绣在毯子上。通过这两种新奇动物的刺激，全体的度假人员都对会议的目标留下了极其深刻的印象。正因为如此，雷齐公司才能在以后的 10 年中始终朝着这一目标不断前进。

雷齐公司的高层领导还有其他的强烈刺激。例如，在从午夜到凌晨 4 点的这段时间，印发小报，送至每位与会者手中。在 24 小时内发生的值得大家长期留念的大大小小的各种事件，在小报上都有报道。这让与会者在以后很长的时间内都留有极其深刻的印象。此外，在最后一天还要给全体与会者强化记忆，他们放映了这三天活动的录影带。雷齐公司的这些刺激的确十分有效，在三年之后，大家还经常提起这次"骆驼大象会议"。这个疯狂的假期效果非凡，公司的高级员工原来骄傲自满没有前进的动力，而在疯狂的假期结束后，个个精神抖擞，似乎重新获得了向前冲刺的力量，雷齐公司也从此恢复了活力，走上了新的发展道路。

采取正确的疏导方法

约翰·亚历山大是一个能干而有进取心的人。在大学里他学的专业是企业管理，而且积极参加学校的多种组织活动。大学四年成绩全是优秀，并且以优等生的荣誉毕业。

毕业后，几家全国性的大公司积极争取他去工作。约翰与他父亲商量了这一些公司给他的条件。他父亲是一家很大的生产（制造）公司的总经理。最后，约翰决定去一家著名但比较小的炼油加工厂接受一个培训职务。他认为这家公司正在发展，很有潜力。对他来说这很重要，因为可以提高，而且有机会升职。他想如果他努力工作，并且干出成绩来，他完全有机会在 35 岁时担任公司副总裁。

在到公司的前 5 年，约翰工作非常努力，每个星期差不多要花 80 个小时在办公室工作。公司对他的薪酬也很合理。他很快被提升为低层主管经理，他的工资比刚进公司时增加了三倍。正在这时他恋爱了。他的恋爱对象是公司总经理的女秘书吉尔·麦克唐纳，在短期热恋之后，他们结婚了。

因为家庭的新的责任，约翰不可能像以前那样每个星期工作 80 个小时，当他看到许多经理都比他有能力，而且起码都是企管硕士毕业生时，感到再往上升中层经理的职务要比他升最近一次的低层主管经理难得多。而且许多低层经理比他工作要更加努力，但在他们这些低层经理中离婚率都比较高。当然，他们都有自己的办法对付总经理的压力。一些人婚姻生活很美满，但就某些方面来说，他们必须牺牲一些自己的工作机会。

虽然妻子吉尔从来没有埋怨他加班加点的工作，而且吉尔告诉过他，她结婚时就知道他工作努力，有雄心壮志。但是，约翰还是感觉到工作与婚姻家庭之间的矛盾冲突。从此，他不再像从前那样加班加点了，他也不指望再升为中层经理了。他似乎感觉到已失去竞争力。结婚正好一年的这一天，他用他所有的积蓄现付购买了一艘中型旅游客船。当他向公司老板提交他的辞职书时解释道："我对我的职位不大满意，我想试试做其他事。我知道这很难，但我想我对旅游事业有兴趣，我会成功的。我可以肯定这次改行会给我带来幸福。"

约翰·亚历山大辞职的案例说明了个人动机与组织动机之间的矛盾。这一案例说明，组织应该充分掌握个人动机，了解个人需求，采取正确的疏导和激励方法，使个人能为组织目标服务。

让员工奉献出他们的感情

每个身为组织一分子的员工，都会得到个人的成就感，也会由此体会到最基本的归属感。为了让愿意奉献的员工实现自己的价值，一个组织必须把伟大的想法和大胆主动的做法落实到个人层次。资深领导者必须在公司和每个员工之间建立起一种衔接的环节。环节隐含一种相互承诺的意义，在这种关系之中，雇主不把员工看成一种必须控制的成本，而是把他们看作有待开发的资产。员工不只奉献时间，更奉献出他们的感情，让他们的公司发挥更大的效率和竞争力。简单地说，高层经理的目标就是改变两者之间的关系，让员工不再觉得自己是为某家公司工作，而是肯定自己属于这个组织。善于达成这种新关系的企业高层经理，都把精力集中在下列三项活动之中：

第一项活动是肯定个人成就。公司愈是庞大，员工愈可能会觉得像是机器里的螺丝钉，而不是一个团队的成员。唯有对员工出自真诚的尊敬，发自内心的关怀，资深领导者才能奠定相互信任的基础。然后，他们可以对企业成长和全体组织成员的发展表现出同样的关心，并在这个基础上继续发展。

第二项活动是致力开发员工潜力。高层领导者必须用更宽广的视野来看待员工的训练发展，并且比过去付出更多的努力。公司不只是训练员工的工作技能，更应该开发个人的潜力。

以丹麦为根据地的 ISS 公司总裁安德瑞林认为，他的公司之所以分布于 16 个国家，共录用 11.4 万员工，原因之一就是他对员工的尊重。而且他鼓励员工发展计划，表达他的支持与承诺。安德瑞林相信，训练是将员工转型成为专业人员的关键。除了训练员工的基本工作技能之外，他更进一步将其当作"一种关怀的表白"，提高员工的向心力，给予员工自信。

第三项活动是培养个人主动积极的精神。在少数几家公司中，个人的付出和贡献仍然构成组织流程的基石。3M 公司就是其中之一。3M 公司自创业起就一直很重视公司内部无穷的创业潜能，管理阶层发展出一种企业文化，肯定个人的主动积极精神是公司成长的动力。而且 3M 公司也通过政策和工作程序，认定这样的想法，并将它制度化。例如，允许员工把 15% 的工作时间用在"走私计划"上，而对公司来说，这些"走私计划"必须具有发展潜力。当这些私下创新发展成为大事业之后，公司便会流传很多创业英雄的故事，而这些创业英雄的影响力更是直接而具体。通过 3M 的组织架构，公司让激励人心的信念生生不息，员工也都相信，个人的努力是重要的，对公司的整体表现也有实际的影响。

高层经理建立企业目标时，他们所面临的三大任务是相互依存的。如果企业经理只是强调公司狭隘的私利，那么最终还是会失去员工的士气、支持和承诺，而只有当企业目标和更为宽广的人类抱负相连时，这些情感才可能浮现。当组织价值变成一味的自私心态时，公司很快就会失去认同感和自豪感。而这些感觉的存在，不仅吸引员工，更会吸引顾客和其他人。当管理阶层对员工想法的尊重和注意力渐渐淡薄之后，员工的动力和承诺也会随之减弱。

赞赏带来的忠诚

赞赏的力量是不可忽视的。它不仅能给人送去温暖和喜悦，带来需要的满足，它还能激发人们内在的潜力，彻底改变他们的人生。

因此，要掌握几种常用的赞赏方法。针对不同的事情，不同的人物，不同的需要使用不同的赞赏方法。

第一种是肯定赞赏法。人人都渴望得到别人的赞赏。无论在事业上还是生活上他们都希望通过别人的赞赏来肯定自己。肯定赞赏法在日常生活中，特别是在一些特定的时刻，如成功地完成某件事，作品的发表，特殊的纪念日等更具感染力，让被赞美者终生难忘。

第二种是目标赞赏法。渴望得到他人的赞赏是人性深处一个基本的特性。当你真心赞赏一个人的时候，你实际上使他更具有价值，更有成功感。因赞赏，人们会加倍努力；因赞赏，一些人确立了目标；因赞赏，更有人改变了人生的航向。目标赞赏法正是在于帮助人们树立一个目标，并鼓舞他们向着那一目标不懈地努力。

比如有的企业经理就运用了目标赞赏法，为员工树立做一个成功人士的目标，使员工在他不断的赞赏中奋发起来，最后终于成为一个优秀的员工。

第三种是反向赞赏法。反向赞赏法与上面两种方法最大的差异在于被赞赏者的行为本来是应当受到批评和指责的。但是，批评和挑剔是人们最难以接受的方式，而且，无论怎样的批评，对于激发人们的干劲都是非常有害的。反向赞赏法的要诀就在于找出对方行为中值得赞赏的地方，给予肯定，对其错误则表示理解，不予评价。

美国某大公司开发出"肯定强化计划"，寻找每个员工的优点，加以肯定。这一计划在各部门实施，尤其是在三个营业额最低的分公司实施。两年后，这三个分公司的营业额从最低水平一跃而为最高水平。这是反向赞赏法产生的效果。如果成天批评那三个分公司的员工，结果会是什么样呢？也许他们现在还处在最低水平上呢。

总之，人与人，人与群体，群体与群体之间都是渴望相互交往。在社会交际中，他们不仅希望爱和归属的需要能得到满足，他们还希望别人能够尊重自己的人格，希望自己的能力和才华得到他人公正的承认和赞赏。而且，他们尊重的需要一旦得到满足，就会成为持久的激励力量，他们也就会成为企业最忠实地人。

给员工不走的理由

如今，员工的流动日益频繁，特别是优秀的人才，时刻面临着更好的机会或待遇，如何能让他们安下心，为企业创造价值，成为很多领导者的心病。人才的流失，是许多领导者最不愿意看到的事，但对此你能做什么呢？要想让员工不走，作为经理，你能给出什么理由呢？

1. 设立高期望值。斗志激昂的员工喜欢迎接挑战。如果企业能不断提出高标准的目标，他们就不会选择离开。美国新泽西州的一位管理顾问克雷格说："设立高期望值能为那些富有挑战精神的精英提供更多机会。留住人才的关键是，不断提高要求，为他们创造新的成功机会。"美国密歇根州一家医疗设备公司施萨克公司深谙此道。该公司要求各部门利润年增20%，没有一点可商量的余地，"成功者热爱这种环境，"该公司外科部人力资源副总裁布莱克说，"人们都希望留下，希望获胜。"当然，采取这种做法与公司文化也有很大关系，一般来说，在拥有积极向上文化的公司，这种做法容易取得成功。

2. 经常交流。员工讨厌被管理人员蒙在鼓里。没有什么比当天听说公司前途无量，第二天却在报上读到公司可能被吞并或卖掉更能摧毁一个公司的士气。解决办法是，公开你的账簿。泉域公司正是这样的。该公司的员工流失率不到7%。该公司行政总监斯塔克说："我们的每一个员工都有权利随时查看公司的损益表。这能让他们明白他们对公司利润有何影响，例如一位需自行购买工作用品的看门人能看到他的支出如何影响了公司的利润变化。"

要是企业不想那么透明，也有很多其他交流办法。卡内基顾问公司行政总监莱文每6周就会给世界各地的办事处捎去录像带，要求他们录下员工就公司方针向他提出的问题，以及对公司一些具体决策所要求的解释。

3. 授权、授权、再授权。员工最喜欢这种授权赋能的公司，至少惠普公司是这样认为的。公司负责台式电脑的美国市场经理博格说："对我们来说，授权意味着不必由管理人员来决定每一项决策，而是可以让基层员工做出正确决定，管理人员在当中只担当支持和指导的角色。"

4. 提供经济保障。很多人对金融市场和公共基金等一窍不通，只得自己为自己安排养老费用。他们现在起就得找人帮助。

很多企业即使不提供养老金，至少也会在员工的黄金年代给他们一些现金或股票，霍尼韦尔公司允许其员工拿出15％以下的薪金投入一个存款计划，同时还允许员工半价购买等值于自己薪金4％的公司股票。另外，员工能在公开股市上购买霍尼韦尔股票，而且免收佣金。这项政策旨在使所有霍尼韦尔员工都拥有公司的股份。如果员工是当家作主的，就与公司和公司的未来休戚相关了。

这能帮助员工肯定自我，如果公司理财有道，就能培养一批有高度自信心的员工，人们往往在感受到被关心的时候才会感到自信。他们希望这种关心能用金钱或无形的方式表示。只要他们感到你在关心他们，他们就会跟随你，为你苦干。

5. 教育员工。在信息市场，学习绝不是耗费光阴，而是一种现实需求。大部分员工都意识到，要在这个经济社会中生存和发展，就非锐化其技能不可。一家促销代理商爱森公司为其员工开设了一间"午间大学"。其中设有一系列内部研讨会，由外聘专家讲授，涉及的课题有直接营销和调研。此外，如果员工想获得更高学历，而这些学历又与业务相关，员工也能取得好成绩，公司会全额资助。

该公司的行政总监杰弗里说："我们将公司收入的2％投入到各项教育中去。员工对此表示欢迎，因为这是另一种收入形式。知识是放权的另一种形式。"

惠普公司允许员工脱产攻读更高学位，学费全部报销，同时还主办时间管理、公众演讲等多种专业进修课程。博格说："我们通过拓宽员工的基本技能，使他们更有服务价值。有些人具有很高的技术水平，但需要提高公众演讲能力。他们在这里能学到这些。也许有些人来到我们公司时没有大学文凭，但他们可以去读一个，这样就更具竞争实力了。我们愿意资助他们的教育。"

第5章 酒与污水的冲突与协调

在企业中污水总会给企业带来各种各样的矛盾和冲突，如何处理甚至学会利用这些矛盾和冲突是一个聪明的管理者应该学会的重要管理技能之一。

污水对团队的扰乱行为

实际上我们每个人都有可能产生混乱，特别是当团队中有几个污水质的成员时。虽然听起来可能不太舒服，但是明智者会理解何谓扰乱行为以及如何应付扰乱行为。扰乱行为并不像上面提到的冲突，它并不会产生什么好的结果。相反，它会对团队的正常运作产生威胁。

在团队运作过程中，污水质成员可能会有以下的扰乱行为：

· 谈论团队其他成员的情况；

· 改换主题；

· 嘲笑团队其他成员或其贡献；

· 使用不恰当的概念或术语；

· 对团队其他成员表示蔑视；

· 谈论无关事项；

· 退出组织。

如果团队中出现过上述行为，那么你就知道这会损害团队的效能。如果团队的某一名成员对成员的贡献不屑一顾或改换主题，特别是以一己之能变换主题，那么其他人的积极性会真正受到打击，成员将失去工作的积极性，团队自然也无任何效能。

处理扰乱行为的首要步骤是预防，即建立牢固的团队组织结构和程序。要破坏一个组织结构良好或有牢靠"组织程序"的团队是不容易的。但是，若团队结构松散，则扰乱行为很容易削弱团队的效能和业绩。即便你有牢固的团队结构和程序，团队的成员仍可能扰乱团队的工作。

如果有一个或多个污水质团队成员不顾你的组织结构和程序进行扰乱的话，那么下一步就是要弄清扰乱行为产生的原因。扰乱行为产生的主要原因是团队成员可能有一种受到组织排斥的感觉。归属感对于我们当中许多人来说是种强大动力。所以，如果存在被排斥的威胁，这种威胁会促使人们做出糟糕的事。人们觉得受到排斥的原因可能包括：

· 来自团队的隔阂：因为你不知道团队的程序和规则，或者由于成员背景文化的差别；

· 对团队的不认同：因为你认为团队对其理念有误解，或者与组织政策有出入；

 ·对团队的目标有误解：由于对团队目标介绍得不好或言辞上有问题；

 ·不知所云：有太多的技术术语或真正的言辞上的困难；

 ·对团队领导不认可：通常是由于缺乏介绍，而你又不懂得自己对于团队的重要性；

 ·患不均：团队忽视其"组织程序"，存在贡献上的不均等；

 ·无法自行其是：工作方面或个人目标方面；

 ·对团队的任务或目标缺乏兴趣：有几种不同的原因，比如你宁愿待在别的地方，或者缺乏信心，或者觉得你的贡献未得到重视等等；

 一般而言，进行扰乱的人是在试图获得他们自己由于遭到排斥而失去的控制权。

 如果团队面临一个令人感到不适的问题，而团队成员觉得可能会因此遭到排斥或易于受害，通常他们的第一反应是采取自我保护行为。

 我们大家都会做了一系列自我保护的行为，但事实上我们常常没有意识到我们在进行自我保护。这种自我保护行为有其存在的合理性，但如果超越限度，妨碍了你能力的发挥，并造成团队的混乱时，就要慎重了。典型的自我保护行为包括：

 ·对情况予以否认："那不是事实。我从来就不是那样的人。"

 ·推脱责任，寻找客观原因："那不是我的错。是我们丢给我的。"

 ·撒谎："没人告诉我这方面的信息。"

 ·不假思索："对，你说得对，我知道，明天我用你的方法试试。"

 ·改换主题："嗯，拿不拿到合同并不重要。事实上，没有人告诉我计划有所改变。"

 基于不同原因人们会选择不同的自我保护行为，很难搞明白他想保护自己的什么，讨论这些是为了找到处理扰乱行为的对策。

处理扰乱行为

要处理扰乱行为，首先你必须决定谁最适合处理此事，一般说来，这种事最好由团队领导亲自处理。这并不是说团队成员没有能力处理此事。

团队成员虽然有能力处理，但如果他们将扰乱行为看得过于简单，这时最好由团队领导出面指出。

在决定由谁处理有扰乱行为的团队成员后，再看看该团队成员采取何种自我保护方法，这会让你找到应对之道。自我保护行为表明此人觉得自己被排斥于团队之外。还要记住的是，处理这种扰乱行为并非谁赢谁输的问题。退一步，试着使自己从局外人的视角来冷静地看待所发生的事。这是很有用的。这也意味着要更仔细地聆听。关键是要在处理之前对形势做个评估。你需要问这些问题：

· 什么时候开始自我保护的？

· 发生了什么事使他们做出这样的自我保护？

· 目前他们对其自我保护措施的依赖性如何？

一旦你对形势做了评估，你可以着手思考如何处理了。如果你将前述的自我保护措施分解成以下几个方面，则问题可以迎刃而解。

1. 高谈阔论

扰乱者的自我保护行为往往表现为用深奥的技术术语来谈论问题。但是一般说来，这意味着与问题保持一定的距离。这样就可规避情绪、感情和责任的羁绊。采取自我保护的团队成员可能会针对问题发表长篇大论，却不会真正地处理它。

针对这种表现方式，处理的时候可以对这个人指出这一点。这并非说你走上前去对他们说，"我认为你在高谈阔论，这表现你对此不肯承担责任。"这样肯定会适得其反。相反，你需要告诉他们你的感受。比如说，你觉得置身事外了；或者，你谈得很多却发现进展不大。通过这种间接方式可将问题拉回正题，并且不会遭到对方的抵制。

另一个方法是提请注意团队的意向。你可以说，"我明白你的话，但是我觉得你没有真正投身其中。"这么做的目的是避免对采取自我保护的团队成员进行批评，从而增加其被排斥感，同样还避免与团队其他成员形成敌对。如果这些策略都没有效果，那么只好向团队重申团队的目标了。

2. 转移主题

另一个回避问题的方法是要么改变或转移主题，要么纠缠于不相关的细节问题。

针对这种行为，最好的方法就是让他回到主题上来。你可以说："那当然是对的，但是我想我们已经离题太远了。我们是不是该回到……问题上来？"通过对主题的强调，你可以使那些有扰乱行为的团队成员回归正轨。

3. 推卸责任

推卸责任者从来不会考虑自身出了什么问题，仿佛永远都是别人的错。他的行为会表现为从"完全是浪费时间"到低声嘀咕"他们知道些什么呀"等多种形式。

对之视而不见是有害无益，它不但无法阻止这种嘀咕反而会增加推卸责任者的被排斥感。团队成员们需要获得认同感，这是非常重要的，无论他们的嘀嘀咕咕具有多大的破坏性。

那么，怎么才能使他们具有认同感并使他们继续好好工作呢？不论如何，你都不要像学校老师那样责备他们，你要用理性积极的词汇去描述他们的所作所为，而不做出评判。比如，你可说："好，我明白你的意思了，我们再来看看乔怎么说。"这样保持中立的立场既表示了认同，又不碍于判断其贡献。

如果他们坚持不改，那么你可以试着让他们重新担负责任。比如，"你多次说这是浪费时间。那么你认为我们怎么做才能阻止那样的事情发生呢？"这样做，你认同了他们的评价，但同时要求他们把思想集中到对团队有重要意义的事情上来。这突出了团队的任务和已经确立的规则。

很重要的一点是，你不要"把你的想法强加于他们"而使他们觉得受到进一步威胁，那只会使事情变得更糟。

对抗扰乱行为

首先，应对"对抗"这个词有正确的理解。对有些人来说，这个词给人一种大喊大叫、面红耳赤的形象。对抗某人的扰乱行为并非上面所说这个意思。你毋须揭露某人的自我保护行为。它的确切含义是指对所发生的事进行客观、准确、特定的描述。你要指出人们的这种行为而不是毁灭他们。当你可能以敌对方式回应某个让你紧张兮兮或将你误导的人时，这种敌对情绪表示你已情绪失控。那不是真正的对抗，没有任何积极意义。因此，你要记住当你处理某个有扰乱行为的团队成员时，你应当：

·保持冷静。不要急于下结论或采取行动，要对有扰乱行为的团队成员的反应和你自己的反应的真实原因做到心中有数。

·避免误解。在确保你了解真实情况前，不急于下结论，不仓促行事。

·避免暴力反应。看前车之鉴。如果你对某人的反应比较情绪化，就承认你是那样。扰乱行为是并非容易解决的问题。不论你是团队成员还是团队领导，如果你碰到了一个有扰乱行为的团队成员，这个问题拖得越久，整个团队就会变得越缺乏效能。

这里再强调一次，克服障碍的首要步骤是有一个牢固的团队"程序"和组织结构。你的团队基础打得越牢，所承受风暴的能力也就越强。明智的团队建立在挫折基础上，他们更多的是互相学习，学习他们如何更加高效能地合作。虽然，这是一件困难的事，但在花费了时间和精力后加以解决了，团队所获得的绝对大于所付出的。

分桶装酒与分槽喂马

古老的东方智慧包含了许多管理秘籍，对于纯酒质成员之间的冲突也能从祖先那里找到解决之道。

·典出：据战国野史记载：蒙古马能负重，大宛马善奔跑。某家恰养有大宛、蒙古二马，喂则同槽，卧则同厩。但是，相互踢咬，两败俱伤，主人不胜其恼。求之伯乐，伯乐瞥之，建议分槽喂养。主人从此轻松驾驭二马，家业遂兴。

·案例1：联想分斥，二少帅分掌事业空间。

2002年3月，联想集团宣布"联想电脑""神州数码"战略分析进入到最后阶段，同年6月，神州数码在香港上市。分析之后，联想电脑由杨元庆接过帅，继承自有品牌，主攻PC、硬件生产销售；神州数码则由郭为领军，另创品牌，主营系统集成、代理产品分销、网络产品制造。

至此，联想接班人问题以喜剧方式尘埃落定，深受众望的"双少帅"一个握有联想理在，一个开拓联想未来。曾经长期困扰中国企业的接班人问题，在联想老帅柳传志的"世事洞明"的眼光下，一笑而过。

·案例2：李嘉诚敲定家业接班人。

性格沉稳、作风踏实的长子李泽矩被立为长江实业集团新掌门人，崇尚自由创新、同时喜欢作秀的次子李泽楷另创TOM.COM事业。

·未来启示：

柳传志分槽喂马对其他企业的意义在于：①人才最好从系统内培养；②培养一批而不是单个接班人，让他们在相同的游戏规则下跑出高下；③如果得到难分伯仲的赛马结果，不要轻易把宝马送人，尤其是送给敌人；④把跑道划开，一定要清晰、明白、严谨地划开；假如一方受扼，另一方可以立即出手相助。

当国外的管理智慧失灵的时候，人们突然发现，数千年历史沉淀的本土智慧，仍然在尘封的角落里发出耀眼的光芒。

在中国讲管理哲学的简约、朴素和举重若轻，莫过于《道德经》；讲管理谋略的周详、具体和可操作性，莫过于《孙子兵法》；讲管理的苛严、制度治理的重要性，莫过于《韩非子》；讲管理者和被管理者的自我修养，莫过于《论语》。而这种喝中国米汤为主、服西洋参含片的中国企业界人士还有很多。他们也许终其一生弄不清米汤里是否含有维X、维Y，但是无碍他们喝着米汤，引领企业茁壮成长，也不因此模糊自己别处探寻的目光，这种人物和案例自然值得我们尊敬。分槽喂马的启示在于如何处理纯酒质之间的冲突，防止了好酒的流失，又可创造新的利润空间，何乐而不为？

《有关管理的阿比里尼悖论和其他思考》一书的作者杰里·哈维讲了一个看望他在得克萨斯的家人时发生的故事。在7月里一个炎热的下午，哈维一家坐在得克萨斯家中玩多米诺骨牌。门廊后的风扇使暑气稍解，大家有冰镇柠檬水可喝，而多米诺骨牌游戏则表明大家都有在此天气情况下正常水平的智力和体力。但是，忽然哈维的岳父说，"我们驱车到阿比里尼的餐厅吃晚饭吧。"阿比里尼在53英里外，他们乘坐的汽车还没有空调。杰里想："为什么要冒着暑气跑那么远到那个餐厅去吃饭呢？"但是，因为他的妻子高兴地说，"好主意！"他发现自己没法表达真正的感受了。他试图表示一些保留意见，说岳母可能不想去，而他岳母却当即表示否认。于是他们去了那个地方，但碰到了最糟的事：暑气令人窒息，食物也不可口。4个小时后，大家回到屋里，热得要命而又浑身乏力。

他的岳母曾承认自己宁愿待在家里，但是由于大家都如此热心所以被迫同往。于是真相开始显露。杰里承认他根本没有兴趣，但是他觉得应满足其他人的愿望。他妻子说，她表示热心是因为她想活跃一点让大家开心。最后，他的岳父承认他并不是真的想去，而是想杰里夫妇并不常来，他们可能会觉得闷，因而可能会乐意去。

这个家庭的4名成员都承认自己不想与他人产生隔阂。

哈维叙述道："在这个故事里，我们这四个理性的人，自愿在这鬼沙漠里冒着酷暑和沙尘暴往返106英里到阿比里一家空间狭窄的小店去吃并不可口的晚餐，而事实上我们谁也不想去。简要地说，我们做了违背自己愿望的事。

由于害怕隔阂和不合理的负面想法，理性、明智的人会做出与其愿望大相径庭的事。

"不会处理意见上的一致，而不是不会处理冲突。"这是现代组织所面临的一个迫切问题。害怕造成与他人的隔阂是这个悖论的核心。

阿比里尼悖论说明，在成员之间，如果缺乏真实想法间的沟通，往往会好心办坏事，即使你有高超的处理危机的手腕。所以不要害怕你的想法会起到别人的反对或嘲笑，只有真诚的沟通才能消除冲突产生的可能。

污水与酒的沟通

阿比里尼悖论说明了消除隔阂、加强沟通的重要性，而采取不同的方式，方能保证污水与酒的有效沟通。

一般而言，沟通可以通过组织明文规定的渠道进行的信息的传递和交流。如贯彻上级精神的会议或者下级的情况逐级向上反映等等，都属于正式的沟通。

正式沟通的方式有很多，按沟通的流向来划分，有三种具体方式：上行沟通、下行沟通、平行沟通。

上行沟通是指下级的意见向上级反映。其作用是将职工愿望反映给领导，获得心理上的满足，从而激发他们对组织的积极性和责任感；领导者可以通过这种沟通了解职工的一些情况，如对组织目标的看法、对领导的看法以及职工本身的工作情况和需要等等，使领导工作做到有的放矢。职工直接和领导者说出他的意愿和想法，是对他精神上的一种满足，否则，就将怨气不宣，胸怀不满，或者满腹牢骚，自然会影响工作。

领导人应鼓励下级积极向上级反映情况，只有上行沟通渠道通畅，领导人才能做到掌握全面情况，做出符合实际情况的决策。要做到这一点，领导者要平易近人，给大家提供充分发表意见的机会。如经常召开职工座谈会、建立意见箱、实行定期的汇报制度等，都是保持上行沟通渠道畅通的方法。

下行沟通主要是指上层领导者把部门的目标、规章制度、工作程序等向下传达。它的作用有三个：一是使职工了解领导意图，以达成目标的实现；二是减少消息的误传和曲解，消除领导与被领导者之间的隔阂，增强组织团结；三是协调企业各层活动，增强各级的联系，有助于决策的执行和对执行实行有效的控制。

为使下行沟通发挥效果，领导者必须了解下属的工作情况、个体兴趣和要求，以便决定沟通的内容、方式和时机；更主要的是，领导者要主动沟通的态度，经常与下属接触，增强下属对领导者的信任感，使其容易接受意见。在下行沟通的同时，要听取下属的意见，必要时根据下级意见做出改正，以增强被领导者的参与感。

平行沟通是指部门中各平行组织之间的信息交流。在单位中各部门之间经常发生矛盾和冲突，除其他因素以外，相互之间不通气是重要原因之一。平行沟通能够加强组织内部平行单位的了解与协调，减少相互推诿责任与扯皮，从而提高协调程度和工作效率。同时还可以弥补上行沟通与下行沟通的不足。因此，保证平行组织之间沟通渠道的畅通，是减少各部门之间冲突的一项重要工作。

非正式沟通是指在正式沟通渠道以外进行的信息传递和交流。如，单位职工之间私下交换意见，议论某人某事以及传播小道消息等。这种非正式沟通，是建立在组织成员个人的不同社会关系上。如几个人的年龄、地位、能力、工作地点、志趣、际遇以及利害关系的相同等等，他们之间频繁地接触，交换各种信息，形成一个非正式团体。因此，非正式沟通的表现方式和个人一样具有多变性和动态性。因为是个人关系，就常有感情交流，因此还表现为不稳定性。这种交流久而久之，就会产生非正式团体首领。从管理的角度看，这种非正式的意见沟通，乃是出于人本来就有的一种相互组合的需要，而这种需要若不能从组织或领导者那里获得满足，这种非正式的结合要求就将增多。

非正式沟通往往有这样几种倾向：容易变成一种抵抗力量；因其不负责任，往往捕风捉影，以讹传讹，产生谣言；有时会钳制舆论，再加之冷嘲热讽，歪曲真相，孤立先进，打击进步；往往因为众口铄金，甚至法责众，因而影响工作；这种沟通的非正式领袖，往往利用其影响，操纵群众，制造分裂，影响组织团结。

由于非正式沟通多数是随时随地自由进行的，它的内容是不确定的，沟通的方法也就千变万化。它掺杂感情色彩或个人因素，或捕风捉影，或节外生枝，或望文生义，一传十，十传百，以讹传讹，正如通常所说："锣敲三锤必变音，话传三遍定走形。"

要想杜绝或堵塞这种非正式沟通是不可能的，只能尽量减少或巧妙地利用它，以达到以下目的：

1. 预先做好某种舆论的准备，获得非正式组织的支持，促进任务的完成。

2. 事先做好决策前的准备工作，征求下属的意见，即使是反面意见也好，借以纠正工作的偏向；传递正式沟通所不愿传递的信息，如对某些恶性意传言的警告等。

3. 把领导的意志变为群众的语言，起到正式沟通的作用，实现领导的目的。

酒与污水间的木板

沟通随时随地都可进行，但如果在酒与污水之间有横挡的木板，则显然两者想沟通都不能，阻碍沟通的木板主要有以下几点：

1. 由知识、经验等差异引起的障碍

发出信息者对要传递的信息是凭自己的知识、经验进行编码发送的，而收到信息者也是凭自己的知识、经验进行解码接收。如果发、收双方有共同的知识和经验即"共通区"，那么对传递信息就能有相同理解和共识。通常说，一点就通就是有很大"共通区"。显然，这个共通区越大，双方交流越顺利，交流范围越广。

2. 过滤的障碍

过滤指故意操纵信息，使信息显得对接受者更为有利。比如，下属所告诉上司的信息都是上司想听到的东西，这位下属就是在过滤信息。信息过滤的程度与组织结构的层级和组织文化两个因素有关。在组织等级中，纵向层次越多，过滤的机会也越多，信息传递过程中被过滤的可能就越大。组织文化则通过奖励系统或鼓励或抑制这类过滤行为。奖励越注重形式和外表，下属便越有意识按照对方的品味调整和过滤信息。

3. 心理障碍

由于信息传递者的思想倾向，致使信息的传递被歪曲或中途停止。例如，传递者对信息的内容在观点、态度或心理上不能接受，或对信息本身抱有敌对、不信任，因而有意歪曲或因不感兴趣而故意搁置，以致信息走样、失真甚至停止传播。还有些人常常喜欢据其主观判断去推测对方的意图和动机，猜测对方的"言外之意""弦外之音"。

4. 语言障碍

同样的词汇对不同的人来说含义是不一样的。年龄、教育和文化背景是三个最明显的影响因素，它们影响着一个人的语言风格以及他对词汇含义的界定。另外，横向的分化也使得专业人员发展了各自的行话和术语。在大型组织中，成员分布的地域又十分分散，每个地区的员工都使用该地特有的术语或习惯用语。纵向的差异同样产生了语言问题。虽然大家都会说一种语言，但在语言的使用上却并不一致。了解每个人修饰语言的习惯将会极大地减少沟通障碍。问题在于，组织中的成员常常意识不到接触的其他人与自己的语言风格不同，他们自认为自己的词汇或术语能够被其他人恰当地理解，从而导致了沟通问题。

5.信息过量形成的障碍

管理人员一般都抱怨他们为沟通所花时间太多了，如果要参加所有的沟通活动，单位里的实际工作就没有办法完成。因而在一次沟通中，如果信息量太大，会引起双方的厌烦，从而有可能导致沟通的失败。

6.非言语提示的障碍

非言语沟通几乎总是与口头沟通相伴，如果二者协调一致，沟通效果便会被强化。如，上司的言语显示他很生气，他的语调和身体动作也表明很愤怒，于是可推断出他很恼火，这极可能是个正确的判断。但当非言语提示与口头信号不一致时，就会使接受者感到迷茫，而且传递信息的清晰度也会受到影响。

7.地位障碍

社会地位不同的人往往具有不同的意识、价值观念和道德标准，从而造成沟通的误解。不同阶层的成员，对同一信息会有不同的甚至截然相反的理解。不同宗教或教派的信徒，其观点和信仰迥异；职业不同也常常千万沟通的鸿沟；甚至年龄的差异也会造成"代沟"。

8.组织障碍

组织结构不合理，会严重影响组织内部沟通渠道的形成和畅通。这种障碍是由于组织结构层次过多。层次越多，沟通中信息失真的可能性就越大；机构重叠，沟通传递过程缓慢，影响信息的时效性，时机已过，信息就失去了价值；渠道单一，造成信息不足，影响沟通效果

9.情绪障碍

在沟通时，双方的情绪也会影响到对信息的解释。不同的情绪感受会使个体对同一在不同时间做出的解释截然不同。极端的情绪体验，如狂喜或抑郁，都可能阻碍有效的沟通。因为这种状态常常使我们无法进行客观而理性的思维。因此最好避免大喜大悲情绪，使我们清楚地思考问题。

摘掉木板

认识了阻碍的木板，所要做的就是摘掉它们，为此可运用以下方法：

1. 运用反馈

很多沟通问题是由于误解或理解不准确造成的。如果领导者在沟通中使用反馈，就会减少这些问题的发生。这里的反馈可以是言语的，也可以是非言语的。当领导者问接受者："你明白我的话了吗？"他所得到的答复便代表着反馈。但反馈并不仅仅包括是或否的回答，为了核实信息是否按原有的意图接受，领导者可以询问有关该信息的一系列问题。但最好的办法是，让接受者用自己的话复述信息。

有时行动比言语更为明确。所以绩效评估、薪金核查以及晋升都是反馈的重要形式。你可以观察对方的眼睛及其他非言语线索，以了解他们是否在沟通中接受了你的信息。

2. 简化语言

由于语言可能成为沟通障碍，因此沟通者应该选择措辞并组织信息，以使信息清楚明确，易于被接受者理解。领导者不仅需要简化语言，还要考虑到信息所指向的听众的自身特点，以使所用的语言适合于接受者。特别是在传递重要信息时，为了使语言问题产生的不利影响减少到最低程度，可以先把信息告诉不熟悉这一内容的人。这有助于确认沟通中含混的术语、不清楚的假设或不连续的逻辑思维。

3. 抑制情绪

如果认为领导者总是以完全理性化的方式进行沟通，那太天真了。我们知道沟通双方的情绪能使信息的传递严重受阻或失真。当领导者对某件事十分失望时，很可能会对所接受的信息发生误解，并在表述自己的信息时不够清晰和冷静。那么在这种情况下领导者应该怎么办？最简单的办法是暂停进一步的沟通直至自己恢复平静。

4. 注意非言语提示

往往行动比言语更明确，因此沟通中很重要的一点是注意你的行为，确保它们和语言相匹配并真正起到强化语言的作用。非言语信息在沟通中占据很大比重，因此，沟通者十分注意自己的非言语提示，保证它们同样传达了所期望的信息。

5. 使用目光接触

当别人在同你说话时却不看你，你的感觉如何？大多数人将其解释为冷漠和不感兴趣。与说话的人进行目光接触可以使你集中精力，并能鼓励说话的人。

6. 积极倾听

积极倾听常常比说话更难做到，因为它要求倾听者脑力的投入，要求集中全部注意力。人们说话的速度是平均每分钟150个词汇，而倾听的能力则是每分钟可接受将近1000个词汇。两者之间的差值显然留给了大脑充足的时间，使其有机会神游四方。

通过发展与沟通对方的"移情"，也就是让自己处于沟通对方的位置，可以提高积极倾听的效果。不同的沟通对方在态度、兴趣和期望方面各有不同，因此移情更易于理解信息的真正内涵。

7. 角色的转换

大多数沟通情境中，听者与说者的角色在不断转换。有效的倾听者能够使说者到听者，以及听者再回到说者的角色转换十分自然。从倾听的角度而言，这意味着全神贯注于说者所表达的内容，即使有机会也不去想自己接下来要说的话。因为只要你明白了对方的意思自然会做到这些。

8. 避免分心的举动或手势。

表现出感兴趣的另一做法是避免走神。在倾听时，注意不要进行下面这类活动看表、心不在焉地翻阅文件、拿着笔乱写乱画等。这会使对方感觉到你不耐烦或不感兴趣。另外，这也表明你未集中精力，因而很可能会遗漏一些对方传递的信息。

9. 提问与复述

批判性的倾听者会分析自己所听到的内容，并提出问题，这种行为保证了信息正确理解，并使说话者知道你在倾听。而复述是指用自己的话重述说话者所说的内容。有效的倾听常常使用这样的语句："我听你说的是……"或"你是否是这个意思？首先，复述是核查你是否认真倾听的最佳监控手段。如果你的思想在走神或在思考你接下来要说的内容，你一般不能精确复述出完整的内容。其次，复述是信息传递精确性的控制机制。用自己的语言复述说话者所说的内容并将其反馈给说话的人，可以检验自己的理解准确性。

酒与污水的协调之原则

协调是领导和管理者重要的管理技能，提高这项工作，有助于领导者妥善处理企业内外、企业上下、部门之间、各经营环节之间的人与人、组织与组织、人与物、人与事、物与物、事与事、时间和空间等方面的各种问题的冲突。

一个善于协调的管理者，总能让自己的工作顺畅有序地进行，上级乐于支持，同事乐于配合，下级乐于拥护，为自己的工作顺利展开营造一个良好的环境。

有效的协调应注意以下几个原则：

一是及时性原则。及时性原则是指发现冲突和问题应该及时解决。问题一旦出现，若得不到及时协调，会积少成多、积小变大，甚至无法正常解决，有些问题当初只要稍加注意，用很少的时间和精力就可以解决，这样也可以降低协调的成本。

二是关键性原则。关键性原则有两层含义：

第一，要抓住重大和根本的问题。主要包括：影响深远的问题，影响全局的问题，薄弱环节，代表性的典型问题，员工意见大、反映强烈的问题。

第二，解决问题时要标本兼治。不仅要解决问题本身，还要解决引发问题的根源，只要原因存在，问题就会不断重复发生。

第三，沟通情况和信息传递原则。及时沟通传递信息，可以保证配合顺畅，反应迅速，也能达到相互的支持和理解，减少误会；问题发生以后，协调矛盾和解决冲突也要快得多。

第四，激励性原则。合理使用激励手段，不仅可以预防问题和矛盾的发生，而且在问题发生以后，也可以调动各方协作的意愿。

协调工作的形式多种多样，这里择要介绍如下几种：

1. 会议协调

为了保证企业内外各部门之间在技术力量、财政力量、市场力量等方面达到协调，保证企业的统一领导和力量的集中，使各部门在统一目标下密切配合，必须经常开好各类协调会议。

会议协调的类型有以下几种：

第一种是解决问题会议。这是会同有关人员共同讨论解决某项问题的会议。目的是使与会人员能够统一认识，共同协商解决问题的方案。

第二种是培训会议。旨在传达指令并增进了解，并对下一步执行的政策、计划、方案、程序进行解释。这是动员、发动和统一行动的会议。

第三种是信息交流会议。这是一种典型的协调沟通的会议，通过交流各个不同部门的工作状况和业务信息，使大家减少会后工作之间可能发生的协调沟通问题。

第四种是表明态度会议。与会者对上级决定的政策、方案、规划和下达的任务表明态度和意见，并对以往类似问题执行中的经验、教训提出意见。

2. 结构协调

结构协调就是通过调整组织结构、完善职责分工等办法来进行协调。对待那些出现在部门与部门之间、单位与单位之间的"三不管地区"的问题，以及诸如由于分工不清、职责不明所造成的问题，应当采取这种协调措施。"结合部"的问题可以分为两种，一是"协同型"问题，这是一种"三不管"的问题，就是有关的各部门都有责任，又都无全部责任，需要有关部门通过分工和协作关系共同努力完成。二是"传递型"问题，它需要协调的是上下工序和管理业务流程中的业务衔接问题。可以通过把这种问题划给联系最密切的部门去解决，并相应扩大其职权范围以适应扩大的责任。

3. 现场协调

现场协调是一种快速有效的协调方式。也就是把有关人员带到问题的现场，请当事人自己讲述产生问题的原因和对问题的看法，同时允许有关部门提要求，使决策者有一种"压力感"，感到自己部门确实没有做好工作，并使其他部门也愿意提供帮助，或出些点子，这样有利于统一认识，使问题尽快解决。对于一些扯皮太久，群众意见大的问题，采用这方式尤其有效。

污水与酒的冲突之协调的实践方法

在一个组织中，这一个人和那一个人，这一些人和那一些人，对某项任务、某个问题在利益和观点上不一致，是常有的事。有时甚至双方会剑拔弩张，面红耳赤，搞到十分紧张的地步。有人估计，领导者要花上 20% 左右的时间来处理各种冲突。说明冲突在人际关系中是固有的，不能回避，必须予以适当的处理，方能形成"人和"的气氛。这需要领导者巧妙运用调停纠纷和处理冲突的技巧，协调各方在认识上的分歧和利益上的冲突。那么如何来处理纠纷、冲突和分歧呢？说来并无现成的公式可循，不过，领导者能不能成功地处理冲突，主要受以下三个因素的影响：领导者判断和理解冲突产生原因的能力；领导者控制、对待冲突的情绪和态度能力；领导者选择适当的行为方式来处理冲突的能力。

具体说解决冲突，保证人和一般可以采取以下几种办法：

1. "彼此谦让"的方式。就是使争执双方各自退让一步，达成彼此可以接受的协议。这是调停纠纷、解决冲突最常用的办法。这种解决办法，关键在于找准双方让步的适度点。无论调停政治纠纷，还是解决日常组织工作和生活上的冲突，要使双方团结起来，共同行动，就不能用偏袒一方，压服另一方的做法，而应该运用"互相让步"方式解决问题。

2. "接受时间"的方式。这是指当解决冲突的条件还不成熟时，需要维持现状，等待时机给予解决；或者经过一段时间问题的积累，由工作或生活本身逐渐地加以调整。采取"接受时间"的方式，可以让人们通过时间，逐渐放弃旧有的成见，适应新观念和既成事实。这种解决冲突的方法是十分明智的。因为一个人的信仰、观念和立场的改变，往往需要一个漫长的过程。采取强加于人的做法，反而可能会使矛盾激化，隔阂加深，损伤人们的感情，产生不良的后果。而"接受时间"，则可以使冲突的解决比较自然和顺畅。如当有人对组织的决议持不同意见时，组织上允许其保留意见，而不滥用组织手段强迫其改变观点。当然前提是在行动上必须执行决定。这儿的"允许保留意见"，运用的就是"接受时间"的方式。

3. "迂回前进"的方式。这是说在特定的环境下，对一些无法可依的纠纷应采取含糊的处理方法，或者为了解决某些冲突，可做出一些必要的折衷或退让、妥协。比如鼓励冲突的双方把他们的利害关系结合起来，使双方的要求都得到一定的满足；或者驱使一方放弃自己的利益去满足另一方的要求；或者用暗示或不管的方式鼓励冲突双方自己协商去解决分歧，等等。还有一种情况便是假若双方都是搞派别斗争，为他们各自的小集团的私利而闹纠纷，完全违背整体利益。在解决这样的纠纷中，就不必去分清谁是谁非，事实上也没有必要分清谁是谁非，可采取各打五十大板的方法来处置。又如，对某些闹事问题的处理，从闹事本身看并不正确，但为着有利于组织安定，可对他们的要求做出一些不损害大原则的妥协，以缓和矛盾。这种处理纠纷的方式看来显得简单和有点不分是非，但仍不失为一种解决冲突的方法。

4."泄愤释怨"的方式。双方发生冲突以后，应该让每个人都有机会泄愤释怨，不要让心头的愤感禁锢起来。这样可以缓和冲突的紧张程度，打开解决冲突的大门。

再认识冲突与矛盾

通过前面的阐述我们知道作为一名现代领导者,学会运作协调与沟通的技巧,对内消除误解和矛盾,对外取得理解和支持,已成为其领导成功与否的重要因素之一。

在传统意义上,冲突被认为是造成不安、紧张、不和、动荡、混乱乃至分裂瓦解的重要原因之一。冲突破坏组织的和谐与稳定,产生矛盾和误会。基于这种认识,各层次的领导者都将防止和化解冲突作为自己的重要任务之一,并将化解冲突作为寻求维系理有组织的稳定和保持组织的连续性的有效的、主要的方法之一。毋庸置疑,传统方法有其合理的一面,但将冲突完全消化显然是一种不够全面的理解,也是一件不可能的事。

美国西点军校编的《军事领导艺术》一书对冲突的积极作用进行了探讨,并指出,群体间的冲突可以为变革提供激励因素。当工作进行得很顺利,群体间没有冲突时,群体可能不会自觉进行提高素质的自我分析与评价,这样,群体可能变成死水一潭,无法发掘其潜力,通过变革促进成长与发展,而群体间存在冲突反倒会刺激组织在工作中的兴趣与好奇心,这样其实增加了观点的多样化以便相互补充,同时增强了组织成员的紧迫感。

通用汽车公司发展史上有两位重要人物,他们对冲突和矛盾所持的不同看法和做法,给通用公司的发展分别带来了不同的重大影响,一位是威廉·杜兰特,他在做出重大决策时大致上用的是"一人决定"的方式,他喜欢那些同意他观点的人,而且永远不会宽恕当众顶撞他的人。结果由他领导下的由一些工厂经理组织成的经营委员会在进行任何决策时都没有遇到一个反对者,但这种"一致"的局面也仅仅维持了四年。四年之后,通用汽车公司就出现了危机,杜兰特也不得不充满遗憾地离开了通用。对今天的领导者来说,从这件事中引以为戒的是要正确看待组织内的冲突和矛盾。既然冲突和矛盾是必然的,普遍存在的,就不应回避、抹杀或熟视无睹,不要为表面的"一致"所蒙蔽,更不要人为地营造"一致"的现象。总之,一个人的认识能力都是有限的,一个人的意见也不可能永远正确。而冲突和矛盾正是弥补一个人不足的最佳方案,只要协调合理,沟通及时,冲突会为组织的成功铺垫基础。

另一位对通用公司有重大影响的人是艾尔弗雷德·斯隆,他是迄今为止通用汽车公司享有崇高声望的领导者，被誉为"组织天才"。他先是杜兰特的助手，后来成为杜兰特的继任者。他目睹过杜兰特所犯的错误，同时也修正了这些错误。他认为没有一惯正确的人，在做出决策之前，必须向别人征求意见。他会在各种具体问题产生的时阐明自己的观点，同时也鼓励争论和发表不同的观点，这使他取得极大的成功。

被誉为"日本爱迪生"的盛田昭夫则从自己的亲身经历中进一步说明了领导者应如何正确看待冲突。他认为：大多数公司谈到"合作"或是"共识"时，通常意味着埋没个人的意见。索尼公司鼓励大家公开提出自己不同的意见，不同的意见越多越好。因为这样形成最后的结论必然高明。多年前盛田昭夫担任副总裁时，与当时的董事长田岛表过一次冲突。由于盛田坚持自己的意见不让卡，使田岛很愤怒，最后他气愤难当地说："盛田，你我意见相反。我不愿意待在一切照你意见行事的公司里，害得我们有时候还要为一些事吵架。"盛田的回答非常直率："先生，如果你我意见是完全一样的，我们俩就更不必待在同一公司领两份薪水了，你我之一应辞职，正因为你我看法不一样，公司犯错的风险才会减少。"

通过以上事例分析，我们可以得出这样一个结论：没有冲突的组织是一个没有活力的组织，作为领导者，要敢于直面冲突和矛盾；闻争则喜，应成为领导者的一种必有的态度。

怎样制造有利的"冲突"

由上一节可以看到组织内应适应、保留甚至自觉鼓励一些冲突，才能保持一个组织的活力，具体的做法可以有以下几点：

1. 冲突合法化

激发功能性冲突的首要一步是，管理者应向下属表明，冲突有其合法地位，并以自己的行动加以支持。而且对那些敢于向现状挑战、倡议革新观念、提出不同看法和进行独创思考的下级员工给予鼓励，甚至可采取晋升、加薪或其他强化手段。

2. 结构变化引发冲突

结构的变动也是冲突源泉之一，因此把结构作为冲突激发机制是符合逻辑的。使决策集中化、重新组织工作群体、提高规范化和增加组织单位之间的相互依赖关系都是结构机制的变化，这样做可以收到打破常规并提高冲突水平的效果。

3. 巧用"可告信息源"

政府官员有时会把可能的决策通过"可告信息源"渠道透露给媒体。比如，把可能任命的人的名字泄露了去。如果该候选人能够经得起公众的预前考察，则将任命他为检察官。但是，如果发现该候选人不能引起足够新闻、媒体及公众的关注，新闻秘书或其他离级官员不久将发表诸如"此人从未在考虑之列"的正式讲话。灵活自如的特点使这种方法十分流行。如果导致的冲突水平过高，则可以否决或消除信息源。要注意，模棱两可或具有威胁性的信息同样可以促成冲突。

4. 任命一名吹毛求疵者

吹毛求疵者指那些习惯与大多数人的观点或做法背道而驰的人。他们扮演批评家的角色，即使对那些自己大体上赞同的做法他们也会努力去寻找其中的不足。吹毛求疵者作为一个检查员可以消除小团体思想和"我们这里从来都是如此"的辩护。如果其他人能认真倾听他们的意见，吹毛求疵者可提高体决策的质量。

5. 引进外来人员

改变组织或单位停滞僵化状态所普遍使用的方法是，通过外界招聘或内部调动的地方引起背景、价值观、态度或管理风格与当前群体成员迥然不同的个体。很多大型企业采用这一技术来填补他们管理层的空缺。

引导正向冲突的方法

事实上，冲突分为两种类型。一是认知层面的冲突，也就是针对工作内容相关等问题上的争辩。另一种则是情感上的冲突，也就是针对个人的批评与责骂。

酒与污水之间的冲突往往是后者，而作为一个团队的领导者，他所要做的就是积极引导正向冲突，尽力避免情感方面的冲突。

其中包括以下几种具体方法：

1. 想就大声说出来

引导正向冲突的第一个重点就是鼓励所有人公开而直接地面对冲突。所有人必须明确的是，当他们有任何不同的意见或是心里有丝毫的疑惑时，就应该直接说出来，当下解决，这是每个成员应有的责任。

每个人只有两个选择：直接面对冲突，否则就闭口不提，对于私下的抱怨或是事后的批评，身为主管必须明确加以拒绝，否则便是间接鼓励团队成员在台面下解决问题，破坏了团队成员彼此之间的信任关系。

你可以运用一些方法，鼓励大家在会议中主动发表不同的意见，例如：从主管自身开始做起。有时候要提出反对的意见，总是让人感觉不自在，不如就从主管开始，提了不同的想法或是意见让大家讨论。

当有人提出不同的意见时，你也可以表示认同，可以增加对方的信心或是减缓心里的压力，最好能具体说出你认为这个想法好在哪里，而不只是简短的"很好"两字就匆匆带过。接受情绪上非理性的反应。在争辩的过程中，每个人都尽力维持客观，但有时仍无法控制自己的情绪，例如愤怒的情绪。心理学研究显示，当一个人感觉受到威胁或是遭受攻击时，就更难改变立场或是接受别人的想法。因此，你不应该批评或是指责这些情绪反应，应该引导团队成员正视自己情绪的被动，进而控制自己。

2. 10% 与 90%

"领导人必须让冲突自然得到解决，尽管过程中会有些混乱，也不要试图指正"《团队的五大错误》作者派翠克·伦乔尼说道。

所以，身为主管的你应该要多听、多观察。倾听与说话的比例应该是9：1。你可以适时地重复某个人所说的话，确认自己以及其他成员没有误解对方的意思。

当所有人都表达完自己的意见后，最后再提出你自己的想法。通常团队成员较容易受到主管意见的影响，所以不应该在冲突一开始的时候就先开口，这样容易让成员们先入为主，无法创新思考。

再者，当你陈述自己的意见时，也应该明确表达心中确实的想法或是立场。"最糟糕的领导人就是模棱两可，没有人知道他确实的想法，"如果你自己都有所保留，又如何说服团队的其他人坦白？

3. 理清冲突原因

领导人在面对任何的冲突时，必须理清冲突的根本原因，才能让讨论过程有明确的焦点，并达成具体的结果。一般而言，冲突的发生原因如下：

事实：彼此取得的信息不同，对问题就有不同的判断，因此讨论的焦点应该是重新评估资料的有效性或是搜寻其他有效的资料。

目标：对于最后应达成什么样的结果意见不同。应该花一些时间让每个人再更为明确地描述彼此相互冲突的目标，确认大家都没有误会对方的意思。

方法：每个人都同意达成某种目标，但是对于执行的流程或方法等相持不下。这时应先讨论要依据哪些标准来评量何种执行方法是可行的，最后再分别评量个别的执行方案。

价值：关于最后的结果所代表的价值意义，例如产品的定位等有不同的想法。在讨论抽象意义时很容易沦为空谈，因为同一个概念对不同的人来说代表不同的意义，很难有交集。

因此，应让大家专注于具有实际操作价值的讨论。例如，你可以问："在这样的定位前提下，你会怎么做？"

4. 主管不应沉默

有时候讨论的过程可能陷入了僵局，争论的双方彼此争执不下，这时你可以采取比较间接的方法，提出一些问题，提醒大家讨论的重点，例如：

我们争论的目的是什么？

这个问题有什么重要性？

我们现有的资料能够确认哪些事实？

如果我们换另外的角度，可以有什么样的想法？

我们希望达成的结果可能有哪些？

对于倾向于负向的冲突，你必须立即制止，避免让情况恶化下去，例如：

当讨论成为彼此之间相互的责难或是攻击。

如果涉及价值观等的争论，也容易导向人身攻击，必须加以阻止。

如果大家的情绪都过于激动，不妨休息几分钟再开始。

身为主管，你最重要的责任就是确保所有不同的意见都有表达的机会，更重要的是能够达成实质的可行的结果，这样的冲突才是有意义的。

引导正向冲突必须坚持，如果你希望团队多元化，就必定会有冲突的发生，关键在于你必须把冲突视为沟通的机会。

创造轻松的工作环境

在企业中，人与人之间常会出现矛盾。自己的下属有时甚至会为鸡毛蒜皮的小事而闹矛盾。这些矛盾，常会造成企业中的不和谐因素，有时甚至使局面紧张，影响工作的正常进行。作为一名领导者，应当设法消除这种矛盾，营造良好的工作氛围，以保证员工在团结合作的气氛中完成任务，实现目标。

一个最稳妥的办法就是防患于未然，因为一旦出现不和，双方再和好如初的可能性就很微小了。因此，你要尽可能地接近下属，了解他们的工作进展程度和存在的困难，要注意倾听员工的意见，让员工在愉快的状态中投入工作。如果每个员工在工作时都是很愉快的，他们就不会出现过多的矛盾。你要留意你的员工的一些极小的变化，如大喊大叫。迟到、乱扔工具或使劲敲门，这些都可能是存在不满情绪的表现。对这些员工多关心，就可以让他们在矛盾激化前就忘掉它，更努力地投入工作。但是，员工之间一旦出现了冲突，你就要以调解人的身份设法解决。

如果双方的冲突只是意见上的分歧，领导者就较容易处理。只要双方抱持认真负责的态度，意见分歧是对企业有利的。你可以赞扬他们的敬业精神，并和他们一起找到更为合理有效、可行的办法。

如果双方的冲突是个人冲突，你不要急于表态是支持一方还是否定另一方。最好去听听双方的想法，让他们都消消气，然后以公司利益为重处理此类问题。告诫他们要尊重对方，理智地看待双方的矛盾，制订出一些行为准则，如不准扰乱他人工作，不准使用暴力，不准对同事采取不合作的态度等。如果员工之间的冲突已经激化，冲突双方各有一定的支持者，这时更应当谨慎处置，在他们之间强调工作第一。如果双方的冲突已经严重影响到公司的正常工作，对公司造成了极为恶劣的影响，你就不应坐视不管，宽容双方，你要让他们知道谁对公司造成危害谁就要担负责任。只有采取强硬措施严惩肇事者直至辞退他们，才能让员工安定下来，公司才能正常发展。公司花钱不是让他们来闹事的，而是让他们来为你工作的。

当然，对于不太严重的个人冲突，有一个方法可帮你化解，这就是让他们都换换角色，站在对方的立场上想一想应当如何看待问题，他们就可能看到自己的局限与失误，知道自己的不足，矛盾也就容易化解了。

总之，最重要的是要防患于未然，创造轻松愉快的工作环境，让员工好好工作。

培养员工的团队意识

团队意识就是公司员工对本公司的认可程度，把公司利益放在第一位的意识。在这种意识下，员工能够相互协调，配合行动，将个人利益服从于团体的利益。

有无团体意识决定着一个公司能否齐心协力，朝着既定目标前进。从现代很多成功企业的经验看，培养员工的团体意识乃是企业破敌制胜的法宝之一。

缺乏团体意识乃是造成集团组织工作无法顺利进行的最大原因。

一般的公司，上班的员工都是分组进行工作，如果有"我一个人休假，不至于影响公司的运作"的想法，则是大错特错的，这是忽视团体意识的一大表现。

因为整个公司像一个上满发条的机器，所以个人的行为至少也要影响其运转的速度和效率。

不经意的请假，间接地就会降低当日上班者的薪水，因为他们必须替不上班的人处理许多工作，增加工作上的负担。所以，经理必须对私自缺勤者严加警告，否则就没人愿意上班了。

同时，团体意识也要靠经理的大力提倡才能逐渐在职工的脑海里形成印象，进而形成指导思想。

涉及经理个人利益时，经理还要自觉舍弃一些个人利益，以在员工中树立加强团体意识的表率作用。

一个真正的有效率的团体，应该看起来就像一个人一样，身体每一部分的配合与协调都自然随意，妙到好处，要做到这一点，管理者必须学会在下属中间培养默契，找到"心有灵犀一点通"的感觉。

培养下属整体搭配的团队默契，是增进团队精神的另一个表现。

作为团队的领导人，你固然要让每位成员都能拥有自我发挥的空间，但更重要的是，你要用心培养大伙儿，破除个人主义，整体搭配，协调一致的团队默契，同时，努力使彼此了解取长补短的重要性。

毕竟，合作才会产生巨大无比的力量。因此，经常教导灌输成员了解相互依存、依赖、支援才能达成任务的观念，是领导人责无旁贷的重要职责。

唤醒团队成员整体搭配的观念时，你必须将焦点集中在他们的同心协力的行动和甘苦荣辱的感受上。这时候你可以通过下列五种方法让大家一起体验团队合作的可贵之处：

1. 看一场职业篮球或足球比赛。

2. 和大家一起观察蚂蚁等动物群策群力、扶持相助的天性。

3. 组织大家联系志同道合的伙伴，一起到急流泛舟。

4. 选一本讲团队精神的书，让伙伴们分章阅读，并报告、分享心得。

5. 率领伙伴们参观工厂，事前分配每个人看的部分，分工合作，回去后，大家报告心得，相互沟通。

蚂蚁是最具有团队合作精神的动物，不管是寒带还是热带，屋里屋外四处都可以见到它们的踪迹。根据研究发现，蚂蚁的种类繁多，但他们永远过着团体生活。有时候一窝蚂蚁好几万只，也有一窝数十只的，不过每一个蚁窝都由一只蚁后（有些是一只以上的蚁后）、若干工蚁、雄蚁及兵蚁所共同组成，他们各司其职，分工合作：蚁后的任务是繁殖产卵，同时受到工蚁的服侍；工蚁负责建造、觅食、运粮、育幼等工作；雄蚁负责和蚁后交配；兵蚁的主要任务是抵抗外侮，保护家园。大家一条心，发挥各自的专长才华，团结合作。蚂蚁群策群力，发挥团队精神的做法，值得人力资源经理认真反省和思考！

建立一个真正的沟通团体

具有非凡能力的领导人，他们好像有天生独特的再生能力，可以在很短的时间内扭转乾坤，将一群柔弱的羔羊训练成一支如雄狮猛虎般的管理团队，所向披靡。此外，每位成功的领导人几乎都拥有一支完美的管理团队。这些成功的领导人所率领的团队，无论是他的成员、组员气氛工作默契和所发挥的生产力，和一般性的团队比起来，总是有相当大的不同的地方，他们常表现出以下主要特征：

一是目标明确。

成功的领导者往往主张以成果为导向的团队合作，目标在于获得非凡的成就。他们对于自己和群体的目标，永远十分清楚，并且深知在描绘目标和远景的过程中，让每位伙伴共同参与的重要性。因此，好的领导者会向他的追随者指出明确的方向，他经常和他的成员一起确立团队的目标，并竭尽所能设法使每个人都清楚地了解、认同，进而获得他们的承诺、坚持和献身于共同目标之上。

因为，当团队的目标和远景并非由领导者一个人决定，而是由组织内的成员共同合作产生时，就可以使所有的成员有"所有权"的感觉，大家从心里认定，这是"我们的"目标和远景。

二是各负其责。

成功团队的每一位伙伴都清晰地了解个人所扮演的角色是什么，并知道个人的行动对目标的达成会产生什么样的贡献。他们不会刻意逃避责任，不会推诿分内之事，知道在团体中该做些什么。

大家在分工共事之际，非常容易建立起彼此的期待和依赖。大伙儿觉得唇舌相依，生死与共，在团队的成败荣辱中，"我"占着非常重要的分量。

同时，彼此间也都知道别人对他的要求，避免发生角色冲突或重叠的现象。

三是强烈参与意识。

现在有数不清的组织风行"参与管理"。领导者真的希望做事有成效，就会倾向参与，他们相信这种做法能确实满足"有参与就受到尊重"的人性心理。

成功团队的成员身上散发出挡不住参与的狂热，他们相当积极，相当主动，一遇到机会就参与。

所以，通过参与的成员永远会支持他们参与的事物，这时候所汇聚出来的力量绝对是无法想象的。

四是相互倾听。

在好的团队里头，某位成员讲话时，其他成员都会真诚地倾听他所说的每一句话。

有位负责人说："我努力塑造成员们相互尊重、倾听其他伙伴表达意见的文化，在我的单位里，我拥有一群心胸开朗的伙伴，他们都真心愿意知道其他伙伴的想法。他们展现出其他单位无法相提并论的倾听风度和技巧，真是令人兴奋不已！"

五是死心塌地。

"支持是团队合作的温床。"李克特曾花了好几年的时间深入研究参与组织，他发现参与式组织的一项特质：管理阶层信任员工，员工敢相信管理者，信心和信任在组织上下到处可见。几乎所有的获胜团队，都全力研究如何培养上下同行间的信任感，并使组织保持旺盛的士气。他们表现出四种独特的行为特质：

1. 领导人常向他的伙伴灌输强烈的使命感及共有的价值观，且不断强化同舟共济、相互扶持的观念。

2. 鼓励遵守承诺，信用第一。

3. 依赖伙伴，并把伙伴的培养与激励视为最优先的事。

4. 鼓励包容异己，学会获胜要靠大家协调、合作。

六是畅所欲言。

好的领导人，经常率先信赖自己的伙伴，并支持他们全力以赴，当然他还必须以身作则。在言行之间表示出信赖感，这样才能引发成员间相互信赖、真诚相待。

成功团队的领导人会提供给所有成员双向沟通的舞台。每个人都可以自由自在、公开、诚实地表达自己的观点，不论这个观点看起来多么离谱。因为，他们知道许多伟大的观点，在第一次被提出时几乎都是被冷嘲热讽的。当然，每个人也可以无拘无束地表达个人的感受，不管是喜怒哀乐。

一个高成效的团队成员都希望彼此能够"做真正的自己"。

总之，群策群力，有赖大伙儿保持一种真诚的双向沟通，这样才能使组织表现日臻完美。

七是团结互助。

在好团队里，我们经常看到下属们可以自由自在地与上司讨论工作上的问题，并请求："我目前有这种困难，你能帮我吗？"

再者，大家意见不一致，甚至立场对峙时，都愿意心平气和地谋求解决方案，纵然结果不能令人满意，大家还是能自我调适，满足组织的需求。

当然，每位成员都会视需要自愿调整角色，执行不同的任务。

八是互相认同。

受到别人的赞赏和支持是高成效团队的主要特征之一，团队里的成员对于参与团队的活动感到兴奋不已，因为，每个人会在各种场合里不断听到这话：

"我认为你一定可以做到！"

"我要谢谢你！你做得很好！"

"你是我们的灵魂！不能没有你！"

"你是最好的！你是最棒的！"

这些赞美、认同的话提供了大家所需要的强心剂，提高了大家的自尊、自信，并驱使大家愿意携手同心。

许多企业的管理者大声疾呼："我们愈来愈迫切需要更多、更有效的团队来提高我们的士气。"作为企业的人力资源经理，你必须把建立坚强的团队这件事列为第一优先处理的任务，千万不要忽视或拖延下去了。

改善沟通交流的效果

交流对于企业人力资源的管理起着非常关键的作用。在企业中如果能够充分改善员工交流的效果，就能够最大限度地挖掘企业人力资源的潜力，从而能够完成本企业组织的目标，提高企业的劳动生产率，改善企业的经营状况和业绩。改善企业员工交流的效果应该注意以下几个方面的问题：

第一个问题是如何正确地运用各种交流类型。一般来讲，每一种交流方式都有它的长处和短处。交流者要了解各种交流方式的长处和缺点，针对不同的交流，不同的信息接收者采取不同的交往类型，只有这样才能够取得比较好的交流效果。

第二个问题是怎样创造良好的交流气氛。交流并不仅仅是信息发出者发出信息就算结束了，其关键步骤在于交流一定要使接收者能够接收到信息、理解信息并运用信息，所以应该尽可能地创造良好的交流气氛。比如信息发出者和接收者之间建立良好的人际关系，建立一种愉快轻松的氛围，从而为有效地接收信息创造一个较好的条件。

第三个问题是要重视员工交流的能力。因为员工交流的能力直接影响到员工交流的效果。在实际工作中，一方面要培养员工发出信息的能力，诸如讲话能力、写作能力等；另一方面培养员工的接收信息的能力，例如倾听的能力、记笔记的能力、理解的能力，等等。企业中的员工交流能力的提高会使交流的质量提高，这样，信息在企业中的交流就会畅通无阻，企业的整个交流、沟通系统就会更加严密、完整、有效，因而能够充分发挥每个成员的积极性，使员工的潜力最大限度地发挥出来，促进组织目标的实现。

员工出气室

协调与沟通是传统的解决冲突之道。世事讲究出奇制胜，在管理上，有些另类管理方式往往会起到意想不到的效果。"员工出气室"就是非常有效的方法之一。

"报告总经理，这个案子是詹姆斯自作主张决定的，我是事后才知道的，所以……"碰巧詹姆斯经过总经理办公室，听到主管向总经理解释某一个失败的促销案，其实，詹姆斯当初不赞成这个促销案，可是，主管硬要他这么做的，如今，问题发生了，主管却把责任全给推到詹姆斯的身上。各位读者，如果你是詹姆斯的话，你会不会不生气？

"这个月的业绩已经突破1000万元了，而且比上个月增长了25%，老板还是不满意，还要挨他骂，还认为我们努力不够，有本事他做给我们看。"鲁道尔一离开总经理办公室，就满腹牢骚对他的死党杰未森吐苦水。

"我们这个单位的品质是出了问题，已经被老板骂得狗血淋头了，品管部长还在旁边加油添醋，好像品管的问题和他毫无关系似的，你说气不气人。"贝尔冥一肚子不高兴地说。

上述的个案，相信谁都不愿意碰到，可是，在企业内我们却不难见到它们，也相信谁碰到了它们，都会不高兴、都会生气的，人的胸腔是用肉做的，不是橡皮做的，因此，弹性有一定限度，无法承受过多怨气，然而，当怨气累积到一个人无法承受的程度，又找不到消气的管道时，很可能会情绪爆炸，这一爆炸，不但会伤害到当事人，同时，也会对企业带来负面的影响。

所以，最好的办法是替不满的当事人找出症结、解决症结，但是，有些症结并不是那么容易解决的，所以，为了员工，也为公司，企业有必要为员工找一些可以宣泄的管道，让员工的不满能有所发泄。

洛杉矶有一家公司，他们在公司内腾出了一间房间，并把它命名为"出气室"，在这个房间内，除了有非常好的隔音设备，可以隔绝声音的外漏之外，还放了两个大型布偶，一个是男的，另一个是女的，同时也存放有一些纸条、笔、胶布以及一台碎纸机，当您对某个主管不满、又无可奈何时，可以到这间"出气室，拿起笔在纸上写出那位令您困扰的主管大名以及为什么不满的原因，写完之后，把它贴在布偶上，然后，您可以开始对这个布偶大声责骂，甚至于拳打脚踢也没有关系，总而言之，就是要让您的怨气，可以经由这些责及拳打脚踢而有所发泄。

当您发泄完之后，要离开这间"出气室"之前，为保护自己起见，不妨把所写的一些纸条，利用碎纸机把它们给毁尸灭迹。据该公司管理部经理告诉笔者，自从有了这间"出气室"之后，员工们的情绪似乎是要比以前好多了。

第**6**章 巧用酒和污水

如果有一车沙从深圳地王大厦（目前中国最高的楼）顶上倒下，其结果是没多大变化，如果能把这车沙变成一整块石头，则地面将砸出一个巨坑。

管理学家彼得·德鲁克（Pettr·Druker）在思考现代企业管理的重要性时，说："现代企业不仅仅是老板和下属的企业，而应该是一个团队"。松下幸之助也说："管理企业就是管理人"。

优秀的管理者都是用人大师，不论是团队中的酒还是污水，都尽量利用，而这个"用"关键是讲个"巧"字。

希望通过本章，能让你从"我要成功"转化为"我们要成功"，打造真正高绩效团队，点石成金，达到天下没有不可用之人的境界。

瓜子理论

总有上司抱怨下属难以管理，诸如下属如何不主动，如何不听话，如何拖沓，素质如何低下等等。但是的确，诸如此类的污水质成员普遍存在，但除了污水问题外，管理者也应找一下自身的问题。身为管理者，许多人不知道如何给下属制定工作职责，如何分解、分配任务，用什么尺度考核下属的工作绩效以及用什么方法激励、约束下属等等。其实，要掌握这些管理技术并不难，生活中的一些现象可给管理者以启示。有这样一家菜馆，由于该菜馆价钱公道、味道地道、服务周到，顾客盈门，这家川菜馆还有一个特点，就是在客人落座之后，给每一位客人端上一盘炒得好的葵花子。吃着葵花子，品着花茶，等待上菜的时间就会变得很短。如果对嗑瓜子研究了一番，会发现了一些规律：

1. 无论人们喜欢与否，很容易拿起第一颗瓜子。

2. 一旦吃上第一颗，就会吃起第二颗、第三颗……停不下来。

3. 在吃瓜子的过程中，人们可能会做一些别的事情，比如，去洗手间等等，但是，回到座位上以后，都会继续吃瓜子，不需要他人提醒和督促。

4. 大多数情况下，人们会一直吃下去，直到吃光为止。

为什么会是这样呢？总结一下，有三大原因：

1. 嗑瓜子这种行为很简单，因为简单，人们很容易开始；因为简单，人们很容易掌握技巧，成为熟手；并且不断改进嗑瓜子的方法，这个过程增强了人们的自信，在潜意识中人们期望享受这个过程。

2. 每嗑开一颗瓜子人们马上就会享受到一粒瓜子仁。这一点至关重要。嗑开瓜子后马上享受到香香的瓜子仁，这对嗑瓜子的人来说是一个即时回报；就是这种即时回报微妙地发挥着作用——激励着人们不停地去嗑下一颗瓜子。

3. 一盘瓜子一个一个嗑起来，过一会就有一堆瓜子皮——能够看到嗑瓜子的成就。

通过上述分析，我们已经发现，要做到这一点并不困难。

1. 我们要学会分解任务，把复杂任务分解为若干个简单的、容易做的小任务。就像嗑瓜子一样容易做，再把这些容易完成的小任务分到员工手中。员工一定会乐于接受这样的任务。

2. 我们要及时促使下属开始工作。例如，给他明确工作目标，提供工作条件，规定开始的时间。在下属对任务充满执情的时候就让他开始工作。

3. 对于员工每一次完成任务都要给予及时的激励。这种激励应该是及时的。就是说，员工完成任务以后，第一要激励，第二要马上激励。

比如说，你的助理刚刚帮你润色完一个讲稿，把讲稿交给你。你看后觉得很满意，那你就马上告诉她："真棒！又快又好。"你绝对不可以没有任何表示，说"好，我看了。"又例如，如果你的某个下属本月完成任务很好，你就应该照制度当月兑现奖金，不要拖到下个月。更不能闭口不谈兑现奖金的事。如果员工出色的工作表现不能得到上司的及时肯定或者奖励，员工的工作热情就会减弱。如果，下属完成了任务，你不但没有称赞他，反而因为他的一些小的失误批评一通。那他会自觉地、愉快地完成其他可做可不做的任务吗？就好比在吃瓜子时，如果你吃了一个臭瓜子以后，你对吃下一个瓜子就会心有余悸。如果连续吃到两个臭瓜子，你可能就会不再吃了。作为上司，你给下属的任务就是嗑开瓜子，你对下属的态度就是瓜子仁。如果你让你的下属连续两次吃了臭瓜子，你的下属恐怕再也不会愿意嗑你的瓜子了。

4. 向你的下属展示他的工作成就。并且让他知道，你很欣赏他的成就。

经理们常犯的错误就是：

1. 不善于分解任务。

2. 没有及时让下属开始投入工作。

3. 吝啬赞美。

4. 喜欢贪功。

如果你能让下属像吃瓜子一样地工作，无论污水还是纯酒都会乐意为你所用，发挥自己最大潜能。

不可重用的八种污水

有些污水质成员可以量才而用，但因为其某方面致命的缺点，千万不可重用。

1. 投机者不可重用

投机型的人善于察言观色，把自己作为商品，谋求在"人才市场"上讨个好价钱，在工作上专好讨价还价。这些"市场探索者"都急于利用受聘别家厂商，而对目前雇用他们的公司施加压力，以使该公司的领导给他们以晋升或增加工资的机会。他们妄图借"被别家企业录用"这种名义来加速他们在原公司的发展。这种诡计通常都能得逞，特别是当别家企业恰好是这种投机者受雇的原公司的竞争者时。

2. 谄媚者不可重用

谄媚型的人深信，如果能迎合领导就能步步高升。这种人毫无才干，品质恶劣，道德观念差，意志薄弱。

3. 自命不凡者不可重用

有些人根本无法容忍别人的一切举止、想法，对于这种自命不凡的人，各种"人际关系训练法"都治不好他们永远埋在心底的精神特质。把这种人一个个地互相隔离开来，乃是最好的解决方法，而且是唯一的解决方法。这种自命不凡的人对谁都看不起，觉得世上唯有自己最有能耐。

4. 企业家特有的"气味"

权力欲望过强的人浑身上下都散发着"企业家所特有的"气味"，念念不忘在别人面前显示自己的能力。这种人有能力，既然已经下定决心，一定要升到最高层的位置，不达到目的，誓不罢休。他们对于工作尽心尽力，无需别人督导。他们那种带着使命感的热忱促使他们努力表现自己。这种人把工作当作自己的生命，而不是调剂人生的手段。这种人没有爱好，没有嗜好，凡是花时间的兴趣他们一概没有。这种权力型的人只有野心，没有计划。任何事或人阻碍了他们的野心和计划，都会使他们暴跳如雷。这种人只有在不动弹的那一刻才会停止他的奋斗。

5. 四平八稳者不可重用

四平八稳型的人处世轻松，满不在乎，心眼不坏，也有工作能力。这种人是相当有能力的表演者，这确实值得小企业雇用。但是，他们缺乏权力型那种人的干劲和创造力，这种人在事业上四平八稳，处世哲学是"谁也不得罪"，他们可在短时间内赢得同事和下级的尊重。他们最主要的缺点是已经失去干劲，只是想谋取一个舒适的职位而已，根本不可能跟别人竞争比赛。

6. 爱虚荣者不可重用

虚荣型的人渴望自己是富人和名人的知已。这种人只要一有机会，就会滔滔不绝地向别人叙说他与某些有名望的人常有往来。实际上，他的所谓名人朋友可能根本不认识他；或者认识，也只知道他是个"牛皮大王"而已。尽管如此，这种人仍然会使出浑身的解数，他当了经理，有那么多名流朋友，还怕小企业没有后台吗？这种人没有什么真本事，只会夸夸其谈，信口开河，畅谈他的社交生涯。

7. 理论太多者不用

公司不是研究机构，若问他"这件事情怎么样"，他说一大堆这个主义、那个观点，就是没有说出解决事情的方法。这种人也许可以成为很好的学问家，但绝不是有效率的员工。

8. 不会交际者少用

做人最重要的是人格完整，但生活习惯各不相同。商务接洽的人没有圣人，抽烟、喝酒、跳舞的人更容易发挥和顾客的亲和力，不烟不酒，一板一眼虽不算缺点，但对商务需要来说，可能不利于开展业务。

为酒和污水定位

鸡鸣狗盗之徒关键时刻都能发挥作用，污水质成员也有可供利用之处，但这要求领导是个分配工作的内行，为酒和污水找到各自位置，住得"一个萝卜一个坑"。

上司如果能干，定能将员工工作分配得极为妥当，引发从业人员的工作意念，否则部属会有反抗的心理。

工作分配如果不妥当，就易造成不满的情绪。分配工作虽是小事，却与从业人员的士气大有关系，千万不可忽略。

任人，顾名思义，即任用人才之意。世界上的人才成千上万，有全才，有偏才，有鬼才，有怪才，有雄才，有奸才。但无论什么样的人才，都各有其用，关键在于领导者如何任用。任用正确，则坐拥天下，一切尽在掌握之中；任用不当，则危机四伏，大局不定，可谓"搬起石头砸自己的脚"。善用人的领导，适时升降，恰到好处，觉得人杰雄才实在难寻找。可见，任人也须讲究方法与艺术，并非随心所欲。要做到善于分配工作，要做到：

第一，经常检讨个人负责的工作内容，适当地估计工作的质与量，以求分配平均。

第二，考虑到某份工作量所需完成的时间。

第三，若派予其他员工，会先由员工本身工作进行的状况而定。

能当其位，能当其位是任人的重要原则，是判断领导者任人是否正确的首要标准。在任人时，领导者对人才一定要量体裁衣，既不能让统御千军的将帅之才去做火头军，也不能让县衙之才去当宰相；既不能让温文儒雅，坐谈天下大事的文官去战场上驰骋，也不能让叱咤风云，金戈铁马的武将成天待在宫廷内议事。就该辨清各自的特长，派其到相符的地方或授予其相应的职位。不当其位，大材小用或者小材大用都是任人失败之处。大材小用造成人才的极大浪费，必挫伤人才的积极性，使其远走高飞，另谋高就；小材大用只会把原来的局面越弄越糟，成为专业发展路上的绊脚石。"用人必考其终，授任必求其当"，古人已经给现代领导们做出了榜样。狄仁杰就是一位善于任人的官吏。有一天，武则天问狄仁杰："朕欲得一贤士，你看谁能行呢？"狄仁杰说："不知陛下欲要什么样的人才？"武则天说："朕欲用将相之才。"狄说："文学之士温藉，还有苏味道、李峤，都是可以选用；如果要选用卓异奇才，荆州长史张柬之是大才，可以任用。"武则天于是提张柬之为洛司马。过了几天，武则天又问贤，狄说："臣已推荐张柬之，怎么没任用？"武则天说："联已提拔他做洛司马。"狄仁杰说："臣向陛下推荐的是宰相之才，而非司马之才！"武则天于是又把张柬之升迁为侍郎，后来又任他为宰相。事实证明，张柬之没有辜负重任。可见仁杰多么懂得任人应当其位的道理！

在考虑能当其位的过程中，领导不能仅仅以人才能力的高下来衡量，还得考虑人才的性格、品行。如果此人性格懦弱、不善言辞，则不宜让他担任公关和推销方面的任务；如果他处事较随意，且常出一些小错，不拘小节，就不应任用他做财务方面的工作；如果品行不太端正，爱占小便宜，且比较自私，对这种人尤其要小心任用，最好不要委以重任或实权，还要使其处于众人的监督之下，不至于危害大局，一旦发现其恶劣行为，立即严惩不贷，绝不心慈手软，以防止一颗老鼠屎搅一锅汤"。所以，作为领导，在任人时一定要就人才的能力、性格和品行等多方面综合考虑，再授予一个适当的位置。

此外，领导者还需考虑一个重要因素，即年龄。年轻人热情奔放，充满活力，且敢拼敢闯，创造力强；中老年人沉稳、冷静，忍耐力强，且经验丰富、老到。年轻人缺乏的是经验，中年人缺乏的是闯劲。了解到这些，领导就可以根据该项工作的特征确定合适的人选。

同时领导还不能忽视年龄层次问题，机关部门、事业单位的年龄层次可适当偏大一些，姜毕竟还是老的辣。而企业的年龄层次宜年轻化一些。因为年轻人精力充沛，后劲十足，工作年限还很长，而年纪较大的人可能即将离任。这样就避免公司了出现人才断支，有利于公司持续快速发展。

宁缺毋滥

宁缺毋滥要求领导者在任人时选用精兵良将，如果有些职位需纯酒质成员，而一时又没有，千万不可让污水去滥竽充数，否则必然弄得污水横流。

1. 在精不在多

古人曰："官不必备，唯其才。"用人之多少，应根据工作需要而定。在确保工作质量的情况下，合理安排职位，然后根据一人一职的原则任用人员，既不可备位，也不可备人，更不可在找不到合格人选的情况下随便以人顶替。否则就会影响整体效率和质量。

古人对任人时宁缺毋滥的原则也早有认识。早在唐朝吴兢就提出"官在得人，不在员多"，宋朝苏轼曾强调"省事不如省官"。西魏苏绰在其《奏行产主条诏书》中极力主张裁减官吏以避免人浮于事的弊端。他说："官省，则善人易充。善不易充，则事无不理；官烦，则必杂不善之人。杂不善之人，则政必有得失。"北宋包报拯坚持用"勤"，不用"冗"。他针对北宋冗员众多，"居官者，不知其职者，十常八九"的情况，向仁宗皇帝指出："欲救其弊，当治其源，在于减冗杂而节用度。"他主张"留神深察"，对于"固位无职"而又无所事事的官员坚决予以清除。可见，"官不必备，惟其人"古往今来就是用人、任人的一条重要准则。这句话到今天仍有重要的借鉴价值。

2. 有时间才有绩效

一个人能力再高，在短时期内都难做出重大成绩，人才聪明才智的发挥需要一定的时间，因此其能力和功绩须在较长时间内才能体现出来。领导者在任人时一定不能急功近利，急于求成，经常更换人事，这样做会适得其反，离自己所要求的目标越去越远。正确的做法应该是一旦确定了人选，就给予充足的时间，让其潜心研究，放手施为，反而能够做出显著成绩。举个例子，美国科学家的科研水平乃世界一流，但如果美国政府要求他们在短期内便将人类送上月球并在上边正常生活显然是不可能的。如果因此而将科学家们撤职查办，那岂不成了天大的笑话。可见，任人以专的效果明显地比经常更换好。

北宋王安石曾特别强调任人必须"任人以专"，"久于其任"。他主张一旦确定合适的人选，就让其多干几年，予其充分展示才华的时间，则"智能才力之士则得尽其智之赴功，而不患其事不终其功之不就也"。古人尚且如此，今天的领导更应理解其内涵。经常更换人事不仅对事情本身于事无补，而且会弄得人心惶惶，纪律涣散。

法国经济学家亨利·法约尔对人员任期问题有一段深刻的解释。他说，人员任期稳定是一个均衡问题。雇员适应新的工作和很好地完成工作任务都需要时间，如果在他已经适应工作或在适应之前被调离，那么他将没有时间提供良好的服务。如果这种情况无休止地重复下去，那么工作就永远无法圆满完成。因此，人们常常发现，一个能力一般但留下来的管理人比一个刚来就是杰出的管理人员更受欢迎。这段话虽然是针对企业而发的，但同样适用于其他组织和机构。它深刻地告诉领导者任之以专的重要意义。当然，任之以专并不是任期越长越好，它并不排斥工作人员的正常变动，只是强调要给人以充分展示才华和成绩的时间，同时保持人员的相对稳定，以利于事业的发展。

解开绳索

只有人尽其才，人才会绝对信任领导者，投桃报李，为领导者尽展其才华。成功的领导者大都爱对部下说："你们放手去干好了！"这既是一种鼓励，又是一种放权，因为他们非常明白：只有让手下放手施为，尽其所能，才能创造出辉煌的成绩。

周恩来总理在人尽其才方面给我们许多有益的启示。新中国成立以后，中国共产党由打天下变成了治天下。如何使用那些戎马一生、功勋卓著的老帅、将军和民主人士，使其施展其长，为新中国效力，周恩来可谓费尽苦心。陈毅，人称儒将，文能治国，武能安邦，把大上海交给他管理，更能尽其才；贺龙，"两把菜刀闹革命"，戎马生涯之余，喜欢玩玩球，锻炼身体，当体委主任最为适合；中华人民共和国成立前一直拒绝做官的民主人士黄炎培，德才兼备，出任政务院副总理兼轻工业部部长，恰如其分……在周恩来的安排下，可谓人尽其才，为中华民族的振兴做出了巨大贡献。在当今企业界中，更多的领导者认识到了人尽其才的重要性，并用之于实践，都取得了良好的效果：日本丰田汽车公司老板丰田喜一郎充分信赖销售专家神谷正太郎，让其不受任何约束地工作就是一个突出的典型。事实证明，丰田喜一郎是正确的，神谷正太郎无愧为一个销售天才。他为丰田汽车公司的飞速发展立下了汗马功劳，用尽了自己的聪明才智，而且他对丰田始终忠诚不贰。人尽其才的任人准则在此得到最充分的体现和证明。领导者们应该加以借鉴，减少人才资源的浪费，同时促进企业或事业的发展。

广阔天地，大有作为

　　美国管理家史蒂文·希朗说，一个成功的老板应该懂得"一个人权力的应用在于让他们拥有权力"。可见，领导者学会放权任人也有极重要的意义，如果领导者事必躬亲，权无大小全都由自己一人掌握，恐怕即使是三头六臂也应付不过来。古代的许多领导者就懂得放权任人。唐玄宗李隆基就是其中一位。他在即位初期，任用姚崇等名将名相，其中就很讲究用人之道。有一次，姚崇就一些低级官员的任免问题向唐玄宗请示，连问了三次，唐玄宗都不予理睬。姚崇以为自己办错了事情，慌忙退了出去。正巧高力士在旁边，劝李隆基道："陛下继位不久，天下事情都由陛下决定。大臣奏事妥与不妥都应表明态度，怎么连理都不理呢？"唐玄宗说："我任崇为政，大事吾当与决，重用郎使，崇顾不能而重烦我邪？"表面上看，玄宗是在批评姚崇拿小事麻烦他．实际上是放权姚崇，让他敢于做事。后来姚崇听了高力士的传达，就放手办理事情了。史载，姚崇"由是进贤退不肖而天下治"。正是因为唐玄宗敢于放权用人，使各级官吏都能充分发挥自己的才能，历史上才出现了著名的"开元盛世"。

　　现代经济条件更要求企业领导者放权任人。劳勃·盖尔文 1964 年继承父业，担任蒙多罗娜公司的董事长。他掌管公司以后，将权力与责任分散，以维持员工的进取心，蒙多罗娜公司从而竞争力大增，业务突飞猛进。盖尔文说："公司愈大，员工愈渴望分享到公司的权力，在比较大一点的公司，每一个人显然都希望能感觉到自己就是老板，因此，我们现在要做的，正是要把整个公司分成很多独立作战的团队，因为只有这样。能够使大部分人都分享到盖尔文家族新拥有的权力和责任。"事实已经证明，盖尔文放权策略是成功的。

　　放权任人，不仅能够减轻领导者自己的工作压力，更重要的是，能够增强员工的责任感和积极性，极大地有利于企业的发展。因此，领导者在任用人员时要敢于放权，而不要搞权力专制。当然，在放权过程中要把握好"度"，要知道"过犹不及"，"物极必反"。权力的集中与分散是相辅相成，相互制约的，绝对的集中和绝对的分散都会走向失败。总之，领导者在放权时，能放也要能收，要做到收放自如。既然任人不可以随意而为，就得讲究谋略和艺术。比如说，领导要任用一个性格刚直异常的人才，这个人特别难以驯服，领导该怎么办呢？一些领导可能意气用事，认为该人"敢太岁头上动土"，将其扫地出门。这样做恰好是领导的失败，因为自己失去了一个人才。另一些领导可能心想："你硬，我比你更硬，看到底谁硬吧"于是对该人动不动就大发雷霆，严加指责，结果弄得关系恶化，无法共处。这两种途径都无法达到预期的目的。领导者为何不想一想、试一试"以柔克刚"的方法，对其晓之以理，待之以礼，动之以情，这样纵是铁石心肠，也能被感化，更何况"人非草木"呢？"以柔克刚"就是任人艺术之一。成功的领导者在任人时都非常讲究艺术。本章以下内容将就这些艺术向领导者们作具体介绍。

用人不疑与用人也疑

宋代欧阳修曾说："夫用人之术，任之必专，信之必笃，然后能尽其才而共成事。"他强调的就是领导者在用人时不能三心二意，而要一心一意地信任之。《金史·陈起传》言道："疑则勿任，任则勿疑。"这句话是说：有怀疑就不要任用，任用了就不要去怀疑。这也是任人的一条重要准则。齐桓公任用管仲为相国后，一日对管仲说："我不幸既好打猎又好女色，这会不会影响我称霸的事业呢？"管仲说："不影响。"齐桓公又问："那么，什么能影响称霸的事业呢？"管仲说："不知贤，影响称霸；知贤而不用，影响称霸；用而不给职权，影响称霸；给了职权却又不完全信任，影响称霸。"齐桓公说："对极了。"于是专任管仲，尊其号为"仲父"，宣布"国有大政，先告仲父，次及寡人。有所施行，一凭仲父裁决"。可见，齐桓公在用人上真正做到了用之不疑、疑之不用。事实证明，管仲没有辜负齐桓公，他对齐桓公忠诚效命，充分发挥了自己的才能，为齐国称霸天下做出了巨大贡献。相反，明代亡国之君朱由检为人猜忌，结果明朝在他手上败亡。其深刻教训值得当今领导人思考。最典型的就是朱由检听信谗言、疑忌著名将领袁崇焕谋反，将其错误斩杀，结果弄得军心动荡而又朝中无将，无人抵挡清兵入犯，明朝很快就分崩离析。用人不信的危害可见一斑，领导者一定要吸取教训，勿犯同样的错误。用人不疑，疑人不用，是对立统一的。所谓用人不疑，是指既用之就充分信任；疑人不用则指对于估不过的人，坚决不予任用。在现实中，疑人不用容易做到，而用人不疑对许多领导者来说都是一道难关。因此领导者必须有着宽广的胸怀、长远的眼光以及极大的勇气和自信。也只有这样，员工的潜能才能完全被挖掘出来，企业才能发展。

但也有一句古语"防人之心不可无"，领导无法控制下属的欲望，因此，有时，也要适当地用人也疑。

经济学家魏杰讲过一个耐人寻味的小故事："有位董事长到北京来开会请我吃饭，刚坐下来他就有急事要走，让自己的副总陪我吃饭，我看着买单，算了2300 元，结果这个副总告诉服务员，'给我开 9700'。第二天我琢磨出来了，这是有空子可钻，因为董事长请我吃饭，他不会问我吃了多少钱。后来我看到这个董事长：副总部这样干，那还了得。结果这个老板没有吭声。我建议把副总换了算了，董事长想想却说：不用换，换了张三，李四来了也还是一样的……"这位副总不能说不是企业的污水，但老板的无奈之举说明对这种人是不能轻举妄动。的确，因为除了这股污水，还有下股污水，小不忍则乱大谋。

"用人不疑，疑人不用"的古训正受到现实无情拷问。单凭信任、好感，恩宠、重赏，部下就跟你肝胆相照了吗？看来没那么简单。专家提出制度设计的一个重要前提，那就是假定"人之初，性本恶"——你先要对此人存疑，假定他会做出对老板、对企业有损的事情，然后你设计条款来制约他，同时用财富业激励他。但传统中国企业，总是激励多于约束，动辄用多少万年薪为诱饵。其副作用也是显而易见的，领导者会以此为身价逐年要求加薪，而不管企业是否盈利。

领导者也明白，你要老板股份，等于割他的肉。因此很难建立归属感，毕竟给老板干和给自己干是两码事。

中国对职业领导者的约束更是相当松弛的。合同倒是签得不少，其中的责权利条款也应有尽有，但彻底执行的又有多少？单方撕毁合同的老板和经理如今也大有人在。

看来，有时必须铁着心肠，将人情撇在一边。段永基当初聘王志东为新浪CEO时，除了正式的聘任合同，还有三份附加文件。拖了三个月之后，王志东终于签了字，资本意志获胜。既激励，又约束，制衡才会生效。职业领导者在这样一个舞台上表演，既能充分展示角色，又不因逾矩而坍台。老板即使在幕后，也可以笑嘻嘻地看领导者演戏而不怕他造反，这就是法治社会的好处——疑人也可用。聪明老板还不妨设身处地为部下想想，有能力的年轻人岂甘心一辈子为人打工？自己当年的老板梦是怎样圆的，不也是雄心勃勃加埋头苦干吗？所以说用人不疑与用人也疑并非截然对立，在有明确的约束机制的前提下，放手大胆地让下属去做，才能真正发挥理性的制度与感性的赏识的最大合力。

人多未必力量大

社会上有种情况屡见不鲜，即某个官职由一人担任便足以应付，却安排了好几人。这种现象表面上看是体制问题，实际上是领导者在任人上的严重失误。不用余人是领导者应该严格遵守的原则，否则就会造成机构臃肿，效率低下。

1.兵在精而不在多

唐太宗李世民任人就一贯坚持"官在得人，不在员多"的原则。他多次对群臣说："选用精明能干的官员，人数虽少，效率却很高。如果任用阿谀奉承的无能之辈，数量再多，也人浮于事。"他曾命令房玄龄调整规划30个县的行政区域，减少冗员。唐太宗还亲自监督削减中央机构，把中央文武官员由2000多人削减为643人。通过这种方法，朝廷上下全都由能人主持，办事效率大大提高，使得政通人和，出现了繁荣昌盛的"贞观之治"。

相反，太平天国在南京建立政权以后，洪秀全滥封王位，至天京失陷前，封王竟达2700多人，造成多王并立，各自拥兵自重、争权夺利的混乱局面，导致天京事变的发生，促使太平天国由盛而衰，走向败亡。这也成为领导者以后用人的深刻教训之一。随着市场经济的发展，"兵在精而不在多"越来越为众多领导人重视。近年来，中国上自国务院，下自县乡机构都大刀阔斧地展开了精简机构、裁减冗员的政治体制改革。企业也不甘落后，都大力实行下岗分流的改革。这样削减了大量不必要的机构和冗员，既减轻了国家和企业的负担，又大大提高了办事效率。许多企业通过减员分流逐渐扭亏为盈，一些国家机关、部门也由原来的一片混乱变得井然有序。可见，中国的领导们在任人改革上的正确性，其中隐含的就是不用余人的准则。

2.人多未必好办事

中国自古以来有："众人拾柴火焰高"，"人多力量大"以及"人多好办事"等形容人多好处大的词句，但这些并非"放之四海而皆准"的真理。领导者应具体问题具体分析，不要盲目应用。尤其在任人问题上，人多未必好办事。

首先，人多了不利于统一管理。无论是企业还是机关部门都必须统一管理，才能有高效率的出现。如果本该一个人办的事却安排几个人去做，就可能产生意见分歧，互不相让，甚至产生矛盾，最后分头行事或者大家都一走了之，谁也不办。

其次，冗员繁多易形成懒散的作风，致使效率低下。古语说，"一个和尚挑水喝，两个和尚抬水喝，三个和尚没水喝"，这无疑是人多未必好办事的生动写照。不难理解，由于一职多官，遇到事后相互推诿，都怕惹火烧身，都想明哲保身，做一个好好人，效率当然上不去了。中国有句很流行的话，"一个人是条龙，两个人是条蛇，三个人是只虫"，可能就是形容这类现象吧。

最后，冗员繁多不利于人才聪明才智的发挥。由于没有集中的权力，加上相互牵制，都怕对方超过自己，一些人才的想法和看法得不到尊重，策略也无法实施，导致了人才资源的浪费。领导者在任人问题上一定要转变观念，不要认为人多就好办事，事实上恰好相反，用多余的人只会碍事。近年来在深圳迅速崛起的三九企业集团引人注目。该企业的成功经验被称为"三九机制"，而"三九机制"的一个重要内容就是"一职一官"。这样，权力集中，责任、功过分明，没有内耗，从而使企业快速、高效地运转。三九集团的成功，充分说明了"不用余人"在今天仍然具有重要的现实意义。

彼得原理

美国著名管理学家彼得·杜拉克提出：有效的管理者能使人发挥其长处，作为共同绩效的建筑材料，而不是以人的弱点为基础。

用人之长四戒是：

1. 切忌选用"样样都是"的人

才干越高的人，其缺点往往也越显著。有高峰必有深谷。"样样都是"，必然一无是处，谁也不可能是十项全能。世界上没有真正什么都能干的人，只是在哪一方面"能干"而已。

2. 切忌"听我话就是好员工"

有效的管理者知道：他们是用人来处事的，不是用人投主管者之所好。有效的管理者从来不问"他能跟我合得来吗？"而问的是："他贡献了些什么？"他们从来不问"他不能做些什么？"而问的是："他能做些什么？"

3. 切忌不要因人设事，而要因事用人

用人应保持以"任务"为重心，而非以"人"为重心。用人不能只注意"谁好谁坏"，而忽略了"什么好什么坏"；用人不能只问"我喜欢此人否"或"此人能用否"，而不问"此人任此职，是否能有所成就"。

4. 切忌嫉贤妒能，不能容人之所长

不要认为他人的才干可能会构成对自身的威胁，世界上从来没有发生过因部属有才干反而害了主管的事。美国钢铁工业之父卡耐基的墓碑碑文说得最透彻："一位知道选用比他本人能力更强的人来为了工作的人，安息于此。"卡耐基能容人之所长，用人之所长，他是一个成功的管理者。

用人之长四诀是：

1. 不要将职位设计成只有上帝才能担任的职位

不能将职位设计成一个简直不是"常人"所能担当的职位。一个企业的好坏，不是靠天才，而是它有能力可以使一般人在企业中做出非同一般的成绩。

2. 对每个职位的工作要求有一定的难度和广度

难度是指对每项工作要有一定的挑战性，这样才能促进人尽其才；广度是指各个职位的工作有较广泛的内涵，这样才能使任何与这项工作有关的能力都有施展的可能，并产生积极的成果。

3.用人应先搞清楚这个人能做什么

即有效的管理者在决定安置一个人的职位之前，应首先考虑这人能干什么，而这种考虑应与职位分开。

4.用人之长，也必须容人之短

有效的管理者知道在用人之长的同时，必须容忍人的短处，且不可整人之短。切记西谚所说："仆役眼中无英雄"。总之，管理者的任务在于发挥每个人的才干，使之以一当十，以十当百，发生相乘的效应，组合的效应，放大的效应。

压压担子

每个人都喜欢有责任性的工作，在座谈会中，大部分人都有如此的想法："让我从事责任更大的事吧！"或者说"责任感愈重之事做起来越有价值"。为什么人们想负这么多的责任？最大原因在于愈有重责，则表示此人愈有能力。不过给了某人责任之后，相对，相对的也要赋也要赋予相当的权限，在此权限内，可以依照自己的方法做事。低层工作人员或从事单纯、辅助性工作的人员，即使能圆满完成任务，也不觉得有什么自豪感，这是因为他们不能依自己理想做事之故。每个人都有强烈的欲望希望别人看重他，故想多负担一些责任。因为负担了责任，自己就有责任感，换句话说，给了某人责任与权限，他就可以在此权限范围内有自主性，以自己个性从事新观念的工作，因此他就拥有了可自己处事的满足感与成就感。

责任与权限必须均衡。我们所说赋予工作人员权限即让他们在自己意识下工作。很多主管对属下只强调责任，而极少赋予权限，只是一次次地指示他们，以致部属根本毫无机会依照自己的办法去做，在此状态下，无论如何强调责任都无法收到预期的效果。

赋予某人责任即让对方负责之意，这点每个人都必须明了，也因此工作范围须划分清楚，如此，个人所负担的责任即分担工作范围内的责任而已。

说了这么多，责任到底是什么呢？工作人员有完成工作的义务，假若无法完成或工作成果不好时，就非要负责任不可了。这所谓的责任并非要提出辞呈，或者要等待受罚，而是必须将失败处弥补至完美为止，使其不良影响降至最低限度而且要找出失败的原因，绝不再犯。另外，部属做错了事，自己也不能免除责任。故当自己的属下失误时，在处罚部属之前必须自己先反省一番，看看自己的做法是否妥当，导致失败的原因何在，并且要改善缺点，这才是主管人员的职责所在。

在与年轻人的交谈中，大家都认为："任何一件事上，上司若信任我们，可放手让我们单独去做，我们必定会更加卖力。"说这些话的人进入公司服务都一年多了，他们逐渐地学会每一件事，新鲜感再加上适当的经验，使他愈做愈有味道。反之，若积年累月做同样的工作，时间一久会觉得枯燥无味，单调无比，原先的工作热忱也渐渐消失了。故主管人员应依照员工工作熟练程度，由最基本的D级工作晋升做C级工作，再由C级跳到B级，如此一级级地赋予较高级的工作，他们做起事来也不致有厌倦感。

但是工作编排并不只限于纵的方面赋予高级工作，有时也可在横的方面赋予范围更广的工作，这道理都是一样的。

制造适当的危机感

不时提醒你的员工，企业可能会倒闭，他们可能会失去工作。这样可以激励他们尽其所能，不至于怠慢工作。

事实上，创造工作中的危机感对企业和员工都不无好处。为什么？太过稳定会影响员工的工作绩效。工作稳定长久以来一直是员工的权利。如果员工认为企业"欠"他们的，没必要靠努力工作获得报酬，他们的效率就会降低。这也是日本的"终身雇佣制"最终不能维持的一个重要原因。

这不仅容易导致整个公司组织僵化、缺乏进取心、最终使公司出现危机，对个人也许贻害更深。如果对自己的工作不负责任，就不会去学习如何应对变化。那么，当变化不可避免时，就束手无策，只能坐以待毙，这恰恰带来真正的危险。

有适当的工作危机感是好事。毫无危机感的企业必须制造适当的危机感来激励员工的工作，让他们感到自己的工作离不开这种危机感，有压力才会有动力，事实上确实如此。当员工战胜他们面临的挑战时，他们就会更加自信，为企业做出更大的贡献。成为对企业有所贡献的人，是工作稳定的唯一途径。

如果员工无论业绩多么差都能高枕无忧，对企业的士气将是极大的打击，结果就会造成一种无所谓的风气。很多企业中都存在无所谓风气，员工无所事事，却认为企业"欠"着他们的，因为管理层创造了一种"应得权利"的风气。在无所谓风气中，员工更注重行动而不是结果。后果是，优秀的员工纷纷离去，企业的业绩一落千丈，处于一种得过且过的状态。

员工如此思想和行为，是因为当他们失败或企业濒临倒闭时，对他们而言，没有多大影响或者他们并不在乎。他们不断闯祸，却一次又一次蒙混过关。

这种员工认为企业的存在是为了满足他们的需求。对员工士气的调查更进一步证实了这种观点。调查中不应该问："你快乐吗？你喜欢你的经理吗？"而应当问："你的经理是否不断推动你取得更好业绩，你才业绩出色？"

重要的是要有结果。1993年麦德公司行政总裁史蒂夫·梅森派人将一块680磅的巨石放在公司总部大楼的大堂里。然后他要求每个员工思考把这块巨石移开意味着什么。它并不意味着发布更多的文件："我们为客户提供了有价值的产品或服务，使他们满意，就是把巨石挪开了。"

任何企业活动都必须产生价值。常常问："这能移动巨石吗？"以此向完成的每件事和提出的每个建议挑战。如果结果是否定的，那就没有行动的必要。

要打破这种无所谓文化，调动那些害怕被炒鱿鱼的人们的积极性，就得在风险与稳定之间寻找适当的平衡点。如果人们没有危机感，就必须创造一种环境，让他们产生不稳定感，让他们思考自己的未来。心理学上的两个重要发现解释了这种现象。

首先，Yerkes — Dodson 规律表明，随着焦虑程度的加深，人的业绩也会提高。当焦虑度达到一个理想水平时，业绩也会随之达到最高点。不过，如果焦虑程度过高，业绩也会下降。

其次，当成功概率达 50% 时，人们取得成功的动力最大。换句话说，如果人们追求的目标或接手的任务具挑战性，但同时又很可能成功时，人们追求目标或接手任务的动力最大。

这说明企业的员工处于以下几种状态：

1. 无所谓。这种状态下，人们清楚地知道，自己能一直干下去，不用担心被解雇，凡事都想当然，不管他们表现多么差，都有安全感。

2. 恐惧。身处其中，风险或焦虑度太高，凡事谨慎，不管他们表现多好，还是没有安全感。

3. 风险程度适中。人们面临适当的挑战而发挥最好。这是唯一真正富有成效的状态，人们肩负着足够的风险，珍惜自己的努力所得。而这点恰好使他们能获得满意的结果。

企业要繁荣，员工要发展，员工的发展和企业的发展是相互依存的。企业要发展必须营造一种积极向上的工作氛围。在这种氛围中，员工和企业的创造性喷涌，灵活善变，努力获得实质性的结果，才能获得成功。

要引导你的员工走出无所谓文化，一定要确保他们明白当今的经济现状中潜伏着不尽的威胁：客户可能拂袖而去，企业可能倒闭，员工可能失业。

要告诉那些充满恐惧的员工获取安全感的最好途径，就是帮助企业实现最为关键的目标。所以，当你发现你的员工过于安逸时，你应该制造适当的危机感，引入内部竞争，使员工行动起来。

变惩罚为激励，效用加倍

在管理员工时经常会碰到这样一个难题：是以激励为主还是以惩罚为主。这涉及到管理学中的理论，即把人的本性看作是向善的还是向恶的，如果认为是向善的就会以激励为主，通过激励来达到激发员工的工作热情、提高工作效率的目的。如果认为是向恶的就会以惩罚为主，通过严惩来达到规范员工行为，使员工在制度规范的约束下，集中精力工作，提高工作效率。事实上，在具体的操作中往往是二者并用，做到恩威并施，激励和惩罚并用。但是问题是：有的管理者不善于惩罚，只善于激励，而有的领导只善于惩罚，而不善于激励。尤其具体到一件事情中，比如员工犯错误时就只有惩罚，似乎不惩罚就不能起到杀一儆百的作用，不惩罚就不能体现规章制度的严肃性，不惩罚就不能显示管理者的威严。

惩罚是应该的。但是，当员工犯错误时，不只有惩罚，还可变惩罚为激励，运用惩罚的手段达到激励和奖励的目的，甚至可以达到单纯奖励所不能达到的目的。这就要求管理者掌握高超的管理艺术。

恃才傲物是一种普遍的心理，因为有才者通常都觉得自己比别人聪明，所以当他的上司管理他时，一开始就会产生逆反心理。进而管理者也往往带着情绪和偏见来管理这样的员工。举个例子，一位业绩名列前茅的员工，认为如果改进一项具体的工作流程，可以使效率翻倍。她向上级提出过改进的建议，但没有受到重视，主管反而认为她多管闲事。一次，她私自违反工作流程。主管发现了就带着情绪批评了她。她不但不改，反而认为主管有私心，于是两人就吵翻了，主管将此事报告给经理。

于是，经理就把这位业务尖子叫到办公室谈话。经理没有一上来就批评，他态度非常随和让员工先叙述事情的经过，并和她交换意见和看法。经理发现这位员工确实很有想法，她提出的建议是正确的，还提出了许多现行的工作流程和管理制度中存在的不完善之处。经理能这样朋友式的平等地和她交流，而且如此真诚地聆听她的意见，她感觉受到了重视和尊重，她的反抗情绪渐渐平息下来，从开始的只认为主管有错，到最后承认自己做得也不对。在经理试探性地询问下，她也说出了她的错误应该受到的处罚。最后高兴地离开了办公室。

此后，经理和主管交换了意见。让这位员工在班前会上公开做了自我检讨，并补一个工作日。员工十分愉快甚至可以说是怀着感激之情接受了处罚。经理还以最快的速度把那项工作流程给改进了。事情过后，这位员工一下子改变了原来的傲气和不服情绪，并积极配合主管工作，工作热情大增。大家说他好像变了个人似的。

既然员工违反了规章制度，就必须处罚。不然，就等于有错不咎，赏罚不明。但如何罚？简单地照章办事，罚款了事？这是一般常规的做法。这种做法容易激化矛盾，使员工与上级之间关系紧张，不利于企业的管理。

因此，在必须处罚的前提下，不仅要留住人，更要留住心，关键是要从根本上解决问题。那位员工之所以愉快地接受处罚，最关键之处是他认为不正确的问题得到了改进，证明她的意见被采纳了，她的才能得到了肯定。在朋友式地交谈中，她自己认识到自己做错了（而不是领导或他人指责她做错了），她能不改吗？这是让员工自己改正自己的错误，是积极有效地改正错误，而不是领导要她改，她不得不改、被动地改、消极地改。被动地改、消极地改不是彻底地改，有可能要留后遗症，随时有可能反弹。朋友式的平等地交流问题和看法，会使员工有被尊重感，有某种意义上的心理满足感，员工会感觉到这样的领导可信赖，能解决问题，就会把自己看到的问题毫不保留地提出来，这等于让她积压已久的意见得到了倾诉，心理的压抑感解除了，能不轻松愉快吗？

变惩罚为激励的方法还可以体现在一张小小的处罚单上，有人认为处罚单就是处罚单，有什么好说的，实际上处罚单上还有学问呢。一家企业重新制作处罚单时，对其进行了改进，在处罚单上加了一句话："纠错是为了更好地正确前行。"而且还把单子的前头"处罚单"三个字改为"改进单"。单子印出来之后，大家都说这句话加得好。这样的处罚单比单纯严肃的处罚单效果要好得多。以往所有的处罚单，都是清一色的严肃面孔，一句多余的话都没有。加上了富有人情味、文化味、教育性和启迪性非常强的一句话，处罚单的面孔立即由严肃、冷酷、无情变得慈祥、企盼和充满着希望。当员工接到处罚单的时候，看到了这句话，心理上会发生一系列的变化，由本能的反感、抵触到理解，最后到改进。所以，单头叫"改进单"可谓是点睛之笔。在处罚单上做一小小的改进，面目大为改观、境界迥然，这就是处罚的艺术，这就是企业文化。处罚本是反面教育，这样就变成了正面教育，鼓励改正错误，激励员工向积极的方面发展。

激励不能靠钱买

早在 30 多年前，赫兹堡就在《再谈激励员工》一文中对金钱和激励之间的关系提出怀疑。他指出，与工作满意相对的不是不满意，而是缺少满意感。同样，他提出，不满意的反面也不是满意，而是缺乏使员工产生抱怨的因素。他把体现在薪酬上的钱归为后一类。也就是说，我们付给员工的钱只是为了让他们不要缺乏动力。

管理顾问科恩著有《奖励是惩罚》一书。书中他强烈反对利用金钱激励员工。他指出，用金钱诱使员工提高业绩，纯属浪费且不利于提高生产率，不能用到致力提供优质产品或服务的企业。

"钱最多能避免一些问题的出现，"科恩说，"但这并不意味着，我们应该不惜时间和资源为企业买来高质量，或用钱鼓励个人努力工作。"

但是，金钱起不到激励作用，这种观念在现实中，需要辩证对待。"说来说去，如果我把你的工资减半，你肯定怒火万丈，"科恩说，"但是，即使给你工资加倍，你也不会一下变得更称职、更勤奋或更有可能干好工作。"

那么，不用钱激励员工，用什么呢？科恩的答案是，挖掘员工的内在动力，对每个员工而言，成就才是他们最需要的。科恩说，能够激起员工内在动力的因素有：让员工在自己的工作中有发言权，让员工意识到自己的作用，更重要的是让员工把工作当作自己的事业。

薪酬在一份"好工作"中是什么角色？科恩认为，应当付酬优厚、公平，然后领导者应尽力让员工不要只盯着钱。他说，钱把员工的注意力引向外部激励因素，而无法专心工作。

例如美国得州一家石油公司利昂德公司的业绩管理经理雷丁决定在公司推行科恩的一些想法。他正在设法砍掉公司原有的多重激励机制和奖励制度，希望尽可能把员工的所有报酬包括在基本薪资中。

雷丁把报酬与业绩脱钩的初步措施之一就是，放弃业绩管理系统，对所有员工的薪酬进行一次普调。他遍访这家拥有 1200 名员工的公司的所有部门，向他们介绍普调薪酬的好处。雷丁发现他们费了很大的劲来给员工分级，结果真正出色的员工仅比一般员工的收入高半个百分点。

与此同时，他还帮助实施一个全视角反馈系统，使员工能真正了解自己的业绩。"我们说，'既然我们不再采用业绩管理系统，你就能得到一些确实的信息，'"他说道。

既然钱不能激励员工，为什么我们还抱着钱能通神的观念久久不放？主要在于激励与行为这两个词太易混淆了。

薪酬顾问公司海氏集团驻芝加哥副总裁兼执行董事大卫指出："报酬可以指导人的行为。因此，我觉得人们把行为与激励弄混了。"大卫与人合著过《员工、业绩与薪酬》一书。他说："激励不应该从个人以外去寻找。它的本意就是指一种个人希望有所成就的内在欲望。"雷丁宣称，尽可能扩大基础薪资的比重可以解决假意把薪资与业绩挂钩给员工积极性带来的打击。但其他人则认为这种战略只能使员工当一天和尚撞一天钟。

亚利桑那州全国销售专业人士协会主席雷根指出，员工的这种行为是"混日子"，即只要人在干活就能拿工资。暴露这种心态越来越常用的一个词是"分内权利"。

雷根说，他的生产员工原来只是些拿工资的混日子的人。他们没有动力多出一份力或迟点下班、完成订单。即使加班，也根本不能保证他们会干出多少活。

所以，雷根把收到的每笔订单都与一定的金额挂钩并把订单挂在公告牌上。如果员工的产量按天算超过一定量，他们就可以拿到对应自己生产的价值的一定金额。工厂的总经理确定好订单生产的顺序，这样员工就不能单挑那些金额高的订单进行生产。同时，如果产品质量差被退回，负责该产品生产的员工就必须返工。订单上会被打上一个大大的"0.00 美元"让员工知道他们没达到指标。

结果，生产员工密切关注送来的是什么样的订单和他们生产的产品。他们的效率也大大提高，甚至主动问雷根他们该怎么帮忙。例如，公司生意清淡时，员工与销售人员一起拜访顾客，回答顾客的疑问，以争取更多的订单。在生意清淡时期，雷根还把厂内的设备维修等工作与报酬挂钩，使员工们所做的一切工作都可纳入按业绩付酬的制度。

专家们说，并不是钱不能使员工按我们想要的去做，只是我们利用钱的方式不对。

《超级激励：振兴整个企业的蓝图》一书的作者斯皮策极力推崇按劳付酬。他认为，很少企业关注除钱以外能够激励员工的其他因素。"利用钱最痛快。许多企业宁愿用钱激励员工，也不想对其内部的激励环境做大的变革。"斯皮策说。

了解企业内各种激励因素的作用。任何激励都包含了三个因素：货币价值、表彰价值（对员工业绩表示认可的奖励因素）以及激励价值（促使员工想再做一次的奖励因素）。斯皮策认为，大多数企业过度重视第一个因素而忽视了另外两个更为重要的因素。

钱成为一种避免利用其他激励因素的逃避方式。谁都能随口说出"多做点，我会多付你钱"这话。一点不费劲，不需动脑子，无需什么技巧和勇气。

也许，我们可把钱形象地比作喷气机燃油。这种油料危险、易爆、能量大，但把它灌入设计精良的飞机后就不一样了。同理，如果把钱用在一个精心设计、经营有方的企业里，也许能使企业飞速发展。但是，如同油箱处理不当会立即爆炸一样，只想用钱激励员工也会使你的好梦瞬间化为乌有。

不花钱，引爆员工潜力

有人说企业经营是"环境适应业"，确实，在企业经营的过程中，主事者须时时能掌握环境变化的现状及趋势，才能研究出有效的对策，使企业立于不败之地，进而获利。著名管理顾问尼尔森认为，未来企业经营的重要趋势之一，是管理者不能再如过去般扮演权威角色，而是设法以更有效的方法，间接引爆员工潜力，才能创造企业最高效益。

尼尔森认为，未来管理者最重要的不只是与员工每天的工作有所互动而已，而是可以做到在不花费任何成本的情况下，去激励、引爆员工潜力，他提供了六个不要任何花费的方法。

1. 有趣及重要的工作：每个人至少要对其工作的一部分有高度兴趣。对员工而言，有些工作真的很无聊，管理者可以在这些工作中，加入一些可以激励员工工作的东西，此外，让员工离开固定的工作一阵子，也许会提高其创造力与生产力。同时，要确保员工得到相应的工具。在投资于领先技术的公司工作，一般都令人士气高昂。如果能使用最先进的作业工具，员工也会引以为傲。如果能自豪地夸耀自己的工作，这夸耀中就蕴藏着巨大的激励作用。

2. 让资讯、沟通及反馈渠道畅通无阻：员工总是渴望了解如何从事他们的工作及公司营运状况。管理者可以告诉员工公司利益来源，及支出动向，确定公司提供许多沟通渠道让员工得到资讯，并鼓励员工问问题及分享资讯。

3. 参与决策及归属感：让员工参与对他们有利害关系事情的决策，这种做法表示对他们的尊重及处理事情的务实态度。当事人（员工）往往最了解问题的状况，如何改进的方式，以及顾客心中的想法。当员工有参与感时，对工作的责任感便会增加，也较能轻易接受新的方式及改变。同时，强调公司愿意长期聘用员工。应向员工表明工作保障问题最终取决于他们自己，但公司会尽力保证长期聘用以培养员工的归属感。

4. 独立、自主及有弹性：大部分的员工，尤其是有经验及工作业绩杰出的员工，非常重视有私人的工作空间，所有员工都希望在工作上有弹性，如果能提供这些条件给员工，会相对增加员工达到工作目标的可能性，同时也会为工作注入新的理念及活力。

5. 如今，虽然人们越来越多地谈到以工作表现管理员工，真正做到以工作业绩为标准提拔员工仍可称为是一项变革。凭资历提拔员工的公司太多了。这种方法不但不能鼓励员工争创优绩，还会养成他们坐等观望的态度。谈到工作业绩，公司应该制定一整套从内部提拔员工的标准。正如《不辱使命》一书作者戴斯勒（Gary Dessler）所说："员工在事业上有很多想做并且能够做到的事。公司到底给他们提供多少机会实现这些目标？最终，员工会根据公司提供的这种机会来衡量公司对他们的投入。"

6. 增加学习、成长及负责的机会：管理者对员工的工作表现给予肯定，每个员工都会心存感激。大部分员工的成长来自工作上的发展，工作也会为员工带来新的学习，以及吸收新技巧的机会，对多数员工来说，得到新的机会来表现、学习与成长，是上司最好的激励方式。

尼尔森认为，为顺应未来趋势，企业经营者应立即根据企业自身的条件、目标与需求，发展出一套低成本的肯定员工计划。他的看法是，员工在完成一项杰出的工作后，最需要的往往是来自上司的感激，而非只是调薪。以下是激励员工士气的九大法则：

1. 来自向员工的杰出工作表现表示感激，一对一的亲自致谢或书面致谢。

2. 经常与手下员工保持联系，花些时间倾听员工的意见。

3. 对个人、部门及组织的杰出表现，提供明确的回馈。

4. 积极创造一个开放、信任及有趣的工作环境，鼓励新点子和积极的主动性。

5. 让每一位员工了解公司的收支情形、公司的新产品和市场竞争策略，以及讨论每位员工在公司所有计划中所扮演的角色。

6. 让员工参与决策，尤其是那些对他们今后发展产生影响的决定。

7. 肯定、奖励及升迁等，都应以个人工作表现及工作环境为基础。

8. 提供员工学习新知及成长的机会，告诉员工在公司的目标下，管理者如何帮助其完成个人目标，建立与每位员工的伙伴关系。

9. 庆祝成功——无论是公司、部门或个人的表现，都应挪些时间，来举办士气激励大会或相关活动。公开表彰会进一步加速激发员工渴求成功的欲望。经理应该当众表扬员工工作出色，这就等于告诉他，他业绩值得所有人关注和赞许。如今，许多公司视团队协作为生命。因此，表彰时，别忘了团队成员。

尼尔森特别强调，赞美员工需符合"即时"的原则。管理者应能做到在每天结束前，花短短几分钟写个便条对表现好的员工表示称赞，书面形式的祝贺能让员工看到经理的赏识，那种"美滋滋"的感觉也会持久一些；透过走动式管理的方式看看员工，及时鼓励员工；抽空与员工吃个午餐、喝杯咖啡；公开表扬、私下指责等。管理者只要多花一些心思，员工就能受到莫大的鼓舞，使工作成效大幅提升。

错误在于使用"只让一个人独得"的奖励手段

这里我们先看一个简短的例子，它是发生在美国的一家中型公司的故事。

"最后，"汤姆这样结束了简短的发言，"詹妮当选为部门的季度最佳雇员，我知道大家都愿意和我一起向她报以热烈的掌声。"于是大家都鼓掌了。

但过了没多久，当汤姆正在与保罗谈话时，听到南希对埃默里说："她有什么特别的地方？我知道她的工作做得很漂亮，但不见得就比你我强。你不认为她和头儿有一手吧？"

简直是糟糕透了！可就在汤姆同保罗的谈话结束前，詹妮走了过来。看得出来，她有什么话要跟汤姆说。汤姆明智地结束了同保罗的讨论，然后转向詹妮。

"我真的希望你能在宣布结果之前问一下我的意见，"她结结巴巴地说道，"现在组里的每个人都对我十分恼火，没有他们的帮助，我什么也做不了！"

只有一个人能得到某项奖励或是认可，就意味着其他人都是失败者。偶尔，某个人会比其他人更为突出，这时没有谁会妒嫉他所得到的褒扬。但这种事并不多见。经理如果非要从一批非常出色的员工中挑出一个人来，常常会挫伤其他员工的积极性，并导致他们工作表现的恶化。

许多经理采取轮流得奖的办法来解决这一问题。他们尽可能地使每个人至少在一段时期里都能够得到一定的认可。但如何才能真正解决这个问题呢？

首先，一有良好的工作表现出现，就予以认可。不要等什么奖励周期。雇员就像经理们一样，有时喜欢盛大而耀眼的奖励仪式。但在日常工作中，他们真正看重的是经理能关注到他们的工作，并给予赞赏。他们看重一句恰如其分的表扬，一张表示谢意的便笺，或是其他表示你对他们工作给予了关注的小纪念品。

鼓励员工相互表示对各自工作的认可。来自同事的认可，其意义与来自经理的认可相当，有时甚至更有作用。当然，两者都有的话是最好不过了。你可能并不想为此建立正式的制度，但要鼓励你所有的员工对其他人的工作表示认可。这样，当看到有员工注意到了别人的工作并表示感谢的时候，你就已经有了对员工的认可。

建立，或鼓励组织建立这样的制度，当有员工达到或超过某一标准时，即予以认可。联合道路公司采用的正是这样的认可制度。做到一定的工作量，或是达到一定的增长率，员工就能得到一些小奖品或是证书。你还能在汽车保险杠上看到这样的标签："我的孩子上了米德兰小学的光荣榜。"上面的例子中，多少人能得到认可并没有受到限制。

你自己都可以建立这样的体制。或许你可以创造一个"光荣圈"。每个月，或者每个季度，所有达到一定标准——这可以由工作群体自己设定——的员工都能走进这个圈子。每个成员都可以为此得到一个咖啡杯，或是一顿免费的午餐。这样，入围的员工就可能负责帮助其他没能进入这个圈子的人在下个季度达到标准。

对特别杰出的员工，你的行为会很恰当。因为这样的员工，雇员们公认他是最出色的。有时，你应该把获奖者提名向员工们公布，让员工们也能得到评价的权力。或许员工们还会决定他们认为谁应该获得提名。

但总的看来，在你和你的员工对所有出色的工作都能给予认可前，不要采用这种只让一人独得的奖励手段。说到底，像季度最佳雇员一类的奖励充其量不过是一种点缀而已。

不应该鼓励手下的员工互相竞争，"只让一人独得"一类的奖励正好犯了这个大忌。它不能促进合作，相反却很容易使员工互相保密，拒绝向别人提供帮助。

很多企业对最常见的认可手段——工作评估制定了严格的条件。不知是什么原因，人们认为严格限制得到高分的人数会有好处。这种想法很不现实！你真正应该做的是设定一个需要全力以赴才能达到的高标准，然后尽力使所有的员工都能达到这个标准。这时你就可以说："当然喽，我的手下个个都非常出色。"

制造适度的竞争

"头儿，我认为我们应该与 A 组和 B 组来个三方竞赛，"汤姆信心十足地说，"我想，这样做用不了费多大劲，我们就能超过这两个组的。"

"我并不认为如此，汤姆——毕竟，我们希望这儿是一个快乐的大家庭，互相竞争并不妥当。"

"哦，算了吧。这对我们会有好处，会让我们始终充满活力。我想我们在大多数的时间里都会比 A 组或 B 组做得好，但我们需要给自己加压。"

"不，这样做就是不恰当。进行竞争会分散大家的注意力的。不过还是十分感谢你的建议。"

适度的竞争能够改善工作群体的表现。拒绝了与其他群体的竞争，这位经理也就拒绝了一个非常积极的激励因素。这些观点都是以有一个适合竞争的环境为先决条件的，我们将在下面对此进行讨论。

如何不重蹈覆辙？

只要下面的条件存在，你都应该考虑与其他群体进行友好的竞争。

首先，群体之间不是生产上的上下游关系。如果工作单位之间有客户，供应商这样的关系，无论你在哪一边，都是一个统一的工作流程中的一部分。为了使工作高效地开展，群体间必须紧密合作。如果两个群体相互竞争，其中的一个就可能会采取不合作态度，以使自己在竞争中领先一步。

其次，大多数相关的员工至少是愿意做竞争的尝试。由于各种各样的原因，员工们可能会害怕竞争。他们可能对自己的能力没有信心，或是担心其他部门会从中得利。

如果有一些员工真的不愿竞争，那最好还是维持现状。如果另一些想要进行竞争的员工自愿去说服不愿竞争的员工的话，就让他们试试看，之后再重新考虑一下竞争的想法。但如果大多数员工愿意至少一试，竞争也值得考虑。

最后，群体能保持友好的竞争，而且要保证竞争的公平和透明，当然，只有进入状态以后才能确定这一点。如果察觉到有些员工对某件事耿耿于怀时，就应该提高警惕了。狂热的竞争真有可能会造成混乱。更糟糕的是，当有人偷工减料、编造漂亮的统计数据时，竞争就会对生产造成破坏。至今还没有人能找到一个衡量体系，尤其是用于激烈竞争中的衡量体系，可以判断何时员工和经理能得到充分的激励而不至于形成破坏性的力量。

　　每一个经理都应该知道何时选择竞争，何时强调合作。竞争与合作没有一个是永远正确的。

　　这里的关键因素是工作流程。同一个工作流程中的个人或单位之间都不应该进行竞争，原因很简单，这会让他们产生打乱工作流程以此凸显自己的动机。

　　但最重要的一点是要对竞争变得非常火爆时会发生什么事有一个清醒的认识。在这种情形下，经理与员工"玩"工作体制、歪曲统计数据以使之显得漂亮等等都是很正常的反应了。最后取胜的往往是最好的玩家，而不是最好的员工。不要自欺欺人地认为"我们都是些言行正直的员工，这种情况不会在这里发生"。获胜与失败之间的待遇差别越大，这种情况发生的可能性就越大。

巧用小团体

人仿佛生来爱拉帮结派，几乎每个人办公室都有小团体存在。学名称为"非正式组织"，讲的就是派系，其可为主管所用。

1. 志趣相投、利益一致

小团体可分为两种性质，首先是利益团体成员具有共同的利益与目标；再者是友谊团体，因为彼此志趣相投，私交甚笃，而扩展到于公于私都能互相关怀，形成小团体。小团体通常兼具以上两种性质，通常是先形成友谊团体，进而形成利益团体。办公室里之所以会形成小团体文化，主要有以下几种因素：①共同的兴趣、相似的背景，如同校毕业，住附近、下班后常有机会一起返家等等，都能提供相聚、关怀的人性需求。②工作量不足，以至于员工靠着成群结党打发上班时间；或者公司纪委松弛，员工自由度高，容易明目张胆地三五成群闲聊培养感情。③公司制度与管理的不公平、有争议，也易使得权益受损的员工因为认知相同，而互相支持。

2. 小团体文化：硬币的两面

无论成因如何，小团体的存在对团队的组织和工作氛围带来了较大的影响。负面的影响是，小团体影响员工的工作绩效，因为员工势必得占用工作时间交换讯息。小团体将破坏团队精神，让组织形成主流与非主流的分别，以致组织里的人事容易发生冲突。同时，小团体也是组织变革的阻力，尤其当他们是既得利益体，其力量可能大到让主管在推动变革时不容忽视，必须考虑其存在，而在公司正式的行政发布渠道之外，小团体之间频繁的讯息交换，容易传播不完整、不实的讯息，在组织里混淆视听，造成管理困难，也影响一般员工对于公司的信任与向心力。

如果任由其发展，其负面作用会形成彼此联系的污水流，其破坏是很严重的。

但小团体的存在，也有其优点。小团体能够提供员工丰富的社会需求，在成员遇到困难时给予精神支持，抚平情绪。因此，小团体还有助于降低员工的缺席率与流动率，小团体里的成员因为在职场上拥有精神的寄托与归属，每天上班都会很快乐。此外，小团体可以辅助正式的组织功能，协助管理，可能比行政管道来得快速有效。

要引导小团体发挥正面作用，首要之务便是了解公司里小团体文化的成因，看清小团体彼此之间的态势。再来就是要接受小团体。一般企业不会鼓励小团体文化，但是一旦此风盛行，主管不太可能拆散小团体，与其去对抗、打压，不如保持中立，进而去影响这些小团体，将小团体转化成组织里正面的一股力量协助组织目标的达成。在工作上，主管仍须维持自己的权威与管理立场，但是在关于员工福利方面的事务，不妨放手，委任小团体的成员来分担工作。

　　主管不一定要打入小团体，但是不妨偶尔参加小团体的活动，与其中的重要成员维系良好的关系，相信如此一来，才能将小团体转化为组织里的正面力。

因事用人，擅用偏才

在一些企业和单位里，人多而杂，加上效率低下，于是一些人更无事可做，但他们又担心这样赋闲下去会被领导解职，于是就要求领导给他们安排事情以显示他们还在努力工作。在此过程中，一些领导可谓大感头痛，本来没什么事干，却要找事干，于是便挖空心思列出一些毫无实际意义的工作，让每个人都占据一个位置或挂上一个头衔。而这些虚假的、徒劳无益的工作对企业或单位一点好处都没有，反而造成人员繁多，机构臃肿，既增加了负担，又降低了效率，还浪费了人才，有百弊而无一利。

之所以出现这种情况，就在于领导者在任人时因人设事的做法。这种任人方法的意思是有什么人，就去办什么事，即使没事可干了，但如果还剩有人，也要凭空造出一些事情，把剩余的人员安排好，其弊端前边已阐述。这样的任人方法根本无法适应市场经济条件下的企业，现在需要的是因事设人的方法，即领导者根据工作需要，有什么事要办，就安排什么人去办，一切以促进企业的发展，提高效率为出发点，绝不能因人设事，没事找事，做一些无用的工作。对于剩余的人员，领导者应果断地将他们下岗分流。

因事用人除了考虑人员的数量与工作需要的关系之外，还要考虑人员素质与工作要求的关系。打个比方，若公司需要一些文秘、财会人员，领导就不能招体力劳动者顶替。概括地说，一切因事而异。事情多，就多安排人数；事情少，就相应减少人数。事情难办，文化要求高，就提高人员的素质；反之，就可以适当降低人员素质，用普通人员即可。依此类推，不难触类旁通，加以研究和灵活运用。

一般领导者在用人时，面对一个各方面都差不多的人和在某一方面比较擅长的人，往往难以取舍，而优秀的领导者常宁可任用有偏长的人。据调查，有偏长的人的创造性比各方面比较平均的人强，他们对自己所擅长方面的工作干得更为出色。当然，我们不能将此绝对，而是根据工作的需要而言。如果工作要求一个比较全面的人才，则绝不能任用一个有偏长的人。那么，什么时候可以任用有偏长的人呢？当某一项工作对人才的全面性要求不强，各方面都差不多的人和有偏长的人都能干时，领导者就应当舍"全"求"偏"了。

可能一些领导者还有疑虑：用偏长之才不等于冒险吗？万一在工作中出现其他意外情况，偏长就无计可施了。我们前边已经讲过，偏长所任工作需是对某一方面要求较为突出的工作，就像学生学专业一样，在某一专业比较突出，而其他方面相对较弱。偏长并非只会某一方面的工作，而是其他方面相对较弱而已。

　　并且，任用偏长也要有一定的技巧，偏长之才一旦被用对了地方，就能做出常人难以做出的成绩。例如，陈景润在数学方面有偏长，他被用来搞数学研究，正好符合其偏长，故能成大就；反之恐怕他也只能平凡过一生。因此在用偏长之才时，一定要给以符合其偏长的工作。

团队需要的八种角色

没有一个思想正常的人会把 11 个足球运动员放到一个板球队里，或者试图用 11 个拳击手组建一个足球队，道理显而易见。但一些企业仍固执地认为一个由优秀的人组成的团队一定能战无不胜。事实并非如此。一个团队必须拥有完成任务所需要的所有不同技能和技巧，或许还需有一系列不同的性格或者具有不同特殊喜好的人。

英国学者贝宾（Meredith Bellbin）列出了一个流传很广的清单，其中列举了一个优秀团队所必须具有的八种人才：

1. 总裁：与其说他们是专家型或者是具有创造性的人，不如说是纪律严明、轻重分明和能力均衡的人。其职责是挑选人才，凝聚和协调员工的努力。

2. 造型师：特征是项目领导，性格外向，能有力地推动任务的进展。他的力量来源于个人动机和对任务的激情。

3. 生产者：是原创思想和建议的源头，团队中最富于创造性和最聪明的成员，但可能不注重细节问题。他们需要激励和引导，其才能才会发挥到极致。

4. 监测评估者：进行检查工作并指出论证中缺陷之处的人。他们擅长分析甚于创造。

5. 资源调查者：让团队与周围世界保持联系的联络人。他们性格趋于外向，有魅力。

6. 公司工作人员：把思想具体转化为行动时间表的实践组织者和管理者。

7. 团队工作人员：受人喜欢和欢迎，他通过鼓励、理解和支持来让每个人保持前进。

8. 猎手：如果没有他的话，团队可能永远都不会按时完成任务。他对任务的严格跟踪是很重要的，但总不受人欢迎。

换句话说，选择技术型人才是重要的，但要保证他们中间有人能担任其他重要的职责。团队是由个体聚集在一起组成的一个集合，在执行任务或者解决问题时需要用到他们的才能。团队赢了，则团队中的每个人都赢。如果团队输了，则每个人都输。

每个成员必须首先对团队整体保持忠诚。把这些个体都看成是各方面的代表的话，他们的忠诚就会分散，他们的承诺就会混淆，他们的职责就会不确定。团队会议会倾向于非正式的聚会，而不是严密安排的会议。他们有领导，但没有老板，成员间直呼其名，而不是称呼其职务。

团队就像人一样，有出生、成长和成熟三个阶段。你可以看着他们形成，创造出自己的形象标识，找到每个成员的定位和他们所能担当的职责。对很多团队来说，青春期之后，是动荡的时期，团队成员开始对最初的组织形式提出挑战。动荡之后是规范期，这个时期团队开始在新的团队结构中稳定下来，总裁、造型师和其他人员开始发挥作用。最后，团队走向真正的成熟，并开始能真正担当重任。

这些成长阶段——形成、动荡、规范——是任何一个团队生命不可缺少的。忽略它们常常导致团队过早地夭折，团队成长的整个过程不得不重新从头开始。

没有一个像在临时家庭一样一起成长的机会，团队就不会形成一个互相信任的氛围。在这种氛围中，大家各司其职，而且任何人都会尽忠职守。

所以，工作的绝佳环境就是处于一个好的团队中——它让人兴奋、富于刺激、充满支持和成功。

追求团队的成功

要使团队比传统的工作小组运作得更有效，就要让每个成员全身心地投入团队及工作当中。团队成员必须对任务抱有信念，并且能一起努力去完成。他们还必须专注于整个团队及其成功，而不仅仅是某段时间里自己负责的一小部分工作。如果成员们对任务及团队整体并不专注，他们就不可能组成一个真正的团队。这仍旧只是一个工作上多少有些联系的个人的集合而已。

那如何解决这类问题呢？

1. 确保团队中的每个人都知道整体的任务是什么。在传统的工作群体里，每个员工只被要求做好某一范围内的工作。他们可能根本不知道自己的工作在完成整体的任务中有什么作用。团队不能这样运作。每个团队成员都应知道整体的任务。假使你的团队负责为公司编写简报。这些简报，有的是定期发行的，有的则是为满足特定的管理需求而不定期发行的。你的手下有编辑、作者和制图，还有专职发行人员。你可以这样描述基本的任务："在预算范围内，遵守承诺，把高质量的简报送到客户手中。"即便是在传统的工作群体中，关注整体的任务也会带来巨大的利益。而对于一个团队，这是最基本的原则。

2. 确保每个人都致力于完成整体的任务，而不仅仅是自己手头的工作。一旦大家都明确了整体的任务，就应该全神贯注地投入进去。在实际工作中，这意味着有时员工们为整个团队的利益，要对自己的工作做出牺牲。比如，当团队不能及时完成生产时，一个正在写生产报告的员工就得暂时放下手头的工作。强调完成整体的任务，能够加强团队的合作精神，增强其协作力。

3. 鼓励所有的员工一起工作，并把自己视为团队的一员。员工们常常会觉得做出这样的转变有一定困难。在传统的组织中工作过的人习惯于将个人的工作视作奖惩的依据，把互相帮助看得比完成个人的工作更为重要。让员工出人意料地完成这样的转变，需要一段时间。当员工们表现出团队的合作精神时，一定要对他们付出的努力加以表扬，并让群体中的其他成员把他们当作学习的榜样。

可以说如果你想拥有一个高效的团队，就绝不能让团队的成员只关注自己个人的工作。应该帮助他们坚持把主要精力放在团队的整体任务上。

要使团队能全身心地投入到自己的任务中去,这些任务要具备下面三个特点。

1. 任务必须明确。所有的成员都必须理解团队的任务，并且，他们的理解基本上是一致的。例如，"使顾客满意"相对来说比较明确；而"生产高质量的产品"就并不那么清楚了。

2. 任务必须值得去做。要使团队成员能够全身心地投入到一项工作中去，就必须"有高质量的简报"相对来说值得去做；而"在上级规定的期限内完成工作"则有些勉强了。

3. 任务必须有挑战性。要让团队有成就感。任务要有一定的难度从而激发他们的斗志。一个高效的团队，必定是一个敬业的团队，完成任务，为企业创造价值，是他们的天职。

不要孤立地对待每一位成员

许多员工习惯于以自己个人的努力程度作为上级管理和评估的依据。即便他们被告知自己是团队的一员，也还是放不下对自己工作表现的关心。这时，经理的主要工作就是帮助这些员工把注意力从个人的工作表现转移到团队的工作表现上来。如果经理不做这个工作，依旧让员工们把注意力放在自己的个人表现上，就难以在他们中间建立起一个高效的团队。

优先考虑团队的业绩，而不是个人的成绩。当然，个人的成绩也不能忽视。但是团队的表现更为重要，因为如果团队没能取得成功，个人表现再好也于事无补。因此，要关注团队的整体表现，关注每个成员为团队的整体表现做出哪些贡献。这就需要在团队整体中体现这个原则。

1.让团队来纠正个人的工作表现。在过去，经理总是把纠正员工的工作表现作为自己的任务之一。团队如果能够真正建立起来的话，这种情况就会改变。高效的团队在纠正、提高成员工作表现方面的作用，要比大多数经理强得多。因为一位差劲的员工可能会时刻受到团队中其他的压力，而不像以前被经理骂一顿就完事。

2.不要奖励无助于团队成功的个人表现。团队里会有杰出人物，但他们不同于传统工作群体中常见的杰出人物。团队中的杰出人物是那些帮助团队实现整体目标的个人。只要有足够的时间，几乎每个团队成员都能成为杰出人物——他们在特定的时间点上都为团队的工作做出了特别重要的贡献。所以，如果有人做出了什么贡献的话，不要把他单列出来。如果团队相信某人做出非常突出的贡献，成员们就会承认这个现实，由他们去处理这些事情吧。

3.如果你采用个人表现评估的方法，就应该把团队的表现作为评估个人表现的主要因素。个人表现评估其实并不能与高效的团队表现相提并论，但大部分团队都要对个人进行评估，至少在开始的时候是这样。但是要保证，至少把个人作为团队成员的表现以及将团队的目标置于自己的目标之上的精神作为最重要的因素来考虑。

员工作为一个个人的高效工作表现，与作为一个高效团队的一个员工的工作表现，两者之间有时候会产生矛盾。团队刚开始培养凝聚力时，经常会遇到这样的问题。

　　然而，当团队开始从一个工作小组向一个真正的团队转变时，太多的"集体思想"并没有产生真正阻碍，相反，团队要懂得怎样才能做到名副其实，怎样才能让每个成员扮演的角色都有意义，同时又使每个人都全身心地为实现团队的目标而努力。

　　在这一过程中，你应该扮演一个关键角色。高效的团队需要成员之间的密切联系与合作精神，你对此的理解越深刻，就越能把这一理解更好地传达给团队的成员，尤其是在团队形成的初期是十分重要的。

应该有团队规则

团队成员仅仅互相尊重是不够的。团队应该有基本准则，每个人都必须遵守这些准则。这样能使团队成员各司其职，减少不必要的矛盾。

把团队召集起来，向大家阐明，任何团队都需要两种规范：行政规范和人际规范。行政规范用于指导会议的进程。例如，任何会议都不应超过一个半小时，除非团队投票同意延长议程。人际规范则规定了团队成员应该怎样处理相互之间的关系。例如，如果有一个成员没有提出自己的观点，我们不应认为他已经表示同意，或者相反。

不要因为某种规范听起来不错就断定它能对团队生效。看看下面的例子：

"我觉得这条规范不难做到，"希尔说，"我们会准时开会，会议开始时，每个人都会到场。这样，我们就不用浪费时间，为迟到的人再复述一遍会议的内容。"

"这听起来不错。"麦克蒂格补充道。

莱尔摇了摇头："等一等，我一周得拜访三到四个客户，而且不知道每次得花多长时间。准时开会是个好主意，不过是否考虑为我留点余地。"

"这样做行吗？"麦克蒂格问道，"如果早上第一件事就是大家碰个头，你等到碰头之后再安排对顾客的访问，怎么样？"

"这是个不错的主意，不过这意味着我们得就会议的长度达成一致……"

为什么要为行政规范操这么多心呢？因为，如果有团队成员预期自己会遇到其他人不会遇到的事情，即便这都是些琐碎的小事，他们也会成为众矢之的的。

团队要想高效运作，就必须树立人际规范。而且，每个成员都必须遵守这些规范，并且愿意加以运用。人际规范是怎样起作用的呢？假设团队达成了一致，认为其成员不可以给别人的观点戴帽子，而只应该讨论观点的内容本身。下面的对话反映了可能发生的情形。

"你知道，我们只要同意星期三和星期五下午不接电话就行了。这样顾客们会知道我们在做什么，而至少在这两天，我们可以不必为接电话而中断会议。"

"这真是个草率的念头，麦克蒂格！我从来没有听到过对顾客这样不敬的想法……"

"打住，"瓦埃插了进来，"听起来凯尔像是在给麦克蒂格的观点戴帽子呢。

麦克蒂格，你觉得是这样吗？"

"当然了。我真的觉得给贬低了。"

"好吧，算给你抓到了！"凯尔做了个鬼脸，"我确实在给她的观点戴帽子。那就一种说法吧。麦克蒂格，你真的认为，这样做在顾客当中造成的影响，会是我们想要的吗？"

"谢谢，这好多了。"麦克蒂格说，"现在，我来告诉你怎么会产生这样的想法的……"

除非保证每个人都能贯彻遵循，否则团队就不应该徒劳地树立什么规范。正如上面的例子说明的那样，在认为别人违背了规范时，每个人都应该能够作出提醒，而不受什么拘束，并且有权让对方当场进行处理。

团队刚开始运用规范时，成员们在提醒别人犯规时会显得迟疑不决。你可能得进行一些干预，直到每个人都能自如地坚持规范。不过，要尽可能快地从其中脱身出来，让团队成员承担起贯彻规范的职责。这也是团队成员的义务之一。

当然如果你手下的一个团队是由许多有团队工作经验的员工组成的，他们会不自觉地给团队带来有效的规范。但这迟早都会表现出其局限性，除非能对这些规范加以明确，并让每个人都来遵守。

让团队来做好人

一个团队，要么有权做出决策，要么就没有。如果它没有决策权，那就由你来做出决策，别人照章办事。如果它有决策权，而你随后又否决了它的决策，情况就会变得很糟糕。团队对此会十分失望，以后遇到什么棘手的问题，就会消极等待。客户会认为，让团队重新决策的方法就是直接来找你。这样的事情只要发生过这么两三次，你就又会退回到原地，大部分的问题只好由自己来做出决策，而团队也名存实亡了。

举个例子，你和团队一起工作，而且信任他们的决策，支持他们的工作。团队为财务部准备了一份策划书，而财务部对此又不满意，部门经理伯特·弗伦奇打了个电话给你，轻松聊了几句之后，下面的事情就发生了：

"我打电话过来是为了昨天你的手下给我们的那份策划书。它达不到我们的要求，我希望你能做点什么。"

"我对你的想法表示理解，伯特，我们也希望能积极地对你们做出回应。你是想在我们这个层面上处理这个问题呢，还是让你我的手下一起来想办法解决？"

"要不是想拉上你，我就不会打电话过来了。"伯特听上去有点恼火了。

"没问题。后天你如果有空的话，我希望你能抽出时间来和我，还有海迪·斯科尔思见一面。海迪是你们这方面项目的负责人。等我们碰一次头，让她把工作向你说明之后，我们就可以对你希望改动的地方进行讨论了。"

"嘿，我以为我们俩就能处理这事了呢。"伯特有点儿纳闷了。

"过去可能是这样，可现在不同了。我的手下在一起工作时效率真的很高，在没有同他们进行讨论之前，我从来不会想到去否决他们的意见。等到你同海迪讨论之后，就会明白我的意思了……"

依照客户的要求该如何同项目经理海迪讨论这个问题呢？请看下面的对话：
"海迪，几天前你跟我讲过，财务部对我们会不太满意，看来你没说错。伯特·弗伦奇昨天下午打电话给我，要我去和他谈谈。"

海迪试探着问："你会去吗？"

"是的。嗯，实际上，我们俩都要去和他谈。我想今天找个时间听听你的看法。对于那些你觉得会让他不满的东西，以及团队做出这样的决定的理由，你得给我一个解释。这样，明天我们同他讨论的时候，我就能向你提供恰如其分的支持了。"

"这很好，不过，这是不是说，你不会出任何改动？"

"我不会的，但是团队应做些调整。我们都要仔细听取，认真对待伯特的反对意见。我希望你能听取别人的意见，在知道我不会否决你们的情况下应该如此。如果有你我需要重新思考的问题，我们应该记录下来，并告诉他什么时候可以得到答复。这样团队就能对这些问题进行考虑了。我可能仍旧会否决一个具体的事项，但在听取你和团队的意见之前我是不会这么做的——这样财务部也不会知道是我做出决策。"

你绝不应该给客户留下哪怕是丝毫这样的印象，即他们可以绕过团队直接来找你。

出头做"好人"是很有诱惑力的。在上级或客户对团队做出的决定不尽满意时，自己插手并"纠正"问题的感觉确实会很不错。就是这么回事：自我感觉良好，上级和客户的感觉可能也不错。但团队肯定会感到很沮丧。这可不见得是个好现象。

总是让团队来做"好人"——这是一条原则。千万不要直接否决他们的决定。一直让团队同客户打交道，而且，如果有可能的话，也要让团队与上级打交道。如果不得不插手，那就公开支持自己的团队。如果要做出什么改动，那就同团队私下里解决，并把功劳让给团队。如果客户觉得他们从来都不会在你这儿捞到比在团队那儿更多的好处，他们就再也不会在与团队对话之前就来找你了。到时候，甚至连你的上级也可能会学会直接同团队打交道。这使得你的工作更加轻松，而团队则更有效率——真正的一举两得。

第7章 变污水为酒的方法

　　污水员工是客观存在的，对于其，如果只是被动应对是显然不够，但该如何主动出击呢？人是穿衣服的猴子，所谓衣服其实就是约束，如果无法从心底培育正确的观念，则只能求助于约束制度。人是可以改变的，约束制度可由外到里地改变一个人。

　　与之相对，情感的作用则是由里到外，这是古老的东方智慧的结晶。所以，本章的中心就在于融中西方智慧于一炉，取其精华以飨读者。

变污水为酒的八大原则

没有一成不变的污水，当你的组织中不幸出现了这么一只烂苹果，除了扔掉外，你应试着将他转化为于你有益的纯酒。当你试图这样做时，管理者必须切实遵循以下八大原则：

1. 当员工不听从指挥时。作为管理者，首先应考虑这样一些问题：企业的规章命令是否明确？能否为员工所了解？员工的行为有无正当的理由？如果规章命令不易执行或难以贯彻，必须认真分析原因并及时采取相应措施。如果属于员工方面的原因，则应公正指出违反规定将给公司带来的恶果，以及他会受到的处罚，在这个过程中一定要心平气和，千万不可激化矛盾。

2. 当员工不注意产品的质量时。必须仔细研究导致产品质量低劣是否是员工的原因。如果是员工疏忽大意，就应详细阐明质量低劣可能导致的后果（浪费原料、浪费时间、影响下道工序）。如果是员工对质量要求不明白，就应引导他们熟悉技术标准。如果是员工的能力不适合工作要求，就应及时予以调换。

3. 当员工浪费原料时。当你发现员工浪费原料时，就应考虑下列问题：他的工作方法合适吗？他有良好的工具吗？他对工作是否漠不关心？他了解产品流程吗？他是否已尽到最大的努力？如果属于员工本身的问题，应向他指出原料的价值，指出浪费与增加成本、提高售价的关系，并传授避免浪费的方法。

4. 当员工滥用工具和设备时。你必须在调查的基础上做出判断：员工这样做是由于对保养工作无知，还是发泄私愤、故意捣乱。对于前者，应指导员工了解使用方法、浪费与损坏的费用，必须按规则使用工具与设备的理由。对于后者，应进一步完善保养工具和设备的规章制度，并给予适当的处罚。

5. 当员工忽视安全问题时。首先应严肃指出其工作的危险性，并引导其学习的安全知识。可与员工探讨工作安全的重要性，吸收他有益的关于安全工作的意见。要明确指出忽视安全问题可能带来的后果，强调他对家庭和其他员工应负的责任，使他重视安全工作，防患于未然。

6. 当员工不努力工作时。如果员工当一天和尚撞一天钟，对工作敷衍了事时，必定有下列原因：对工作无兴趣或心有余而力不足；对管理者不满、懒惰或身体不适；工作不清楚、工作不佳、与同事不和睦或感到待遇太低。只要查明具体原因，就能对症下药了。

7. 当员工反对新的政策方案时。由于惯性作用，很多员工总是担心实施新政策会影响自己现有利益。有鉴于此，每当新政策出台时，应让员工明确新政策对公司及对员工本身有何益处。帮助员工分析其中的利害关系，并让员工参与到方案的实施中去，使之真变成员工的自觉行动。

8. 当员工服务态度不好时。一般来说，相关的原因无非是：不愿在本岗位工作；受到领导批评；工作出了差错；同事之间发生矛盾；家庭不和睦；身体不适；亲友有病；经济遇到困难，必须向员工强调指出，服务态度不好会降低工作质量、影响经济效益、损害企业信誉。要引导员工正确对待各种现实问题，自觉而热情地投入到自己的本职工作中去。

总之，对造成组织危害的员工应在调查的基础上，找出病根，对症下药，切不可针锋相对用猛药，这样才是变污水为酒的基本原则。

好制度造就好酒

管理社会需要法律制度规定人们的权利义务。企业管理也需要制度能设计与创新，将设计目标与执行者的切身利益最大限度相连，这样才可能将污水变成好酒，坏人变成好人，管理绩效也自然也上去了。

公平是怎样产生的？

假设三个人要分一块金币，如果由第一个人切金币并且又先挑金币，尽管你对切金币的人进行反复的道德思想教育，做这样那样的指示，也无法确保真正的公平？能否有这么一种制度让切金币的人尽最大努力去自觉做到公平公正呢？这就需要制度设计来解决。

如果我们设计这样一种制度，可以由你第一个切分金币，但是必须让其他两人先挑。制度稍作一些调整，结果会怎样？结果是：你再也不用对他进行思想教育，你也不用给他做任何规定和指示，他自己会尽最大努力，运用一切合理手段，慎之又慎乃至纤毫必较地去切分，尽量做到平均。因为一旦分得不均，吃亏的是他自己。这样就从制度上保证了公正。

我们实际中的有些工作做法，往往就像第一种分金币方法，对制度的设计方面却不太用心，关注过少，这也是为什么我们一些工作总是流于形式的原因所在。

在17至18世纪，英国的许多犯人遭送到澳大利亚流放服刑，私营船主要接受政府的委托承担运送犯人的任务。刚开始，英国政府按上船时犯人的人数给船主付费。船主为了牟取暴利，克扣犯人的食物，甚至把犯人活活扔下海，运输途中犯人的死亡率最高时达到94%。后来，英国政府改变了付款的方式，按活着到达澳大利亚下船的犯人人数付费。结果，般主们一改以往的做法，想尽办法让更多的犯人活着到达目的地，饿了给饭吃，渴了给水喝，大多数船主甚至聘请了随船医生。犯人的死亡率最低降到1%。船主们还是那些船主，为什么他们一开始刁奸耍滑，后来又变得仁慈了呢？并非他们的本性有什么变化，而是规则的改变导致他们的行为发生了变化。设想一下，假如进一步规定：在到岸港口验收时任何一个犯人必须身体健康，体重下降者不列入政府付费范围。相信船主们在途中就会将犯人们照顾得"无微不至"，更加极尽"人道主义"之责任。这就是制度创新的魅力所在。

这是发生在第二次世界大战中期美国空军和降落伞制造商之间的真实故事。当时，降落伞的安全性能不够。在厂商努力下，合格率逐步提升到 99.9%，而军方要求降落伞的合格率必须达到 100%。对此，厂商不以为意。他们认为，能够达到这个程度已接近完美，没有必要再改进。他们一再强调，任何产品也不可能达到绝对的 100% 合格，除非奇迹出现。不妨想想，99.9% 的合格率，就意味着每一千个伞兵中，会有一个因为产品质量问题在跳伞中送命，这显然会影响伞兵们战前的士气。后来，军方改变了检查产品质量的方法，决定从厂商前一周交的降落伞中随机挑出一个，让厂商的负责人装备上身后，亲自从飞机上跳下。这个方法实施后，奇迹出现了，合格率立刻变成了 100%。

一开始厂商们还老是强调难处，为什么后来制度一改厂商们再也不讨价还价，乖乖地绞尽脑汁提高产品质量呢？主要原因在于前一种制度还没有最大限度地涉及厂商们的利益，以致厂商们对千分之一的合格率没有切身感受，甚至认为这是正常的，对伞兵们每一千人必死一个现象表现漠然。后来制度一改让老板们自己先当一回"伞兵"，先体验一下这"千分之一"的感受，结果奇迹产生了。相信这一定是老板们"夜不能寐""废寝忘食"的结果。

上述三个故事给我们的启示在于：人是企业管理所有要素中唯一具有主观能动性和创造性的因素，为了达到抑制污水的破坏力发挥，其价值资源的目的，我们在制度设计上就应充分考虑一个问题，即如何最大限度地调动并激活人工作的主动性和创造性，如何将制度的设计目标与执行者的切身利益最大限度地联系在一起。这是企业管理者必须始终面对的课题，气度虽非治本之道，却是变污水为酒的有效手段，关键是要抓出人的利益着眼点，要对此设计合理的制度。

流水不腐

有一些老员工，应该说其业务和管理都很熟悉，但多半没有晋升，个人发展不说，公司多年培养也付之东流。这部分员工要么工作绩效达不到预期的标准或者没有实现承诺，要么对于工作不再投入，只挑顺手的做，而且做事故步自封。面对这些状况，要想办法让他们主动起来，所谓流水不腐，只有激发其斗志和兴趣，才有提高技能和水平的可能，也不会清水变污水。

1. 查找原因

他们为什么停滞不前？个人知识结构和公司组织结构导致晋升停滞，排除个人因素，在社会技术层面上有两个主要原因：

其一，技术发展，把员工送入了晋升停滞期，随着年龄的增长，他们的技能逐渐偏离公司的核心目标，未能跟上时代潮流。如彼得定律所言：每个人到最后终将晋升到他不再胜任的层次。

其二，金字塔结构的固有特点和组织结构的日益扁平化两方面因素的影响，加速了员工迈向晋升停滞期的步伐。几乎所有的人早晚都会遇到这种结构性的晋升停滞，因为爬得愈高，职位愈有限，这种现象在阶层式的组织中尤为明显，而且组织扁平化的压力也越来越明显。

2、表明公司真实态度

为了维持高效的组织气氛和提高团队的工作能力，主管者必须为停滞不前的下属提供新的激励。强调受人新生而且能达成的目标。当然，这些目标不再包括以职级、权势与衡量的晋升发展。

首先，真诚交流，坦然面对。让下属了解，每个人都极可能步入晋升停滞期。要坦诚，直率地告诉下属对他们的前景有什么样的看法，除了日常的正面反馈（需要注意的是，对于处于晋升停滞期的员工而言，太多的正面反馈可能会引起排斥，被认为是虚伪的怜悯而已）外，定期的绩效考评面谈一定要坦诚而实际，回避问题、搁置问题不是解决之道。

其次，让处于晋升停滞期的员工获得承诺，虽然不会再得到晋升，但他们仍然受到重视，仍然可以为公司出一份力，同时让他们感受到自己仍具有能力，仍是公司价值创造者中的一员。

3. 突出日常细节管理

①绩效考评：必须严格认真地执行，使员工对自己的工作有准确的认识。如

果经过绩效考评，员工能意识到主管的判断和他们修正过的期望是如此接近时，升不上去的负面影响就能减轻。应付了事的绩效考评与反馈面谈只会收到反效果。

②培训与开发：这两者之间有着重要的差别，培训是让员工满足当前的工作需要，而开发则是让员工达到未来的工作要求。对于下属而言，培训与开发都是必要的。有些培训与开发是为了提高他们的工作效率或是为了未来发展的需要，有些则是为了避免或缓和晋升停滞所带来的效应而特别规划实施的，还有一些则是充实下属，以使他们有更广泛的适应性。

③双轨晋升通道：如果员工表现的卓越才能在其专业团体中获得肯定就能够使优秀的业务人员持续销售产品，出色的研发人员继续从事研究。要注意到，许多这类人员被提升到行政职位，只因为那是向上发展的唯一途径。这些人通常在行政职位上不是很称职，经常是做得很不开心，为了解决这个问题，国内已经有一些著名企业开始实行双轨晋升通道：即所有的员工都可沿管理线和专业线奋斗。

④横向调动：使这些员工在公司各部门间平级调动。一个人可能不适合当前职位的工作或者在当前职位上难以再有创新了，但是换了一个职位可能就非常出色或者焕发出新的活力。

⑤短期项目团队：这种做法可以让员工在一个多元化的环境中承担更多的职责，而且能收到令人惊讶的成果。虽然不涉及职级的升迁，但员工所担任的职务，以及此职务所带来的挑战都会因此扩大。这些员工将会发现，相对于非常有限的发展空间而言，团队运作所带来的可能性几乎是无止境的。

⑥年轻员工的导师：处于晋升停滞期的员工，一般都已经在公司里待了足够长的时间，公司的精神。教室通常都积淀在他们身上。如果这些员工把他们头脑中的价值观、企业精神和技能都传播给年轻员工，可以使年轻一代受益并迅速成长起来。这对公司、对个人都极有好处。

⑦新单位扮演角色：虽然这种做法也许不在现有的职权范围内，主管还是可以尽一份心力，将这个点子推销给高层。在领导这种独立自主的新单位时，处于晋升停滞期的员工俨然扮演着执行总裁的角色。在没有正式给予任何人晋升的情况下，这种安排为晋升停滞的员工提供了一个必须呈现成果的创业挑战。

⑧仪式与表彰：这样的做法即便在相当庞大的组织中也会让接受者感到受肯定及被重视。然而这种奖励绝不可以轻易授予，它们是赢来的，而且必须尽可能众人皆知，使个人价值能充分地呈现在大家眼前。只要肯用心，方法是无穷尽的。

此外，让处于晋升停滞期的员工任内部的顾问或讲师，担任与政府部门或其他组织间的联络人等，都能让他们找到新的价值肯定。

斗志昂扬

你的下属意气消沉吗？

有这样一个观点：组织绩效＝能力水平×积极性×环境技师指数。而对于一个组织来讲，下属的能力水平在特定的时间内是一定的，因为即使经过培训下属的能力也不能突然提高。那么提高组织绩效的切入点也就锁定在了积极性和环境技师指数上了。环境技师指数是影响下属积极性的重要因素之一，试问如果下属没有一个良好的工作和生活环境，他怎么能有很高的积极性呢？

那么现在得出的观点，就非常直接而且浅显：下属的积极性直接影响组织的绩效。人们在积极性方面的差别，首先是一种心理体验，如对同一件事情，有没有参与的动机，设定什么样的目标，是否喜爱，能否抵挡其他事物的诱惑，等等。因此可以得出积极性的心理层次的含义：动机、目标、情感、诱惑。因此从心理学角度来看，积极性是一种行为准备状态。

1. 对某项活动的参与程度与努力程度。这是指下属是愿意从事某项工作，可以通过下属流失率、要求调动率、出勤率、工时利用率等指标以及日常工作中职工遇到比较艰苦、困难的工作时的反映表现出来。

2. 责任心。这是指下属对待工作尽心的程度。可以从下属是否遵守操作规程、重视质量、爱护设备工具、节约费用、认真记录和传递工作信息等方面来衡量。

3. 主动性。这是指下属对待监督和分工的表现。可以通过在不同监督程度下职工干劲与责任心的高低，对待分内、分外工作的不同态度，以及完成无指令任务的多少等方面来衡量。

4. 创造性。这是指下属参与改进工作的表现。工作积极性的高低在每个人身上的发展是不平衡的，例如有的责任心强但主动性不够。因此积极可以分为三个层级阶段：参与阶段、负责阶段、主动创新阶段。积极性发展的一般规律是：首先是愿意参与、有一定的干劲；然后是产生比较强烈的责任感；最后是表现高度的自觉性与创新精神。

接下来谈谈让下属意气消沉的几种表现：

1. 忽略成就。这是因为管理者往往认为下属的优表现是他们的分内之事。任何人都希望能够得到别人的肯定，并且大多数人并不具备自我肯定的能力或习惯，他们希望获得别人尤其是他们的上级肯定的回应。这就如同音乐家并不知道他演的乐曲是否动听，只有从观众的掌声中你才能满意自己表现。希望获得别人的肯定，是人来判断自我价值是否实现的一种手段。如果你经常忽略下属的成就，那么他们一直无法肯定自己的工作，换作是你，你会一直做没有价值的事情吗？我想谁都不会。另外强调一点是：做主管的应当认为下属做的每件事情都是他额外做的贡献。因为这样才会让下属认为每件都是他应当做的。相反，如果主管认为每件事情都是下属应当做的，则下属会认为他做的每件都是分外的事情，应当受到特殊的待遇。

2. 太苛求完美。人无完人，这是老掉牙的话了。我们用一个人，看的是他能够贡献什么，而不是看他有什么缺点，许多主管爱鸡蛋里挑骨头，以为这样就会显示出自己的水平，下属就能够服他。其实不然，下属只会认为这个主管心胸狭窄，容不得人，那谁还会跟他卖命。另外，如果下属在主管眼中只有缺点，而一无是处的话，下属会认为跟着这位主管没有前途，前途都没有了，还谈什么积极性。还有一些主管，想当然以自己的标准来评价一个人的好坏。那么当然会有许多不合他的心意的事情，记住：上帝造人，一定会有你看不上的人，因为上帝不是为你而造人！

纠正性的纪律制度

60多年了，美国的很多机构都是一直在使用一种共同的程序处理违背机构纪律的行为。这种方法叫逐步加重处分的纪律，通常有四个步骤：

1.某雇员犯了一个错误，于是就受到口头警告，并且被告知相同错误如若在某一时间段里再犯，对他的纪律措施将加重。

2.假如该雇员在某一时间段里又犯了相同的或类似的错误，他就会受到书面警告，这书面警告将纳入其个人档案。该雇员会被告知，如若其行为在某一时间段里又重演，那就会再次受到更严厉的纪律处分。

3.假如该雇员在某一时间段里仍未改正，他就会被停职停薪一段时间，并且将受最后警告。这一警告直言不讳：在某一时间段里再有这类违规行为，其结果将是被解雇。

4.假如该雇员在某一时间段里又违反了相同的规定，该雇员就被解雇。

这种制度可以给予让雇员不会在未充分意识自己饭碗不保的情况下被解雇。

这一制度也随时间而发生了一些变化。因为在实行这一本来是为加入了工会的蓝领工人准备的制度时感到不顺手，许多公司就取消了惩罚性停职停薪的做法，而代之以一个"察看期"。犯事雇员被告知因其犯事而要接受一段时间的察看，通常是90天，在这一段时间内雇员会被密切注视，仍无改观就要被解雇。

有些公司则用书面形式的"最后警告"代替停职，或将当事人降职使用，去做级别较低的工作。有的公司甚至采取了一种"准停职"的做法，当事雇员被告知已被停职，并且这一事实将被记入其个人档案，但他在停职期间仍被暂时允许工作并得到薪酬，这可保持工作的完整性，不至于让该雇员失去收入。

但在许多无工会组织的公司根本就没有任何纪律制度。因为这些公司在操作中没有工会在坚持严格的一视同仁，对某个人所采取的直接制裁也不大可能都需要仲裁，所以他们就宁可具体问题具体处理。在这些公司里，一旦发生了问题，主管们可随心所欲地进行各种各样的"指导和咨询"。人事部门也可随心所欲地进行各种各样的"指导和咨询"。人事部门也常常叫来或直接给违反纪律的雇员做心理咨询，或帮助主管使雇员的工作表现实现转变。当主管最后放弃了使此人回心转意的希望时，当人事代表感到胸有成竹，因为所积累的咨询内容和书面警告等材料已厚到经得起推敲而足以解雇雇员时，该雇员就将被解雇。

　　不论形式如何变化，成立的或者实际采用的，都是那种拉迪克所说的传统的逐步加重处分的缺席。假如所涉及的问题并不很严重且又是初犯，正规的纪律措施和解雇就都用不上，只需要主管去与雇员进行非正规的"指导和咨询"讨论。当这些手段无效后，再开始正规的纪律程序。正规纪律措施按照以下的步骤进行：

　　①口头警告步骤；

　　②书面警告步骤；

　　③停职——停薪——察看——最后警告步骤；

　　④解雇。

惩罚是把双刃剑

纠正性制度以惩罚为核心，其作用应该是得到认可的，但惩罚也是把双刃剑，其在发挥一定作用时，作为管理工具去改造污水质成员时，也会引起越来越多的问题：

1. 实际操作中的不平等。如果有两名雇员每天上班都迟到几分钟，经理马上会着手处理那个在其他方面表现也有缺陷的雇员的问题，而另一个则因无其他不良记录而很可能未受注意并混过关。这种不公平肯定会引起员工的不满，使制度失去权威性。

2. 因为管理人员即使在采取确实是恰当的纪律措施时也常常感到不自在，他们就往往会采取过激的惩罚行为。这时，因为对雇员的违规行为已忍耐了很长时间，他们又常常反应过度，他们此时对待雇员就远比他一有违规行为即可能受到的处分要严厉得多。逐步加重的纪律制度也始终在探求"量刑"适当一事，而又得笨拙地把恶要恶报与改造教育结合起来，实际上是把刑法制度导入了公司。

但是，我们的雇员可不是罪犯，他们是有自尊、有价值的人，理应体现尊严和受到尊重。他们中并不是所有人都能达到我们所期望的那种高业绩水平的，不管是扫地的人还是高级经理。

因他们未能符合我们的期望而用刑法式的反应去对待他们，是不恰当的。当一个达不到要求时，我们有责任让他注意到所期望于他的与他实际所做出的之间的差距，并且给他以指导和激励去实现我们的目标。

但是严厉反应属于个人攻击，尤其是因为管理人员对早先的类似事件一直是视而不见和网开一面的。

时间一长，惩罚就失去了它的力量。像吸毒者必须不断加大海洛因剂量一样，管理者必须用不断升级的惩罚手段去获得相同的效果，而工作场所的非难、斥责和"我要给你写书面警告"的威胁一旦成了家常便饭，人们也就会对之无动于衷了。一旦人们对之习以为常，其效果显然也要递减。

惩罚常引起的后果是使上下级之间愈来愈疏远。人们总要避开可能会带来危害的事物。如果公司里的雇员认为经理们的主要工作就是惩罚他们，他们就会主动地回避与上司接触，从而上下级之间的沟通减少，甚至滋生敌对情绪。

　　虽然惩罚的近期效果立竿见影，但其长期结果却是灾难的。毫无疑问，要减少不想看到的行为的次数，最快捷最简单的方法便是使用某种形式的惩罚手段并使之产生效果。但是违规行为次数的减少只是近期结果。使用惩罚手段还会产生副作用和长期结果——愤怒、冷漠、不满、灰心丧气。这种结果所造成的损失要比任何原发性违规行为所造成的损失都大得多。

　　针对这些问题，惩罚性的纪律制度已不再适合人性化现代管理，美国的迪克·格罗特创造了一种新制度，即下节介绍的不用惩罚手段的制度。

不用惩罚手段的制度

这种新制度首先在美国弗里托雷公司实行，进而影响了全美国。它取消了惩罚而着眼于人性和责任感，事实证明，这种制度获得了巨大的成功。

1. 口头提醒

这种制度首先一直在使用的第一、第二两个步骤——口头警告和书面警告或斥责，作了修正并予以重新命名。现在当指导和咨询失败而对某雇员执行正规的纪律制度时，第一步违纪处理叫作"口头提醒"。这样做不再是对当事人所做的事进行斥责，也不再是警告他如若再犯将如何如何，而是提醒他两样东西：

①公司的期望。首先再次告知公司期望下属达到了工作标准和岗位表现。假如是出勤问题，他们就再查一遍他的出勤记录，并且指出公司的期望是每个雇员出满勤。假如涉及的是品行或行为问题，主管就恰如其分地说明为什么违规必须得到纠正。假如是业绩问题，主管就得恰如其分地说明工作技师和数量的要求。

②个人的责任。除了提醒雇员公司对他的工作表现有何期望外，管理人员还得提醒他一件同样重要的事情：履行职责是每个员工的责任。与之谈话的方式是要恩威并重，指出公司方面已尽到了责任，给了他一份好工作，薪水也不错，还为他提供了所需的工具、培训和支持，所以要负起责任，努力达到公司期望。

2. 书面提醒

第二个步骤叫作"书面提醒"。这一步骤与第一个步骤几乎是完全类似的。主管再次与当事人单独碰头，回顾情况，提醒他公司的期望及其个人应负之责任。因为情况已变得更加严重，他被告知在谈话过后他将收到一份备忘录，作为书面提醒。虽然这一备忘录将放入其个人档案，但假如他在今后的一年中不再犯纪律问题，这份备忘录将从档案中撤销。

3. 短暂停职

如果仍未有改观，第三步则要执行短暂停职的措施

用停职作为最后一个纪律步骤要比我们所能想到的任何一种最后步骤策略都有着多得多的好处。停职可以让双方都冷静一段时间来反思有关情况，让雇员停职，而且在此期间没有他的工作我们照样把事情做好，应让其明白，没有他，公司照样正常运转。

让某个雇员进入停职期是一种引人注目的姿态。这样做可以迫使雇员预见到

解雇，于是便恢复理智并决心改弦更张。

停职的另一个好处是可对机构内的其他成员产生有益的影响。对其他认为纪律制度只是摆设的雇员，会把对此人所采取的行动看作对他们发出的一个信号，即公司对不良行为和粗劣的工作是不会听之任之的。不过更重要的是某个雇员的停职对机构里绝大多数表现良好且从来不发生纪律问题的雇员所发出的信息。要让他们知道。公司是不允许那些不能担负起自己那份责任的雇员把担子撂给他们那些更尽心尽责的、更勤勉努力的兄弟姐妹们的。

4. 停职不停薪

新制度最为革新和人性化之处在于第四步停职但薪水发。

短暂停职是我们用以取代传统的违纪停职的新措施，停职的时间只有一天。虽然雇员得到了这一天的工资，但他得既为他自己的也为公司的利益利用好这一天的时间。他被告知他必须利用这一天的休假时间想清楚是否还想继续在公司干下去。我们告诉他，在停职一天以后，他必须回来做出最后决断：要么解决有关问题并承诺在其工作领域的各方面表现都必须是可接受的，要么决定不再为公司工作，辞职去别处寻找更合适的工作。

停职不停薪的好处在于：

①显示公司的真诚和善意。支付雇员这一天的工资，能使我们发出这一信息，即我们说要他用这一天时间认真考虑是否想继续工作下去是非常真诚的。

②变愤慨为内疚。我们知道，几乎每一个受到停职停薪处分的雇员都感到愤愤不平，大多数人回来时都心怀怨恨，罚其工资之举无法显示公司对员工的负责之意，相反，照付雇员的工资通常能消除违纪处理的最后一个步骤所引起的那种愤慨之情。

③消除了"挽回面子"的需要。希望让雇员带薪离职去充分利用这一时间，能鼓励其去做真正的深入思考，并且也可消除其由于感觉自己"面子"受到了伤害而产生的报复企业的念头。

④管理人员工作较容易做了。我们知道大多数管理人员都不喜欢给人停职停薪的处分。管理人员绝大部分都是从普通员工提升上来的。他们对这些人，与其说是作为其上司，还不如说是作为与其地位相等的人，了解还更多些。管理人员也许在理智上懂得什么制度里不得不包括停职停薪的措施，但他们在内心深处是很不喜欢让他们去执行这一措施的。他们很可能不去向当事人阐明公司期望和个人责任，而是向该雇员就正在做的事赔礼道歉，于是把本来就不愉快的事搞得越

来越糟。

⑤减少了敌对情绪和工作场所的暴力危险。愤怒一旦得到孕育，暴力的危险也就增加。不难想象这种可能性，即这同一个人，不管他是谁，也有可能采取其他强烈的报复形式。

⑥增加了解雇雇员之后的防卫能力。我们决定不把停职一段时间仅仅作为一种惩罚，而要雇员回来做出承诺保证自己的工作表现符合要求。这样，我们相信，就增加了我们的必胜机会，假如我们后来会受到挑战的话。

⑦使钱不再成为问题。如果逼得雇员去为如何弥补失去的工资担忧，就会削弱让更重要的问题得到认真思考的机会。

⑧体现先进的公司文化。先进的公司文化应要求雇员表现符合期望，更应表现公司公平合理的优厚工作条件。使用带薪停职的步骤和把焦点对准个人责任感的做法，直接体现了这种先进公司文化。

5. 解雇

当然，解雇这一步是必须保留的，但与传统的逐步加重处分的相反，解雇在不用惩罚手段的纪律里所代表的不是纪律制度的最后一个步骤，而是纪律制度的失败。解雇是当纪律措施不能使雇员的行为产生维持其在机构大家庭中的成员地位所必需的变化时而采取的行动。

6. 15 步纠错法：

惩罚的弊端已经说明，除了二节所说的系统的制度外，也可以尝试下述的15 步纠错法：

这 15 步分别是：

①不要直接注意一个人的错误；

②首先了解全部有关的事实；

③如果有必要进行一次正式的会晤，你要选择时间和地点；

④在改正你的下属的错误时绝不要发脾气；

⑤总要以真诚的表扬和称赞开始；

⑥用你自己的观点去帮助能理解你的观点的人改正错误；

⑦给你的下属以说话的机会；

⑧要仔细地权衡所有的事实和证据，要排除任何倾向和偏见；

⑨如果需要惩罚时，一定要处罚适当，不能过于严重；

⑩让下属自己选择处罚方案；

⑪要以对这个人的工作给予真诚称赞的话语结束同他的会话；

⑫要表扬每一个进步，不论这个进步有多么微小；

⑬给你的雇员以超出他成绩的高度评价；

⑭如果你有必要的话，要紧接着进行第二次会晤；

⑮不要过于频繁地改正一个人的错误。

培养学习的风气

对部下的训练教育，目的在于让部下发展自己的才能，保持不断进步的动力，换句话说，在组织内要培养学习的风气，且须由主管以身作则，率先加以研究，如此才能领导部下，蔚成风气。反之，上司本身不专注于工作，专心游乐，员工必会群起效仿。

主管除了要率先端正自己之外，也希望能注意下述各项：

1. 经常与属下探讨问题，发生问题时上下同心探讨，无论何人参加了专题研讨，回来后应提出来，彼此切磋琢磨一番。

2. 主管所知道的知识倾囊授予大众。

3. 无论专门知识或其他各方面知识都应多研讨，增广个人见闻。

4. 托付实务，予以实际的训练。

依照上述各项训练措施，定可启发员工的干劲。不过这也有其缺点，因此种训练工作必须花费很大的时间与精力，主管或许有感于此而无法长期持续实施，因此成效不一定很大。

一个组织倘不能将每个从业人员的创造力集合起来，就无法获得发展，因此若不训练属下的能力，就等于掐着自己的脖子一样。主管的责任在于养成"即使自己不在，也能安心地让下属来代理"的情况。

坚持一定的原则，但不要古板

对下属的培养就必须使之遵守一定的规则，并在实际中按一定的规则办事。俗话说："不以规矩，不成方圆。"不然，下属不以团体的章程办事，不仅打乱了工作的秩序，还会影响与他人的联系，使得对自己不利。但是，若一味地坚持原则而不讲灵活，则会失掉许多机会，对自己同样没有好处。故对下属的培养应该是既坚持原则，同时又不失灵活性。

美国一家面包公司的董事长凯瑟琳·克拉克给部下制订了严格的规定：出售的面包要在面包纸上标明日期，超过 3 天不卖，超过 3 天没卖完运回公司销毁。有一年秋天，美国某州发生水灾，粮食紧张，面包脱销。一辆满载运回公司销毁的过期面包的大卡车在通过灾区的路上被灾民团团围住，他们要买下这车面包。押货员坦诚相告："公司有规定，过期的面包不能出售。"

"傻瓜，送上门的生意都不肯做！""我们吃不上面包，你却拿回去作废，能不能变通一下。"人们吼叫着。

"不是我不肯卖，"押货员为难地说，"只是公司规定太严格，如果明知故犯，我就会被解雇的。"

他的话虽引起人们的同情，但又怎能止住饥肠辘辘者不断向上冒的口水。一旁的记者见此情况也过来说话。万般无奈之下，押货员灵机一动，对记者说："卖，我说什么也不敢，如果他们强行去拿就没有我的责任了。他们如果强行拿走面包，再凭良心留下应交的钱，就是强买了！"人们恍然大悟，纷纷行动起来，押货员还让记者拍了几张阻止饥民强买面包的照片。结果，这件事在报上披露了，公司的信誉顿时倍增，很快销售量增加 5 倍多。公司董事长凯瑟琳知道此事后，大为欣赏这个押货员，认为他处理得当，如果他不卖这些面包，倒还会使公司落得个见死不救的骂名。

领导者培育部下讲原则是基础，在此基础上还应让他们灵活地应对发生的事，舍小保大。光是坚持原则的部下没有创新，也就不能有大用，因此培养其灵活处事的能力极其关键。

培养为我所用的人才

众所周知，在现代社会中生产一种商品须符合市场规律、适销对路，方能有市场，对人才的培养也是一样。它也必然适应社会经济发展的需要，不然就是花了很大的功夫培养人才，结果却没有作用。这不仅要考虑社会需要什么样的人才，还必须根据自己的实际情况，看要促进自身的发展需什么样的人才，然后着力培养。这即是为我所用。

为自己培养不需要的人才是浪费，缺乏的人才没能培养是失误，因为这两个方面都不能很好地做到为我所用。但是一些领导育人却偏偏只冲外表而不讲实际，他们只想下属都拿高一点的文凭而不管对自己团体的发展有用无用。这就如同前面所讲的对人才的选任一样，只要高文凭高学历的人才，结果团体内遍地是高素质人才却没有明显的进步。

领导育人要想"为我所用"就必须知道自己需要什么样的人才，然后再来给予培养。如果自己需要什么都不知道，别人也就无能为力了。这里我们可以了解一下丰田汽车销售公司的人才培养方式。丰田汽车销售公司进修中心的授课教师，全都是从汽车销售公司和丰田销售店挑选出来的具有销售经验的人员承担。为使讲课内容适应知识的更新，授课教师实行两年轮换制。教材是由经营管理协会、丰田汽车研究中心合作编写的，紧密联系汽车市场的实际情况和需要，贯穿理论与实践的统一。进修的学员从一般推销员到管理人员，分别听取各专业化的讲座。还有一种针对企业高级管理人员的讨论会，由教授主讲，用具体事例进行教学。从丰田公司的育人思路我们可以看出人家培养人才全是为自己的实际需要，而不是花钱买个文凭来装点门面。

领导者只有培养"适销对路"的人才才能在用人的时候有才可用、用之能胜。

授之以权

人才大抵有两种，一是从实践中干出来的，一是从课本中学来的，而那种两者兼而有之的就该当别论了，姑且可以说是两种人才的结合吧！

更多的知识、更多的人才还是从实践中来，因此要想让自己的下属成才，除了必要的理论知识的学习以外，还必须给他们一定的任务去做，也就是说要给予他们一定的权力，放手让他们去干。下属有了一定的权力，就可以凭着自己的意志在适当的范围内去干自己想干的事，用法律上的术语说即是有一定的"自由裁量权"。下属在做事的过程中会不断地发现问题，又会不断地寻找解决这些问题的办法，这实际也是一个循环学习的过程，而且这种学习方法是极有效率的。一段时间之后，下属所做的事可能失败，也可能成功，但他们都会有收获：失败者可以吸取经验教训，保证下次不会错；成功者可以总结成功经验，以后会把事情做得更好。领导者不都是天才，坐到如今的位置也是像自己的下属那样一步一步做上来的，对此的感悟想必是很深的。

如果领导者想重点培养一个人，那么就可以特意地授之以权，譬如做一项很重大的工作等，从中就可以锻炼他的魄力和毅力，因为在一个很具挑战性的领域内，遇到的新问题很多而且也不易轻易就解决，更重要的是要在一个全新的领域之内打开局面就尤为困难。这时领导者通过这样的环境既可以识别人才又可以造就一个人才。

实践出人才，这是不变的真理。许多领导者也是知道的，但他们不愿轻易给下属授权，因此不能涌现更多的人才。多给下属一个锻炼的机会，就多一份成功的希望，这是对所有领导者的忠告。

人事调动频繁的部门如何育才

即使在这种人事调动很频繁的部门，培育人才还是可行的事。

要靠"即时教导"（在职教育）把下属及早培养成像样的人才，就得留意下列几点。

第一，主要业务的执行条件必须明确化。

这一类的条件，倒不必像职务那样分析得"有板有眼"，但是，需要把掌握重点的必要条件明确化。

例如，"必须以独自处理与△△这种业务"之类的重点，务必具体而明确。

第二，基于难易的程度，将工作之间的关系性明确化。

这么做，就能够明告下属：

"你在这个部门，要依照××、△△的顺序，把有关的业务，逐步学通。"

如此一来，不但容易拟定"即时教导"的计划，也可以成为他自我启发的目标，可谓一举两得。

第三，拟定育才计划。

育才计划之中，最容易变成无计划的是"即时教导"计划。因此，有必要拟定年度计划，根据它按部就班地实施"即时教导"，就不至于散漫无序，效果也较为宏大。

第四，致力于营造良好的工作气氛。

正如孟母三迁的故事所启示的，我们都容易受到环境的影响。因此，只要在工作场所造成"不断学习才对"的气氛，下属就会致力于吸收指导的内容，同时，也会激起"我不努力就会落于人后"的自我启发的欲望。

你应有的解决方法是：

1.将主要工作的执行条件，以及工作之间的关系性明确化。

2.好好拟定开发能力的计划。

这种计划要包括：三年期的综合计划，根据综合计划拟出年度计划。如果可能，就拟定四年、五年计划。

3.造就学习气氛。

将育才计划出示于下属，而且依照计划实施，绝不随便变卦，或使之胎死腹中。

这种实绩会使下属产生"不加油可不行"的紧张感。你本身也致力于自我启发的话，更会起了带头作用，使下属觉得"认真学习是应该的"。

4.考虑活用女性职员。

找出"强者型"的女性职员，认真施以"育才教育"。只认为培养男性下属才算是人才教育，这种观念大错特错，应该纠正过来。

人的潜力是无限的

现在，许多公司在招聘要求一栏中都明确强调"要求有一定工作经验"。看似平常的一句话，却将无数有志于效力该企业的应届毕业生拒之门外。招聘者的理由是：招聘必须服从本企业的经济目的，我这里不是职业培训公司，所聘人员要立马能用。

问题的关键不在于"工作经验"本身，也不在于培训的内容，而是培训的理念走向。由于理念的不同，手段就不同。在外方企业，他们渴望大批有主动性的年轻人，包括那些在读的工商管理硕士、博士，在他们看来，尽管这些年轻人也没有经验，但有学历和素质，几年后，这些后起之秀将成为公司的骨干。同样，有远见的企业已将员工的培训纳入经营战略。在市场日益国际化的今天，我们也应对培训日益重视，协调好人力资源的利用与开发的关系。要做好这一点，首先是对培训的理念来一场革命。

培训是素质弹性的调节器。当今，世界各国的知名企业已越来越意识到学历在员工素质中的分量，比如，IBM、微软、海尔等国内外知名的明星企业，每年要接纳大量应届毕业生充实企业生产第一线。但遗憾的是，众多的中小企业并没有真正意识到学历的重要性，不知道学历与素质互为表里的关系。有的企业对学历问题有些觉察，但由于其他的一些短期行为的原因，并未真正把学历当一回事，因此，在招聘员工时强调应具有一定的"工作经验"。这些企业或者拘于资金的短缺，或者由于短视的观念，以"工作经验"为由而将大批高素质人才拒之门外。而流动来的有"工作经验"者，往往是由其他企业"跳槽"而来，因不满意原来企业薪酬等原因而来寻求机会，旋即又产生新的不满意而匆匆离去，使得某些岗位长期处于不稳定中，从而对企业利益造成直接损害。而这种"来也匆匆，去也匆匆"者的行为又往往影响到其他一些人员的稳定，从而进一步对企业造成间接损害。

学历教育是一种素质教育，这一点已被大多数发达国家的教育实践所反复证实。像日本的东京大学就具有鲜明的淡化职业、注重素质的特点，学生在校期间所学知识的80%以上并不能具体对应某一职业。但日本各大企业竞相聘用东京大学毕业生，说明日本企业家较具战略眼光，也从过去的经历中感觉到学历教育所蕴藏的素质内涵。聘用没有经验的高素质人才，基于如下两种观念：其一，素质是有弹性的，素质越高，越能达到和接近企业的经营目标，反之，则可能成为缘木求鱼。从人力资源战略角度来看，着眼于素质而轻忽于经验不失为明智之举；其二，学历教育所授知识本身很少能直接作用于企业，但在把所学知识转化成企业的经验与技能的过程中，培训起到了重大作用。它一方面把理论水平转化成实际技能，另一方面把素质所蕴藏的巨大能量诱发出来作用于企业经营，可以说，培训是前经验的调制解调器和发生放大器。基于此，如果企业将员工培训视为企业组织结构的必备环节，那么就不会将"工作经验"当作招聘员工时的不可或缺的条件，就可以在丰富的人力资源的获取和利用中做出更具战略性的选择。

机会成本是培训决策的真正成本，机会成本这个概念是由资源的稀缺引起的。资源的稀缺性决定了资源如果用于甲用途，就不能用于乙用途，对乙用途来说，是一种机会损失。若一企业有资金 100 万，用于购买设备扩大再生产或用于员工培训，这两者的会计成本和机会成本均是 100 万；用于存入银行，则会计成本为 0，机会成本仍为 100 万。从会计学的观点来看，存入银行管理费用最低，但从经济学的观点来看，三个方案的机会成本相同，说明三个方案不分优劣。

遗憾的是，在实际操作时，决策者更注重于会计成本。一些管理者错误地认为，新员工只要随着时间推移，会自动地逐步适应而胜任工作，不需要在培训上做无益或者作用不大的投入，因此，一些企业忽视对新员工的培训。60% 的企业没有对新员工进行必要的培训就立即分配到正式岗位上去，以后员工的成功与否，基本上取决于员工本身的适应能力和所处的小环境。企业不进行新员工培训，往往使新员工在较长时间内业绩不好，缺勤率和离职率居高不下。对由于缺少培训所造成的效益损失，企业或者没有觉察，或者归咎于"工作经验"的原因。

另一方面，在同样的机会、成本面前，资金流向取决于企业的少数决策者，而对很多这样的决策者来说，培训还被看作是一种成本而不是投资。

培训也是风险投资。许多公司将精力集中在市场和生产上，不愿在培训上投资，因为有些公司在培训上花费了大量人力物力，但培训之后的人力流失又使企业陷于两难境地。

投资于实物或虚拟资本（证券）有巨大的收益，也会有不可估量的风险，企业界人士对此没有异议。那些大公司动辄成千上万地投资于大型项目的上马或新产品的开发与研制，他们深知收益与风险观念。一旦涉及到培训，决策者们大都就不再那么开明了。培训的初衷是为了实现企业的经营目标，为本企业赚取经济利润，而培训后的人员流出，必然使得本企业的培训投资无法收回，造成投资风险，这是很多企业的管理者所不能接受的。这种花自己的钱为他人培训人员的"为人作嫁衣"是每个企业都无法接受也不应该接受的。

问题的症结还是在观念上。培训投资也和其他风险投资一样，既然有丰厚的收益诱惑，就必然会伴随着有承担巨大风险的可能。只要能把培训当作投资并能体味到其收益的甘醇，就会愿意承担其风险，企业的员工培训才能得到有力的资金扶持和组织支持。

其实，就单个企业而言，培训后的人员流出是一种风险损失，原因在于目前尚未形成一种人力资源个体的概念。培训的形式、内容、手段无不紧紧围绕着企业的经营目标，其终极目的是提高员工为本企业工作的效绩。如果培训在全社会形成一种风气，一种必经的环节，那么，在不同企业接受过培训的员工个体都会得到整体素质的提高。这样，某企业的培训人员流出，对该企业而言是成本外溢，而对其他企业而言，则是资源共享。如果每个企业都视个体培训为自己的责任，当然，对以赚收利润为当然目标的企业而言，这是一种苛求。真正的企业家考虑到的是：要身体力行旨在提高员工效绩的培训，外溢成本是一种公共人力资源。这是一种大度，一种超然卓识，一种企业家应具备的素质，也是一种理念的革命。

员工培训规模收益递增，企业规模越大，对企业各方面业务进行协调的难度也就越大。当企业规模达到一定程度后，管理的效益递减。而对员工培训而言，正好与此相反，培训得越充分，对员工越具有吸引力，越能发挥人力资源的高增值性，从而为企业创造更多效益。培训是一种回报率极高的投资，美国布兰卡德训练中心总裁布兰卡德曾以如下实例明确指出培训的回报惊人：一家汽车公司经过对员工的一年培训，花去培训费20万美元，但当年就节省成本支出200万美元，第二年又节省成本支出300万美元。

任何设备的功能都是有限的，而人的潜力是无限的。在由百事可乐公司对深圳270名员工中的100名进行一次调查中，80%的员工对自己从事的工作表示满意，87%的员工愿意继续留在公司。培训不仅提高了职工的技能，而且提高了职工对企业文化的觉醒和对自身价值的认识，对工作目标有了更好的理解。大约95%的培训参加者，经过3个月的集中培训后，感到对于满足顾客需求更有信心了。可见，改善人力资源为企业效益成倍增长提供了可能。

必须加强对公司人才的培养

从公司内部培养管理人员，对公司的长远发展来讲是一件非常重要的事情。公司的每位高层经理和中层经理都有培养下属的职责。但在培养过程中我们会遇到各式各样的问题，这些问题归结起来，可以总结成以下四点：

第一，缺乏有潜力的下属，同时上级没有明确地判断下属能力标准；

第二，公司的管理目标不明确，所以培养下属的目标也不明确；

第三，公司整体的人力资源规划和配置失误，使经过培养的下属无用武之地；

第四，下属学习的意愿不够。

除了这些客观原因以外，很多时候主管对培养下属员工的错误认识也会影响对下属的培养。日本产业训练协会在中层主管训练的课程中，提出了对主管进行自我审查的八项内容，作为检查主管是否能够对下属进行培养的参考检查表。这些内容如下。

第一项：工作忙碌。你是否认为工作太忙无法离开工作岗位是件很光荣的事情，这样能表现自己能力受肯定，无人可以顶替？

第二项：身临现场。你是否认为主管要现身于工作现场，工作才可以顺利进行，主管没有在生产现场，员工就会不知所措、毫无方向感？

第三项：没有时间。你是否认为没有时间培养下属？

第四项：威胁自身。你是否认为培养下属会提高他们的工作能力，同时要威胁到自身的地位？

第五项：事必躬亲。你是否认为如果不事必躬亲，任何工作都不可能顺利进行？

第六项：下属代理主管。你是否认为下属如果代理你的职权，他会受到其他下属的嫉妒，甚至会使其他下属对管理者产生反感，认为主管偏心？

第七项：不敢授权。你是否认为如果对某个下属授权，会造成其他下属职权的缩减，或甚至会形成对其他下属权利的侵犯，或者会产生局面失控？

第八项：现场就有优秀人才。你是否认为不需培养下属，如果需要某方面的人才，可以随时进行招聘？

上述八项内容，如果有一个你回答"是"，则说明你在这方面存在问题。克服这些问题，就可以很好地培养你的下属。

从公司管理角度而言，我们也可以通过以下方法来加强公司人才的培养。

减少管理层次。让每位员工都有与公司最高管理层沟通的机会，这样可以激发他们工作的热情和上进心。

信息公开。在公司内部，信息要向相关人员公开。之所以管理者可以进行管理决策，是因为他们掌握了相关的信息，如果这些信息对下属也是公开的，能培养和提高他们解决问题的能力。

让下属到上级那里去。当上级与下属进行沟通，或向下属安排工作，应让下属直接到上级那里去。这样可以为下属提供培养自我判断能力与自信的机会。

信任下属。可以放心地让下属去做一些事情，这样可以培养他们的责任心，并能产生成就感。

让下属去管理。可以把一些不太重要的管理工作交给下属去干，以培养下属的管理能力和指导能力。

最重要的是，管理者在培养下属时，要经常保持着"善意、气魄及努力"的宽广心胸，并展现在各种指导活动中，这是管理者日常管理中的重要环节。

有时，领导者必须将最具挑战性的工作留给自己。例如，大部分的员工是新手，尚未受到严格的培训，同时这份工作的时间要求很紧迫。此时，你就应将最具挑战性的工作留给自己。又如，每个能做这项极富挑战性的工作的员工正忙于自己的具有挑战性的工作。此时，你也应做这份工作。

然而，在大多数情况下，你应避免这样做。如果员工正忙于事务性的工作，则你可以接手这些事务性的工作，让他们有机会做更富挑战性的工作。

大多数经理明白，应将大部分的工作分配给手下去做，如果不这样，工作就不能完成。但是经理之所以被提拔，就是因为他是某一工作领域里的专家，因而会导致一种倾向是不愿分工，事必躬亲。然而在只有依靠分工才能完成工作的情况下，诱惑就转变成不愿将最具挑战性、最有意思的这部分工作分配下去。他们认为之所以将这部工作留在自己手中，是因为自己最擅长于这一工作，或者认为不应拿分工去冒险。但实际上是因为喜欢做这类工作，它是有意思的。

然而，将最具挑战性的工作留给自己是不正确的。经理的工作是在员工中对所有的工作进行分配。否则，就会使经理陷入与手下的竞争之中。无论何时何地，经理都不可以同自己所管理的人员发生竞争。员工们对此会十分不满，会认为经理是在和他们对着干。

同时，把真正有意思的工作留在自己手中，意味着你拒绝了他们学习新技能的要求。你需要的是非常能干、非常有上进心的手下，希望他们能不断学习。但如果没有机会做一项与以前不同的、更加困难、更具挑战性的工作，就无法提高员工的技能。他们会降低进取心，会听天由命，成为一个合格的"平庸"工作人员。而真正出色的员工则会寻求到其他地方工作的机会。

管理工作与技术工作是完全不同的两码事。你希望员工能独立工作，但同时也需要对新人进行培训，并帮助遇到问题的员工。如果你正埋头做一个项目，又怎么来做这些工作呢？可见，当你应履行管理职能时都可能为技术性工作所羁绊。

赶快让所有的员工，包括刚刚加入这一群体的新人明白，你希望他们达到能独立完成最艰巨的工作的水平。必须给员工创造一个相互信任的学习环境；同时鼓励较差的员工弥补不足，并给予机会，这是很重要的。

注重员工培训

韩国三星集团之所以发展极为迅速，是因为它奉行人才第一的原则。自创办以来财团始终坚持把 4／5 的时间用于吸引和培训人才，把人才培养当作关系企业生存发展的头等大事，把人的管理放在企业工作的首位。董事长李秉哲坚信企业的成败在于员工素质的高低。

1938 年，李秉哲创立韩国三星财团，当时它只是做出口贸易的一家小公司。50 年代，财团步入多元化经营后，发展迅速，现已成为韩国屈指可数的大财团之一。这都是其奉行人才第一的原则的成果。

在韩国，三星财团第一个设立培训中心。培训中心门外悬挂着一个匾额，上书李秉哲亲笔题写的"人才第一"几个大字。员工须经过训练后才能上岗是三星财团的规则；上岗员工每隔数月都要重新培训；在企业投入新产品前，也要重新培训员工。其目的在于使公司适应不断进步的科技新形势。三星财团不惜代价地购入先进的教育设施，并向所有员工开放。上至董事长，下至基层员工，每年都要接受三次以上的进修。每逢培训班开业，李秉哲都要讲话，强调三星人都是精英，只有集合所有精英的力量，才能发挥最大的作用。

三星最有特色的培训是对销售人员的培训。参加培训的人两人一组，不准带一分钱，只能带上三星的产品。因为身无分文，在坐公共汽车时，必须卖掉所带产品，如果不能卖掉，则当天不能乘车，也没钱吃饭。如果在规定的 10 个小时内，最早卖掉所有的产品且要价最高的人，就获得了最好成绩。这种方式增强了员工的实际销售能力，使一批充满生机、富有才干的人才脱颖而出。

1957 年，三星在韩国首先采用公开考试的方式来甄选人才，这种制度直到今天还在采用。公开选拔的依据是智能、人品和健康。一旦录用，公司就要投入巨资培养、训练。考进三星的几百名新人都要和李秉哲面谈。在面谈中，李秉哲可以发现较有才干的人才，并教育、启发新员工为企业卖命工作。

三星财团每隔半年要对员工的工作进行一次正式评价，奖励、提拔有干劲有才智的人。对于取得巨大成绩的员工，或有远见、能掌握形势动向的员工，或诚实勤奋、任劳任怨的员工，公司都要给予奖励，并晋升工资，甚至把才能出众者提拔到领导岗位上。

　　三星财团对人才的重视，使它很快在家电、计算机领域步入世界先进行列。由于公司的方法和措施得当，所以才不断涌现出大量人才，三星公司的竞争力和效益也随之提高。人才第一的原则，让三星走向了成功。

第8章 酒和污水的再认识

上一章主要谈了如何变污水为酒，这是基于污水有害无益的认识而言的。

但污水真的有害无益吗？

没有什么是不能改变的，在你的组织中会有那么一些人具有污水特质，但你要明白，这是他的全部吗？真的找不出什么闪光点吗？事实上，答案是否定的，经过对酒和污水的一个世界上没有不可用的人才，只有无能的管理者。

那么，就让我们重新审视这个充斥着酒和污水的世界！

猪八戒是不是纯酒

　　人们对猪八戒印象最深的，恐怕就是它好吃懒做的习惯、丑陋不堪的形象与色眯眯的"特殊爱好"，这样说来，猪八戒真是取经团队中的烂苹果，更何况他还老闹着要分家回高老庄，但为什么观音菩萨独具慧眼，在上八洞下八洞数以万计的神仙中选了他作为取经团队中的二师兄呢？难道猪八戒有何过人之处？他是不是纯酒质的成员呢？

　　说孙悟空是取经小组中的纯酒质成员应该没人有异议——不管你喜欢与否，其能力是不可以否认的。上天入地，降妖除魔，几乎无人能敌，任何人无法否认或视而不见，但像八戒这样的，本领不是特别出众，浑身的毛病却不少，被认为是污水也不足为怪。

　　但是，一家网站调查显示，在唐僧领导的取经小组里，最受女网民青睐的，既不是坐怀不乱的唐三藏，也不是神通广大的孙悟空，更不是老实忠厚的沙和尚，而正是这个好吃懒做色眯眯的猪八戒！像孙悟空和唐僧这样缺少七情六欲的，女网民哪里受得了，沙僧又过于木讷、没有情调，八戒就显得颇有人情味——从某种意义上说，八戒应了那句"男人不坏女人不爱"的俗语，颇具亲和力。

　　在对待八戒的问题上，观音菩萨确实独具慧眼。按说，像这样有过严重作风问题、还爱打小报告、动不动就嚷着要散伙的有前科的人，就是应聘一般的工作人员，也不会被录用。何况是西天取经这样上天和凡界都非常重视的大事？

　　但观音菩萨却高人一等，没有把八戒一棍子打死：八戒本是天蓬元帅，功夫自然不同凡响，水里的功夫甚至比大师兄孙悟空还要高明。尽管好吃懒做，但其真正工作起来也不含糊。像井下背死人等粗活、累活、脏活这些孙悟空这样的精英不愿干、不屑干的，都是人家八戒的；再说，八戒生性乐观，虽然屡遭孙悟空戏弄，但仍然和悟空保持着良好的同志加兄弟的感情和友谊。在到西天取经紧张艰辛、充满危险的遥远路途中，既需要艺高胆大的孙悟空，也需要八戒这种能调剂一下枯燥的取经生活，危急时刻也能帮上忙的家伙。

　　观音菩萨深谙"红花得绿叶配"的道理。一个团队里，要有运筹帷幄的决策精英，也要有踏实肯干的维修技工。所以，西天取经，观音菩萨就没有一味要求本领都像孙悟空那么大的，人品都像三藏那样无可挑剔的。要是那样，一是这个小组很难组成，二是即使勉强组成，还不够这些人内耗的——本领相差无几，凭啥我就要做师弟？凭啥我挑着担你牵着马而不是你挑着担你也牵着马？

可见，对人才的态度，要有宰相度量，特别是不能把人一棒子打死，因为其一堆缺点而认定他就是组织中的污水这是想当然的看法。当然，对人才不求全责备不等于放任自流。像八戒这样一个美女就足以把他搞定的意志薄弱的人，既需要领导和同事的"宽宏大量"来容忍他的某些不违背道德和法律的"另类"生活方式，更需要强有力的监督约束机制。所以，除了师傅唐僧每天喋喋不休地灌输性教育，悟空也经常敲打他，就连沉默寡语的沙和尚，也在八戒表现极其差劲的时候抱怨指责两声。每逢八戒快守不住底线的关键时刻，总有制度或人在监督的，这样就能消灭问题于萌芽状态，不至于千里之堤，溃于蚁穴。

自卑的小黑羊

农夫家里养了三只小白羊和一只小黑羊。三只小白羊常常因为有雪白的皮毛而骄傲，而对那只小黑羊不屑一顾："你自己看看身上像什么，黑不溜秋的，像锅灰。""依我看呀，像炭团。""像穿了几代的旧被褥，脏死了！"

不但小白羊，连农夫瞧不起黑羊，常常给它吃最差的草料，时不时还对它鞭上几鞭。小黑羊过着寄人篱下的日子，也觉得自己比不上那三只小白羊，常常伤心得独自流泪。

初春的一天，小白羊与小黑羊一起外出吃草，走得很远。不料寒流突然袭来，下起了鹅毛大雪，它们躲在灌木丛中相互依偎着……

不一会儿。灌木丛和周围全铺满了雪，雪天雪地雪世界。它们打算回家，但雪太厚了，无法行走，只好挤做一团，等待主人来救它们。

农夫发现四只羊不在羊圈里，便立刻上山找，但四处一片雪白，哪里有羊羔的影子哟。正在这时，农夫突然发现远处有一个小黑点，便快步跑去。到那里一看，果然是他那濒临死亡的四只羊。

农夫抱起黑羊，感慨地说："多亏小黑羊呀，不然，羊儿可都要冻死在雪地里了！"

俗语说，十个指头有长短，荷花出水有高低。组织内部，即使有些污水质的成员也要努力适用，作为人力资源管理者，不能一叶障目，厚此薄彼，而应该因人而异，合理配置人力资源，充分调动各类员工的积极性，最大限度地发挥他们的潜能。富有开拓创新精神者，可以让他从事市场开发工作；墨守成规、坚持原则者，可以让他们提高质量监督检查；善于钻研、勤于思考者，可以让他们搞新产品的研发……从某种意义上说，很少有无能的员工，而无能的人力资源管理者则比比皆是。

好马与战马

农场养了 3 匹马——小白、小黄与小黑。

小白个性温和，不管对人或其他的动物非常温和，无攻击性，任何人都可以摸它，孩子们喜欢骑着它到处玩，小白很像一匹"玩具马"。

小黄平常对查理家人非常友善，但看到陌生人就会一面大叫，一面惊吓得转圈圈，农场主把它拴在农场大门口，小黄像只"看门马"。

小黑生性顽劣，不服驾驭，声音洪亮，极具攻击性，看到农场外来的访客或动物就立刻做出攻击的姿态，农场主每天骑着小黑巡视农场，小黑就像"待卫马"。

有一年遇到干旱，粮草不足，于是农场主把小白卖给了马戏团，从此小白就被关在马戏团的铁笼里，到处赶场作秀。屋漏偏逢连夜雨，送了小白后几天的一个夜晚，有个小偷溜进农场，小黄看到小偷惊吓地大叫转圈圈，小偷一慌乱，便开枪射杀了小黄。这时，小黑听到枪声，便从马厩冲跃而出，撞倒小偷，让他无法动弹而就范。经过这事件，农场最后只剩下小黑一匹马。

经过金融危机，全球经济开始复苏，同业竞争日益激烈，各行各业对人才需求也愈加强烈，在这样的就业大环境下，工作机会虽大增，并不意味着每个人都可以顺利转职，找到好工作或保有工作，景气回春将给"战将型"人才更多的挑战机会与舞台，但同时也给予企业另一波人事新陈代谢的机会，在选拔人才的过程中，战将型的人才日益受青睐。企业选人不会过分注重稳重、踏实的人才，许多过去被认为思维活跃，不服管教的而不利于团队管理的污水质人员反而更适合开拓新市场，这就必须改变对酒和污水的传统认识。

好马易寻，战马难求。

一般企业里其实不乏好马，好马善于人际关系经营与沟通，有时是企业运作的一股稳定力量，光有好马无法开疆辟地，创造格局，因为好马通常缺乏警觉性，生性过于懦弱，欠缺"化不可能为可能"的决策力与执行力。如果只用一群好马经营公司，反而可能造成企业危机，让员工"安乐死"。

在新时期，企业需要的是战马，因为战马观察力敏锐，勇于任事，一旦锁定目标，便全力以赴，为企业冲锋陷阵、使命必达。此外，若企业发生危机，战马也会挺身而出，最为天下先，最终化解危机。

255

故事中如小白、小黄这样的人才，很可能会在未来的企业精兵政策下将被淘汰，只有小黑般的战将人才，才会是下一波精兵政策下的留存者。因为小黑是一匹战马，它有使命感、有前瞻性、有敏感性、有胆识、有执行力。所以不光企业要重新认识酒与污水的特质，身为员工也要挖掘自身的开拓意识，在市场上多一点"坏劲"，才能为公司、为自身赢取最大化利益。

识污水所长，知酒所短

酒和污水的再认识关键一点就是把着眼点放在一个人的长处上，即使是污水质成员也会有长处值得发挥运用，同理，即使是酒质成员，也必有缺点需要规避。

正如管理专家韦译斯比所说："一个聪明的经理审查候选人决不会首先看他的缺点，至关紧要的是要看他完成特定任务的能力。"这不同于医生诊断，医生必须找出病的症结所在，自然不必诊身体无恙的部分，只有千方百计找出异常，才能对症下药。

清代思想家魏源指出："不知人短，不知人长，不知人长中之短，不知人短中之长，则不可以用人，不可以教人。"

事实上，污水和酒各有所长，亦各有所短，关键是识其所长所短，扬长避短，则天下无不可用之人，以此来说，关键在于先看其长，后看其短。

唐代柳宗元曾讲过这样一件事：一个木匠出身的人，连自身的床坏了都不会修，足见他锛凿锯刨的技能是很差的。可他却自称能造房，柳宗元对此将信将疑。后来，柳宗元在一个大的造屋工地上又看到了这位木匠。只见他发号施令，操持若定，众多工匠在他的指挥下各自奋力做事，有条不紊，秩序井然。柳宗元大为惊叹。对这人应当怎么看？如果先看他不是一位好的工匠就弃之不用，那无疑是埋没了一位出色的工程组织者。这一先一后，看似无所谓，其实十分重要。

可见，若先看一个人的长处，就能使其充分施展才能，实现他的价值；若先看一个人的短处，长处和优势就容易被掩盖和忽视。因此，看人应首先看他能胜任什么工作，而不应千方百计挑其毛病。《水浒》中的时迁，其短处非常突出——偷鸡摸狗成性。然而，他也有非常突出的长处——飞檐走壁的功夫。当他上了梁山，被梁山的环境所感化、改造，他的长处就被派上用场。在一系列重大的军事行动上，军师吴用都对他委以重任，时迁成了这些军事行动成功的重要人物。所以，即使对污水质成员，首先要看到他的长处，才能变污为纯，于无声处听惊雷。

在用人所长的同时，要能容其所短。短处包括两个方面：一是本身素质中不擅长之处；二是人所犯的某些过失。一方面，越有才能的人其缺陷也往往暴露得越明显。例如，有才干的人往往恃才自傲；有魄力的人容易不拘常规；谦和的人多有胆小所事等等。另一方面，错误和过失是人所难免的。因此，如果对贤才所犯的小错也不能宽恕，就会埋没贤才，世间就几乎没有贤才可用了。西汉文学家

257

东方朔在向汉武帝的奏疏中说："水至清则无鱼，人至察则无徒。"水太清，鱼就养不活；对人过于苛求，则不可能有朋友。用人识才也是如此。

事实上，任何人有长必有短，在对污水的再认识过程中，千万不可一叶障目，以短掩长。倘若识人，只注意某一个侧面，而这一侧面正好是人才的缺点或短处，于是就武断地下结论。这种识才的方式是非常危险的，大批人才将被抛弃和扼杀。孔雀开屏是非常漂亮的，倘若一个不看孔雀那美丽的羽毛，只看到孔雀开屏露出的屁股，就武断认为孔雀是丑陋的，那就实在是有失公允了。

取污水之长补酒之短

通过对污水的再认识可知污水也有可用之长处，酒也有需避之短处，如果能取长补短则酒和污水的怪圈便不再可怕。

在商业中，专业从事销售的人多乐观、热情，专业从事财务的人则多理智、有条理、慎重。人的能力倾向于总会有所侧重。

性格类型的差别是长期养成的。不能说哪一种好，哪一种坏。但是性格类型不同，所能从事的工作性质就不一样。要想有所作为，首先得明白自己的性格类型，然后选定一个适合自己类型的工作目标。此外，在与人合作时，也应注意分析别人的性格特点，尽可能使每个人都能找到适合自己的工作。

金岳霖先生是我国的著名哲学家。他性格内敛，专事学问，曾经培养出了殷海光、王浩这样的名人。但是他不善于处理人际关系，尤其不善于处理上下级之间的关系。1952 年院系调整后，鉴于他的名望，组织上让他负责北大哲学系的行政工作。金先生上了几天班，就一脸茫然地向人诉苦："我不知道这个班是怎么坐的。"

像金先生这样的人，只能说知识上的打猎者，却不是行政管理上的打猎者。所以最好能做适合自己性情的学问工作。

假如一个人能从事与自己性格相契合的工作，那他一定会全心全意做好这项工作。世界上最大的悲剧和最大的浪费就是，很多人从事不最为适合其个性的工作。过去的社会体制限制着个人，使得他们没有选择权利。如今，选择余地越来越大，好多人却仍然只是选择或从事从金钱观点乍看来最为有利可图的事或工作，根本没有去考虑自己的个性和能力。

有些人认为社会只会把财富集中在某些固定的行业上，假如自己率性而动，会白白丧失获利机会。

这种情况肯定存在。但是第一，最高贵的成就不但包括金钱，还包括思想的平静、享乐与幸福，只有从事自己最喜欢的工作的人，才能得到这些。第二，商品社会是个交换社会，你的性格倾向与个人爱好必然会塑成特别的商品，也总会被充分交换的社会所认可与实现。但是前提是你要相信，与他人合作，可以保证你自己率性而动。

污水有时更好用

污水的确有短处，但许多短处中蕴含着长处，这些短处使污水有时更好用。有人性格倔强，固执己见，但他同时必然颇有主见，不会随波逐流，轻易附和别人意见；有人办事缓慢，手里不出活，但他同时往往有条有理，踏实细致；有人性格不合群，经常我行我素，但他可能诸多创造，甚至是硕果累累。

领导者的高明之处，就在于短中见长，善用短处。

阿德森工业的人力总监比尔·汤姆生有一次接待一位前来求职的年轻人，此君在比尔·汤姆生面前表现得不善言谈，不懂世故，脾气古怪。介绍人在边上很是着急，认为肯定无录用希望，不料比尔·汤姆生却留下这位年轻人。因为比尔·汤姆生从这位年轻人不通人情世故的短处之中，看到了他铁面无私，耿直不阿的长处，于是被任命为"监库门"。年轻人上任以后，恪尽职守，库亏之事就没有发生过。

清代有位将军叫杨时斋，他认为军营中无无用之人：聋子，可安排在左右当侍者，可避免泄露重要军事机密；哑巴，可派他传递密信，一旦被敌人抓住，除了搜去密信，也问不出更多的东西；瘸子，宜命令他去守护炮台，可使他坚守阵地，很难弃阵而逃；瞎子，听觉特别好，可命他战前伏在阵前听敌军的动静。杨时斋的观点固然有夸张之嫌，但确实说明了这样一个道理：任何人的短处之中肯定蕴藏着可用之长处。

现代企业中善于用人之短的企业家也确实大有人在。曾经有这样一位厂长，他让爱吹毛求疵的人去当产品质量管理员；让谨小慎微的人去当安全生产监督员；让喜欢斤斤计较的人去参加财务管理；让爱道听途说，传播小道消息的人去当信息员；让性情急躁，争强好胜的人去当突击队长……结果，这个工厂变消极因素为积极因素，大家各尽其力，工厂效益倍增。

金无足赤，人无完人；任何人有其长处，也有其短处。人之长处固然值得发扬，而从人之短处中挖掘出长处，由善用人之长发到善用人之短，这是走出酒和污水怪圈的精华之所在。

莫以成败定清污

对成功者（业绩出色的员工），管理者常常偏爱有加，而对于那些完不成任务，工作中存在过失者，管理者多少有些偏见。如果长此以往，失败者就被认定为企业中的污水，必除之而后快。

管理人员的这种心态对企业内部关系而言是非常有害的，最终可能会导致两极分化，促进雇员之间对立的内部情绪的产生，而且你也许会成为企业中"众说纷纭"的人物。

雇员业绩的取得是企业的一件喜事，也是值得为之骄傲的，但这种骄傲一定要基于企业这个大家庭的基础之上，而不能滋生出一种强烈的个人偏好和憎恶的情绪。

雇员一次成绩的取得绝不能成为赚取私人感情的资本，你对其人的偏爱虽然是在很大程度上给了他信心与继续挑战工作的勇气，或许随之而来的还有更多的获得工作业绩的机会，但是企业是属于这里每个成员的，所以每个人都应该享受同等的权力与待遇。你对某个雇员的偏爱会让其他的雇员对你的这种亲密关系不知所措，一个个问号在脑海中被肯定了又否定，否定了又肯定，在一段时间的折腾之后，他们与你和所喜爱的那位雇员的距离越来越远。由于待遇的不平等，机会享受的不公正（至少他们会认为是这样）；企业的人际关系变得紧张了，人们从你的偏爱中也学会了选取个人所好来加强个人的势力。结果最糟糕的事情发生了，企业仿佛变成了四分五裂的散体，无数的小阵营使企业的这股绳结出了解不开的"死疙瘩"！你对业绩不太出众或犯过错误的雇员的成见与你对业绩好的雇员的偏爱一样，对企业的人际关系的和谐，对企业的发展同样有害。

人非圣贤，孰能无过，错误固然是不可原谅的，但你却不能从此以后就给这位可怜的员工下了"他只会犯错误"或"他根本无法办好此事"的结论。

犯了错误的雇员通常都有自知之明，他们对自己行为检讨的同时也是懊恼不已，你对他们的归类不仅使得他们的信心又遭受了一次打击，而且，他们还会产生破罐破摔的消极情绪，并对企业与你个人产生了极强的敌对抵触情绪，这显然是企业安定团结的一种巨大的潜在危险。消除你心中已有的成见吧，别让那几次失败的经历总萦绕在你的脑海中，使你总是怀疑别人改过自新、从失败中总结奋起的能力。坐下来，与他们恳谈，帮助他们找到错误的原因，恢复他们的自信，你要在语言充分表示出对他们仍然信赖，只要他们走出自我的消极的误区，一样能为企业做出贡献，况且失败的经历孕育着成功的希望。

身为管理者，必须明确，员工个人的成败有整体运作的因素，切不可以其成败定清污，轻率地将失败者识为污水，必然人为的制造企业的分裂。

纯酒也会变污水

纯酒与污水并非一成不变的，管理者必须警惕的是，要谨防团队中的纯酒质成员蜕变为污水。尺有所短，寸有所长。长与短都不是绝对的，任何时候都没有静止不变的长，也没有静止不变的短。在不同的情景和不同的条件下，长与短都会向自己的对立面转化，长的可以变短，短的可以变长。这种长短互换的规律，是最容易被人忽视的。

酒与污水在一定条件下会发生互换，司马适在《报任少卿书》中说："勇怯，势也；强弱，形成。"就是说人的勇敢与怯懦两种长短性格、格大与弱小两种长短力量，都是会因形势的不同而变化的。这样的例子不胜枚举。

秦舞阳受燕太子丹的派遣，与荆轲一起去完成行刺秦王的特殊任务。壮士秦舞阳在平时是非常勇敢而凶猛的，《史记》说他"年十三，杀人，人不敢忤视"。但是，当他随着荆轲走进肃穆森严的秦宫，来到这尊势威的秦王跟前时，性格发生了变化，勇敢向怯懦转化，本来是刺杀小组中勇敢的纯酒却变成了暴露痕迹的污水。

纯酒变污水给予我的启示在于，对任何人都不要僵化地看待，不要静止地看待一个人的长处和短处，要积极地创造使短处变长处的条件，同时也要防止长处变短处的情况发生。

谁违背了长短互换的用人规律，谁就会受到惩罚，连高时的用人都也不例外。

善于用人的诸葛亮也因为忽视了酒向污水的蜕变而吃了大亏。公元 228 年，诸葛亮为北伐曹魏，亲率军队向祁出方向出击，魏国派大将张郃领兵迎战，与诸葛亮派去街亭的前锋马谡相遇。马谡自以为熟读兵书，不按诸葛亮的部署，也不理睬副将王平的劝阻，弃城不守舍水上山。结果被张郃包围，切断水源，不战自乱。张郃乘机进攻，大败蜀连军，马谡逃走，失去街亭。这一败仗使诸葛亮失掉了北伐进攻的据点和有利形势，只得收兵回到汉中，后来虽然按军令状处折了马谡，但教训十分惨痛。

诸葛亮用人不当，问题就出在对马谡这个人的长处短处会发生互换没有料到，这不能不说是诸葛亮辉煌军事生涯中的一大污点。马谡自幼喜读兵书，有主见，谈起军事理论滔滔不绝，这是他的长处。这种长处用在当参谋时就是纯酒，所以在街亭之役以前，诸葛亮曾成功地采纳所献的反间计，使曹魏一度弃司马

263

懿不用。但是环境变了，条件变了，他的长处却变成了招致失败的短处。马谡参谋位置变到主将之后，因读兵书多而看不起有实战经验的王平，因迷信军事理论就擅自更改诸葛亮的战役部署，因自恃主见就骄傲自满，听不进旁人的不同意见，结果纯酒变污水，不但污染了整个北伐军这个大战役，也使自己身败名裂。

违背了长短互换的用人规律，用人难免失败；倘若注意了它，并遵循这条规律，就能取得用人的成功。

中尾哲二郎作为松下电器公司技术部门的最高负责人，后来当上了公司的副总经理，是松下集团中出类拔萃的人才之一。而对他的起用却有一段经历：他原来是由松下公司下面的一个承包工厂雇用来的，那个承包工厂的老板有次对前去视察的松下幸之助说："这家伙没有用，尽发牢骚。我们这儿的工作，他一样也看不入眼，尽讲些怪话。"松下倒觉得像中尾这样的人，只要换个合适的环境，采取正确的使用方式，爱发牢骚，爱挑剔的毛病有可能变成敢于质疑、勇于创新的优点。于是他当场就向这位老板表示，对中尾有兴趣，愿意请他进松下公司。后来中尾被聘进了松下公司，在松下幸之助的作用下，短处变成了长处，污水变成了纯酒。

对酒莫盲目求"纯"

唱酒时是酒越香越了，但香并非纯。用人也一样，精英毕竟是少数，在认识酒时要明确，企业所需要的不一定是"最好的"，而应是"合适的"，即使其条件可能要差些。

条件差者指的是一些在学历、技能、年龄、政治条件等方面相对而言存在劣势的人，如学历较低、年龄大一些的人，手慢一点、脑子笨一些、劳动技能不如心灵手巧者的人，企业不爱要的女职工员等等。而非指那些主观不努力，工作态度很差的人。每个企业都有一些条件差的员工，你千万别把他们当累赘，用好了他们，就找到了适合自己的好酒。成熟的企业已扬弃了"尽可能用最好的人员"的原则，奉行"找到那素质低的人，发掘他们的能力即可"的原则。每个企业都有大量的简单的熟练工作、脏累工作，即使现代化的企业也如此。安排条件差的人去干，他们会全力以赴专心致专地工作，他们具有高昂的士气，创造出很高的工作效率，而不会有自插感、沮丧感，不会感到大材小用，因为他们有"自知之明"，期望值关不高。像某些企业用解除劳教者当装卸工，他们感恩戴德地工作，因为起码企业解决了他就业的问题。建筑行业招收大量农村临时工，这些工人活儿很累，收入也不太高，可干得很起劲，因为毕竟比农村强多了。

一位教师已经 41 岁了，刚从外地调回北京，一直没有找到对口工作。一家科研所在众多应聘者中录用了他。与许多人相比，他回京后一直受失业困扰，如果录用他，他会很珍惜这次机会的。年龄大点，抽而更踏实，来个研究生说不定哪天就"飞"了。学历虽不高，但他肯吃苦，有实践经验，进步不会慢。后来，他果然成为单位的业务骨干。

从一定意义上讲，企业是离不开条件差的人的，全是高学历、高素质人员组成的企业人才结构，未必是最佳结构。

如果有人想，何必那么费事，干脆把他们全解除合同，改用优秀人才多好，较优秀人才不一定能做好那些工作。比如你需要一位录入员，每日向电脑录入各种数据做市场分析，把这份工作交给一位清华大学毕业的软件工程师，不需要多长时间，他就会感到工作单调乏味了，失去了工作兴趣，自然便会出差错。可如果你交给一位职业中专毕业的小姐来做，她会非常热爱这份工作的，会高兴地向同学们炫耀在铺着地毯的微机房多么的惬意。

　　企业无疑是需要大批精英俊杰的，可是雇用太多的高级工程技术人员、管理人员对企业并不利。因为与他们地位相称的职位很少，一旦没有合适的职位，他们一定会不满意的。因此，用人切莫盲目求纯，而应根据岗位要求，因地制宜，才能达到企业与员工的双赢。

"诊断"污水与酒

五个指头伸出来，比谁是老大，谁就排第一。老大说，我最粗，我应该排第一；第二说，我最灵活，我应该排第一；第三说，我最长，我应该排第一；老四说，我最珍贵，戒指是戴在我上面，我应该排第一；老五说，当我们去朝圣拜佛的时候，我领队，在最前面，自然是第一。所以说五个指头各有优点，用人就得用人之所长。

公司也需要各方面的人才，缺一不可，要求每一个人都很强不可能，每个人很弱也不行。因此，企业领导应学会诊断自己的员工中的污水与酒，用其所长，激发其所能。

古有孟尝君能得士，门下有一小偷，还有一个学鸡叫的，遭到别人耻笑，但最终还是小偷和学鸡叫的救了孟尝君。比如你要聘请一个总经理，有两个候选人，其中一个天天要喝酒、吸烟；第二个每天要睡到中午，两次被赶出办公室。你会选哪一个？第一个是罗斯福，第二个是丘吉尔。这些人尚且如此，你又能要求别人怎么样呢？人无完人，每个人都有自己的优缺点，作为企业的领导，还得学会容忍其缺点，利用其优点。

企业领导要在学会容忍的同时学会诊断自己的员工，从而对症下药。如《西游记》中唐僧属于那种会做会想的人；孙悟空则会做但不会想，他取经是被逼的；而猪八戒是既不怎么会做，因为武功不高，也不想做，因为他一心想回高老庄；沙僧则属于那种勤勤恳恳做事的人。因此，公司的员工按照《西游记》中的人物划分为四种：唐僧式的员工自觉开展工作，不顾结果，不顾过程，知识渊博，和上级随时沟通、唠叨，和下级沟通少；孙悟空式的员工能力过人，技术过硬，好斗不服管，口出狂言，专注不够，情绪影响大，不安分，好煽动；沙僧式的员工任劳任怨，兢兢业业，细心干活，叫干啥就干啥，老实，与人无争，怕得罪人，胆小，不收回扣；八戒式的员工则对工作有疑问，逃避责任，爱抱怨，仅仅完成要求的工作，爱听好话，拍马屁，告黑状。

每个企业都有上述的员工，对此类员工应区别对待，对唐僧式的员工充分放松，给予必要支持，鼓励自我决策，了解过程，经常帮助；对孙悟空式的员工，满足其荣誉，适度放权，鼓励冒险，求同存异，容忍个性；对沙僧式的员工要加大工作压力，因为他肯干，但要注意感情沟通，不一定要奖励；对八戒式的员工则命令与奖励并用。

企业家不仅要善于识人才，而且要敢于用能人。管理的目的就是通过别人完成自己想完成却又无力完成的工作，而作为企业家，他们的任务不是研究本企业的产品质量而是如何找寻适合自己企业的人才。作为企业家、部门主管，首先要有胆量，敢于用比自己强的人，不断找寻各方面比自己强的人，这样才会有一种降服烈马的快感。

珍惜唱"反调"的污水

美国著名的必理学家韦恩·戴尔博士曾经很幽默地诠释他所认为是"灵魂伴侣"（Soulmate）的真意。他说，大家都以为灵魂伴侣是指另一个人在各方面都和你相似，你们喜欢一样的东西、说一样的话、看一样的书、有一样的想法，其实如果真是这样，那么只要其中一个人活着就好了，何必要加一个存在呢？

对他而言，真正的"灵魂伴侣"（Soulmate）是常常给你挑战，使你必须时时反省自己，增加自觉和个人修养的人，例如是他的太太和他正值青少年期的女儿，因为她们的存在，造就他成为更好的（因为他的脾气经常受到她们的挑战）。

在竞争的企业界也有相类似的名言："如果两个事业伙伴在每一件事情上，都持相同的意见，那么有一个不必要存在的。"能够接受不同或是愿意提出和别人不同的看法，协调出更好的结果，都是值得拥有的领导品质。如果你有唱反调的工作伙伴或朋友，找机会谢谢他们吧！前通用汽车的老板也曾因为每个董事都同意他的提案，而决定暂缓执行这个案子。他认为，没有一个反对的意见，就表示大家无法预见任何潜在的问题，如此没有准备就贸然执行了案件的大危险了。

这些例子都是在强调或暗示：有人和你唱反调是一种福气。

人一向讲究"和为贵"，尤其不太喜欢公开表示反对的意见，更不乐意有人反对自己，所以面对冲突的张力也比较小。当遇到有意见相左的场面时，就容易出现情绪反应，觉得是个人被攻击了，结果可能是不欢而散。

身为一个现代领导人，除了要具备包容和雅量之外，更重要的是要学会化解冲突并从中提取有益的意见。

让个性飞扬

不要顾忌团队中总有生与众不同的成员，应视他人为来之不易的财富，不要压抑他们的个性，因为只有个性才能是创造的源泉。

1961 年，25 岁的韦尔奇带着漂亮的新婚妻子来到马萨诸塞的匹兹菲尔德，他已经以化学工程师的身份在 GE 的一家研究所里工作了一年，年薪是 10500 美元，年终还涨了 1000 美元，他觉得挺不错。可当他发现一个办公室里 4 个人的薪水居然完全一样时，他去找老板说理了。结果，没有任何结果。沮丧之际，他萌生了去意。

就在这时，上一级主管鲁本·加托夫来到研究所检查工作。他与韦尔奇并不陌生，他们曾经在几次业务会议上碰过面，韦尔奇每一次都能提出一些超出他预期的看法。韦尔奇就是想"脱颖而出"，而鲁本·加托夫显然也已经注意到了这一点。当他知道韦尔奇将要离去时，晚饭的 4 个小时里竟一直在极力地做着挽留工作，并发誓要杜绝公司的官僚作风对韦尔奇的影响。夜里 1 点钟了，他又在高速公路旁的电话亭里打投币电话，继续游说……

"在黎明后的几个小时，在欢送我的聚会举行之前，我决定了，留下来。从此，我再也没有离开 GE。加托夫的认可——他认为我与众不同而且特殊——给我留下了深刻印象。打那以后，区别对待便成为了我进行管理的一个基本组成部分。"韦尔奇回忆说。

"有些人认为区别对待的做法会严重影响到团队精神，但在我看来这是不可能的。你可以通过区别对待每一个人而建立一支强有力的团队。瞧瞧棒球队……每个人都必须认为比赛里有自己的一份，不过这并不意味着队里的每一个人都应该得到同等对待。我深刻地体会到，比赛就是如何有效地配置最好的运动员。谁能够最合理地配置运动员，谁就会成功。这一点对于商业来说没有任何不同。"

"成功的团队来自于区别对待，即保留最好的，剔除最弱的，而且总是力争提高标准。"

善待"逆才"

"逆向思维"观如今是个颇时髦的词，但很少有提及"逆向人才"。其实，逆向思维多发自"逆向人才"的头脑，既然有逆向思维，怎会没有"逆向人才"呢？

"逆才"善于想别人所不敢想，为别人所不敢为，独辟蹊径，见解独到。思维上的逆向，又促进他们品格上的"逆性"、行为上的"逆态"的形成，成为"逆才"。"逆才"多不完全信奉上级的指示，不拘泥于领导上的"老皇历"，好在工作中翻新花样，标新立异。因此，"逆才"在往往坚持自己的观点，被人认为顽固，自负任性，从不揣摩领导心态，只向自己的"真理"、屈服，这有时令领导大为光火。

人都喜爱顺从者，对爱自作主张、好顶撞上级的"逆才"常疏远之甚至弃而不用，从而导致一大批确有真才实学和有潜力的佼佼者受压抑、遭排斥、被埋没。在世界各国争抢人才的当今时代，这种歧视"逆才"的现象理应被彻底抛弃。

切不可以偏概全，以为"逆才"永远站在反面，其生来就是混乱的制造者。殊不知，"逆"中有"敌"，"逆"中亦有"友"。"逆才"未必都是事业成功的绊脚石。在许多情况下，能够倾吐逆耳忠言者，往往正是表里如一、襟怀坦白、才华出众的能人贤士。唐朝贞观年间的谏议大夫魏徵，就是一个典型刚正不阿的"逆才"。他经常针对唐太宗的缺点和错误犯颜直谏，甚至让唐太宗下不来台。他于贞观十三年所上《十渐不克终疏》，尖锐地指出唐太宗十个方面的过错和缺点，令唐太宗非常尴尬。可唐太宗一直将魏徵作为难得的贤士善待之，重用之，甚至于尴尬之后，将《十渐不可终疏》列诸屏风，朝夕瞻视，以作为当朝执政的座右铭。正因为有魏徵这样的"逆才"贤相辅佐，唐太宗才坐稳皇帝的宝座，使唐王朝有了贞观盛世的出现。魏徵死后，唐太宗思念不已，叹息道："以铜为镜可以正衣冠，以古为镜可以见兴替，以人为镜可以知得失。魏徵殁，朕亡一镜矣！"

很多时候，一味顺从者才真正心怀鬼胎，即使不主动出击，破坏你的事业，也会消磨你的斗志，报喜不报忧，以至生于忧患，死于安乐。春秋战国时期，齐桓公的近臣竖刁为取悦桓公，自宫为阉人，服侍桓公极为周到；易牙为取悦桓公，不惜杀了儿子，做成羹汤献给桓公；开方为取悦桓公，父母死了也不回家奔丧而臣于桓公。竖刁、易牙和开方对齐桓公可谓顺从至极，他们也因此得到了齐桓公的信任和重用。可等到齐桓公年老体迈、卧床不起时，竖刁、易牙和开方三位奸佞之徒一改往日的顺从，欺上瞒下，胡作非为，最终酿成齐国内乱。结果，曾先后灭掉三十余国，"九合诸侯，一匡天下"，位列五霸之首的齐桓公不仅丧失了霸主地位，还落得"其身被囚，食粥不得，病饿而亡，腐蛆生"的悲惨结局。

忠言逆耳利于行，作为团队的领导者耳中充斥了天下太平的恭慰之音，则眼不见遗漏，自然无法祛除弊病。要成就一番事业，切不可错待刚正不阿的"逆才"——对他们提出的不同意见，只要对事不对人，只要对改进工作、发展事业有利，即使再尖刻、再刺耳，也应认真听取、虚心接受。他们只要主流不偏、本质不坏，能干事、能力出众，即使不顺从领导，顶撞领导，也应予以理解，也应放手使用甚至重要。

扬长"容"短

　　用人一向讲究"扬长避短"，细究起来，"扬长"无可厚非，但"避短"却值得商榷，避者，有两种解释：一是回避，避而不谈，这是因为短处为人所诟病，无法得到认同；二是改正，克服"短处"，之所以要改正克服，因为短处是缺点，都欲除之而后快，事实上，人无完人，短处是每个人的客观存在，完全没有理由去"避"之，而应像赏识长处那样去容忍人才的"短"。经过努力，没有什么不能改变的，任何一个人，只要下功夫，长处可以更长，短处也可以变长处。作为一名经理，你的天职就是促成这种改变：你一定要用规章制度来控制员工的不良倾向；你要教会他们各种技能，以填补他们的空缺，而不应轻率地以解雇作为最后空间。有道是"坚车能载重，渡河不如舟，骏马能历险，犁田不如牛"，一个人的"长"与"短"是相对的。对人才的成长而言，如果把精力放在"避短"上，一定会事倍功半，如果把精力放在"扬长"上，自然是事半功倍。对企业来说，对人才的"短"企业不必斤斤计较，也无需殚精竭虑地去修正，应该容人之短。人的特长不是一成不变的，越是用它，越能发展，越能增进它的优势。相反，如果弃而不用，不但得不到增进发展的机会，反而会退化萎缩。管理者要善于在使用中开发人的特长，促进人的特长健康发展。

　　求全责备是用人之大忌，它压抑着人才工作的积极性，阻碍了人才的成长；它使人谨小慎微，不思进取，造成人才的浪费。人才也是人，有其长就会有其短，如获得 1998 年诺贝尔物理奖的华裔科学家崔琦就不会使用电脑。按现代人必须掌握电脑、驾驶和外文的标准来衡量，崔琦可能连"现代人"都算不上，但是不折不扣的人才。美国当代著名的管理学家德鲁克在《有效的管理者》一书中有一段非常精彩的评论：谁想在一个组织中任用没有缺点的人，这个组织最多是一个平庸的组织；谁想找"各方面都好"的人，结果只能找到无能的人。没有颜色的世界是白得刺眼的世界；没有缺点的人肯定不是凡人。高下相成，有作为的人往往优缺点都比较明显。

　　古往今来，大凡有见识、有能力成就一番事业的人，往往有着与众不同的个性和特点，在一定环境下，他不能缺点比优点更明显，正如在白色的背景下，一处污染更能吸引人的注意力，我们不能因为这一点而认为整个背景都是黑的。如有才干的人往往恃才自傲；有魄力的人容易不拘常规；意志坚定的人容易固执己见；为人谦和的人多胆小怕事等等。管理者用人，不能因为某人一点污水特质而否定整个人卓越的能力，要因人而用，不能唯用责人，包容短处，则天下莫无不可用之人。